1001 RÊVES

DAVID FONTANA

1001 RÊVES

Toutes les clés pour comprendre les symboles et interpréter nos rêves

prat éditions

Publié en français au Canada par
Les éditions La Semaine

Directeur-général des éditions : Pierre Bourdon
Directrice des éditions : Annie Tonneau
Directrice artistique : Lyne Préfontaine
Coordonnateur aux éditions : Jean-François Gosselin
Traducteur : Pierre Thibault
Infographiste : Joanie Pellerin
Réviseurs-correcteurs : Marie-Hélène Cardinal,
Monique Lepage, Marie Théorêt, Jean-François Belisle

Publié en France par Prat Éditions.

www.editions-prisma.com

Imprimé en Chine
Dépôt légal : novembre 2015
ISBN : 978-2-8104-1604-2

Édition originale publiée en Angleterre et en Irlande, sous
le titre *1000 Dreams.*

Directrice éditoriale : Elinor Brett
Directrice artistique : Luana Gobbo
Designer graphique : Gabriella Le Grazie
Recherche d'images : Emma Copestake
Illustrateurs principaux : Nick Dewar, Fabian Negrin, Heidi
Younger, Alison Jay, Jamie Bennett,
Grizelda Holderness, Leigh Wells, Sandie Turchyn
et Marie LaFrance.

« Ceux qui ont apparié notre vie à un songe,
ont eu de la raison (...)
Nous veillons dormants, et veillants dormons. »

Montaigne, *Essais*, 1580

Sommaire

Avant-propos

« Imaginez : vous avez dormi. Durant votre sommeil, vous avez rêvé. Dans votre rêve, vous avez visité le paradis et cueilli une fleur aussi belle qu'étrange. Comment réagiriez-vous si, à votre réveil, vous teniez cette fleur entre vos mains ? »

Samuel Taylor Coleridge (1772–1834)

D'aussi loin que je me souvienne, les rêves m'ont toujours passionné. Enfant, je les voyais comme une porte me donnant accès à un monde enchanté, un monde qui me prouvait que l'existence ne se limitait pas aux banales expériences du quotidien. Mes amis et moi partagions la même fascination à l'égard de cette vie intérieure, et le récit de nos aventures nocturnes animait nos conversations sans que la mise en mots ne leur enlève leur caractère magique. Nos expéditions oniriques ne connaissaient aucune limite, allant de contes de fées peuplés d'animaux parlant et répondant à nos moindres désirs jusqu'aux plus terrifiants et sanguinolents cauchemars. Pour ma part, j'avais probablement de la chance puisque la plupart de mes songes se révélaient agréables et me conduisaient dans les profondeurs de ce que j'allais plus tard appeler mon inconscient.

La richesse de mon univers onirique était telle que rien dans mes études en psychologie ne vint le moins du monde ébranler ma conviction que les rêves forment une partie essentielle de notre vie intellectuelle ; qu'ils révèlent nos peurs et nos espoirs enfouis en plus d'être à même, parfois, de nous offrir des pistes de solutions que l'on ne saurait élaborer à l'état de veille. En découvrant les travaux de Freud et de Jung, je compris à quel point les rêves pouvaient aider le psychothérapeute à saisir les problèmes de ses patients comme à trouver des façons d'y remédier.

Ce n'est que plus tard, alors que je me livrais à l'étude du bouddhisme, de l'hindouisme et d'autres traditions orientales, que je découvris l'importance que certaines cultures attachent aux rêves, qui donneraient même des indices sur le devenir de la conscience après la mort. J'appris que nous pouvions exercer un certain contrôle sur nos propres songes, notre capacité à nous les remémorer en détail, à les influencer et même à rêver en toute conscience (le « rêve lucide »).

Plus je me suis avancé dans l'étude des rêves, plus me semblaient inappropriées les théories scientifiques voulant que ceux-ci agissent uniquement comme un ordinateur rejetant des données inutiles à la fin d'une journée de travail. Je m'en voudrais cependant de ne pas reconnaître les progrès de la science dans la compréhension, sinon des causes ou des objectifs des rêves, du moins des mécanismes qui les régissent. Nous savons par exemple que chacun d'entre nous, du bébé au vieillard, rêve toutes les nuits et que celui qui affirme le contraire n'en garde tout simplement pas le souvenir. Des recherches récentes tendent à prouver que les rêves sont vitaux pour notre santé psychologique et qu'aucune théorie ne peut aujourd'hui rendre compte pleinement de leur richesse ni de leur diversité.

En organisant des ateliers sur le rêve et en utilisant le monde onirique pour mieux comprendre les êtres, j'ai découvert que la plupart des gens trouvent le fait de rêver fort agréable. Les rêves contreviennent à toutes les lois de la vie consciente. Les vieux y rajeunissent, les jeunes y gagnent en âge ; les déceptions et les échecs y sont corrigés ; et voyager dans le temps ou voler devient possible. Les personnes comme les choses changent de forme et le paradis semble bien réel. Si j'espère que vous apprendrez quelque chose dans ce livre, je souhaite avant tout que sa lecture vous divertisse et vous aide à enrichir vos voyages dans ce monde étrange et inexploré qui nous attend la nuit venue.

LA *nature* DES RÊVES

Voilà qui pourra surprendre ceux qui voient dans le sommeil un moment sans vie, une sorte de néant où rien ne survient ni ne peut survenir. Nous passerions le cinquième de nos nuits à rêver, et ce, même si nous n'en gardons aucun souvenir au réveil. Des pionniers comme Freud et Jung nous ont permis de comprendre que les rêves ne constituent nullement un bruit de fond ; ils sont loin d'être insignifiants. En fait, ils forment un spectacle très précis des préoccupations qui agitent le plus profond de notre esprit. En d'autres mots, nos rêves sont des fenêtres ouvertes et sans censure sur notre moi.

Les rêves à travers l'histoire

Comprendre le sens des rêves est une quête qui habite l'humanité depuis ses balbutiements. Fascinés par leur imagerie souvent saugrenue, mais chargée de symbolique, nous les étudions depuis toujours dans l'espoir d'y dénicher des indices sur notre vie présente et future.

Les civilisations antiques étaient persuadées que les dieux s'adressaient à nous par les rêves. Des hiéroglyphes assyriens et babyloniens datés de 4000 av. J.-C. nous décrivent une société dans laquelle prêtres et rois reçoivent en rêve des avertissements d'une divinité appelée Zaqat. *L'épopée de Gilgamesh*, ce récit du premier millénaire avant notre ère écrit en akkadien et narrant les exploits d'un roi mésopotamien, abonde en descriptions oniriques. La plupart contiennent des présages liés à des dangers ou des victoires. Dans l'un des rêves, une créature cauchemardesque entraîne le héros Enkidu vers le Monde de poussière où vivent dans la pénombre perpétuelle les âmes des défunts.

L'ancienne tradition juive alla jusqu'à anticiper les théories contemporaines autour du rêve en faisant de l'expérience de vie du rêveur une composante aussi importante de l'interprétation d'un rêve que son contenu. Admiratifs de la science de l'onirisme dont faisaient preuve les Juifs, les Babyloniens appelleront au VIe siècle av. J.-C. le prophète Daniel à venir interpréter un rêve du roi Nabuchodonosor. Il prédira avec justesse les sept années de folie du roi (Daniel 4 : 535). Les Égyptiens vouaient aussi une grande admiration à cette science maîtrisée par le peuple juif. L'exemple de Joseph, vendu comme esclave par ses frères, en est une preuve. Il deviendra vice-roi d'Égypte pour avoir interprété le rêve du pharaon qui prévoyait sept années d'abondance et sept autres de disette (Genèse 41 : 13).

L'ancien monde

Durant le Moyen Empire (2040-1786 av. J.-C.), les Égyptiens ont érigé en système l'interprétation des rêves. Leur méthodologie – telle que décrite dans un des papyrus Chester Beatty – est d'ailleurs encore d'actualité dans certains lexiques contemporains. Elle reposait principalement sur une théorie des contraires : un rêve heureux présageait un désastre; le pire cauchemar annonçait des temps meilleurs. La symbolique individuelle des rêves était comprise soit en étudiant les rimes entre les mots, soit grâce à la méthode des associations d'idées. La croyance voulait que les rêves véhiculent des messages provenant autant de bons que de mauvais esprits. Par l'ingestion de philtres contenant des herbes ou la récitation d'incantations, on espérait attirer les bons esprits tout en faisant fuir les mauvais. Ainsi préparés, les sujets dormaient au temple. À leur réveil, ils soumettaient le récit de leurs rêves à l'interprétation des prêtres.

En s'inspirant très largement de la science égyptienne, les Grecs anciens construiront plus de 300 sanctuaires réservés à l'interprétation des rêves. Les mortels étaient placés sous l'emprise

Le Temps du rêve

Parmi les mythes des aborigènes d'Australie, il en est un qui a pour nom le Temps du rêve. La croyance veut qu'à une époque ancestrale, leurs aïeux parcoururent l'Australie afin de façonner le paysage et d'établir les règles de leur société. À la fois période originelle et dimension autre, le Temps du rêve est une réalité parallèle au monde quotidien.

Le Temps du rêve demeure accessible aux peuples autochtones par l'entremise de pèlerinages dans la nature et de certains rituels. Des moments précis du Temps du rêve sont recréés dans des lieux sacrés. Pour un court laps de temps, les participants redeviennent leurs aïeux en reconstituant leurs périples d'autrefois.

de la puissance soporifique du dieu du sommeil, Hypnos, qui les endormait en les éventant de ses ailes. Puis, c'était au tour de Morphée d'intervenir afin de leur communiquer avertissements et présages. Plusieurs de ces sanctuaires devinrent de très célèbres lieux de guérison. Dans l'espoir d'une visite onirique d'Asclépios, le dieu de la médecine, et d'une guérison immédiate de leurs maux, des malades y dormaient entourés de serpents jaunes inoffensifs. Il est aussi mentionné qu'Asclépios aurait appelé ces reptiles sacrés à se rendre dans ces sanctuaires afin de guérir les blessés endormis en léchant leurs plaies. On retrouve encore un peu partout en Occident le caducée – un bâton autour duquel sont enchevêtrés deux serpents – comme symbole de guérison.

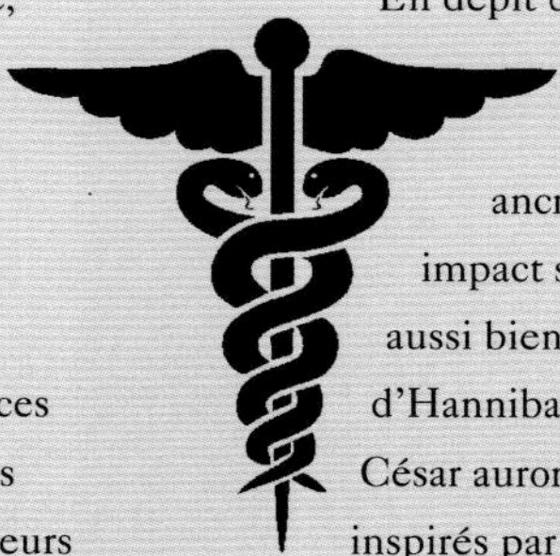

Quatre siècles av. J.-C., Aristote annonce ce que le rationalisme scientifique du XXe siècle va théoriser, soit que les rêves sont la conséquence de causes purement sensorielles. Dans ses écrits, Aristote explique que les rêves sont pareils au reflet d'un objet dans l'eau. Si l'onde est calme, tout y apparaît clair ; à l'inverse, si elle est agitée – si l'esprit du rêveur est en proie à des troubles –, le reflet se brouille et devient vide de sens. La quiétude avant le sommeil est donc garante d'apprentissages pour le rêveur.

En dépit de cela, la croyance populaire conférant aux rêves un pouvoir divinatoire demeure solidement ancrée. Elle aura même un grand impact sur l'histoire de l'Empire romain ; aussi bien l'héroïque traversée des Alpes d'Hannibal que l'invasion de Rome par Jules César auront été encouragées par des rêves inspirés par les dieux.

Au IIe siècle, le sophiste Artémidore de Daldis – qui, pour l'anecdote, est l'objet de deux apparitions aussi brèves qu'étranges dans le *Jules César* de Shakespeare – sera le premier à rassembler toute la sagesse des ères précédentes à partir d'écrits que l'on retrouvait pour la plupart dans la grande bibliothèque babylonienne de Ninive. Les recherches d'Artémidore sont relatées au sein de cinq ouvrages de grande influence, les *Oneirocritica* – du grec *oneiros* : « rêve ».

Malgré le caractère suranné de certaines interprétations, Artémidore sut se montrer

moderne à bien des égards, entre autres en mettant la personnalité du rêveur au premier plan dans l'interprétation onirique. Par ailleurs, il souligna la prévalence des symboles à caractère sexuel. Mieux encore, il précéda Jung de plusieurs siècles en identifiant le miroir comme symbole du sexe opposé dans les rêves, pavant la voie aux concepts jungiens d'anima et d'animus (voir page 103).

Les traditions orientales

Les Orientaux, qui donnent une grande importance à l'état d'esprit du rêveur, ont de nombreuses perspectives à nous offrir dans le domaine. Les sages chinois, par exemple, s'accordent pour affirmer qu'il existe différents niveaux de conscience. Lorsque vient le temps d'interpréter les rêves, ils prennent en considération la condition physique du rêveur, son horoscope ainsi que le moment de l'année. Selon eux, la conscience quitte le corps durant le sommeil afin d'explorer d'autres mondes. Il serait donc extrêmement dangereux de réveiller subitement le rêveur avant que la conscience et le corps ne soient de nouveau réunis.

Les *rsis*, ou voyants indiens, croient aussi aux multiples niveaux de la conscience. Ils en dénombrent quatre : l'éveil, le rêve, le sommeil sans rêve et le *samadhi*, la béatitude

découlant d'une illumination. Dans le texte philosophique *Atharva-Veda*, datant de 1500 à 1000 av. J.-C., il est suggéré que dans une suite de rêves, seul le dernier est significatif. Pour appuyer leur thèse, les auteurs affirment que les rêves travaillent de manière évolutive dans la résolution de problèmes ou dans la quête de sagesse. La tradition indienne met aussi l'accent sur les images oniriques propres au rêveur en les liant à un éventail de symboles, dont ceux des dieux et des démons. En reconnaissant à la fois l'universalité de certains symboles et l'aspect particulier de certains autres, la tradition indienne annonçait les conclusions des futurs travaux de Freud et Jung.

Les traditions musulmanes et chrétiennes

En Occident, l'étude sur les rêves connut une très longue parenthèse après l'analyse d'Artémidore, considérée comme définitive. Sous l'influence de la sagesse orientale, les Arabes vont cependant poursuivre l'exploration du monde onirique en produisant nombre de dictionnaires d'interprétation. Mahomet aurait d'ailleurs reçu en songe la prophétie qui le mena à fonder la religion musulmane, et les rêves ont conservé une place prépondérante dans l'orthodoxie islamique. Il est écrit dans le Coran que l'ange Gabriel est apparu à Mahomet dans un rêve pour le conduire, sur une jument argentée, vers Jérusalem, puis au paradis où il rencontra le Christ, Adam et les quatre évangélistes avant de se retrouver dans le jardin d'Éden pour y recevoir l'enseignement de Dieu.

Tout au long des premiers siècles du christianisme, la croyance voulant que les rêves émanent d'une inspiration divine persista. Cette théorie faisait même partie des enseignements des pères de l'Église comme saint Jean Chrysostome, saint Augustin et saint Jérôme. L'orthodoxie chrétienne s'éloigna cependant peu à peu des prophéties et de l'interprétation des rêves. Les songes étant considérés comme des messages directs de Dieu aux disciples et autres fondateurs de la chrétienté, toute prophétie devenait obsolète puisque l'avenir était entre les mains de Dieu. Au Moyen Âge, l'Église alla jusqu'à écarter la possibilité qu'un message divin puisse être transmis, la Révélation ne pouvant surgir que dans et par elle. Saint Thomas d'Aquin résuma la pensée de l'Église au XIIIe siècle en décrétant l'inutilité des rêves. Pour le fondateur du protestantisme, Martin Luther, les songes n'étaient au mieux que l'expression de nos péchés.

Cependant, une croyance aussi fortement ancrée dans la conscience populaire ne pouvait disparaître et, avec l'invention de l'imprimerie au XVe siècle, on assistera à la prolifération d'ouvrages traitant de l'interprétation des rêves, la plupart basés sur les travaux d'Artémidore. Malgré toute leur naïveté, ces ouvrages auront au moins eu le mérite de sortir l'interprétation des rêves du giron ecclésiastique.

Les rationalistes scientifiques du XVIIIe siècle auront beau faire peu de cas des songes et reléguer au rang de superstition primitive leur interprétation, celle-ci ne cessera de gagner en popularité. C'est d'ailleurs à cette époque que les rêves deviendront des thèmes prédominants dans nombre d'œuvres artistiques et littéraires issues du néoromantisme. Sous l'impulsion de visionnaires comme William Blake et Goethe, qui rejetteront les assertions des rationalistes, l'individu et le pouvoir créatif de l'imagination retrouveront leurs lettres de noblesse.

Les XIXe et XXe siècles

L'Europe du XIXe siècle voit l'émergence de philosophes d'importance comme Johann Gottlieb Fichte (1762-1814) et Johann Friedrich Herbart (1776-1841), pour qui les rêves constituent un objet d'étude sérieux sur le plan psychologique. Leurs idées mèneront à la révolution dans la théorie des rêves qui débutera à la fin du XIXe siècle avec Sigmund Freud (1856-1939).

C'est en effet en 1899 que Freud publie son monumental ouvrage *L'interprétation du rêve*. Ce sont ses travaux à titre de neurologue qui l'ont conduit à rechercher dans l'inconscient les causes de certains désordres mentaux. Au terme d'un long parcours d'autoanalyse, il aboutira à la certitude que les rêves permettent d'atteindre les profondeurs de l'esprit. Selon Freud, l'inconscient – le ça – est le siège de tous les désirs et impulsions, principalement sexuels, refoulés par notre conscience. Les rêves sont l'expression de désirs inassouvis ou de pensées refoulées qui profitent du calme dans lequel le sommeil plonge notre ego pour se manifester. Il soutenait même que les rêves protègent le sommeil en empêchant nos souhaits et nos désirs de nous réveiller.

Le psychologue suisse Carl Jung (1875-1961) travaillera aux côtés de Freud de 1909 à 1913, mais s'en éloignera principalement en raison de l'insistance de ce dernier à ne voir que des connotations sexuelles dans les rêves. Les opinions de Jung à l'égard des rêves et du fonctionnement de l'esprit constituent un contrepoint majeur à celles émises par Freud. Certains psychologues vont jusqu'à dire que Jung a « corrigé » la théorie freudienne. Au fil de sa carrière, Jung a laissé libre cours à la part non rationnelle de sa personnalité, que ses rêves et fantasmes d'enfant expriment. Sur cette base et en se livrant à un long processus de découverte de soi, il donnera naissance au concept d'« inconscient collectif », fondé sur le principe que notre imaginaire contient un vaste réservoir symbolique onirique commun à tous et à toutes les cultures. Dans l'inconscient collectif sont emmagasinés les « archétypes » (voir pages 96 à 109), des images

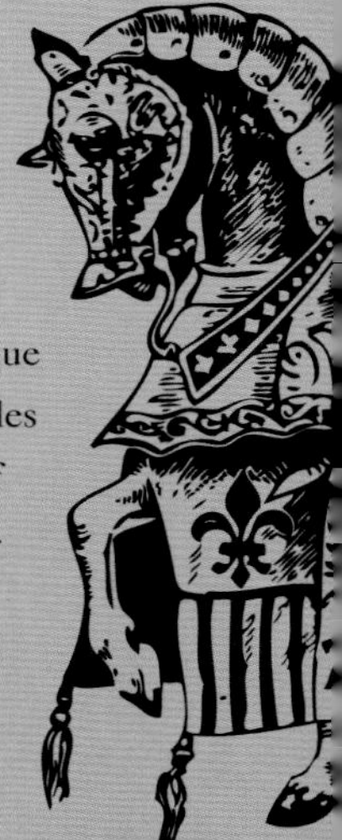

significatives et des thèmes qui nous renseignent sur les mythes communs et les systèmes symboliques et religieux. Ils peuplent nos rêves les plus significatifs.

D'autres techniques visant l'interprétation des rêves ont vu le jour depuis les théories élaborées par la psychanalyse et l'analyse jungienne, mais ces dernières demeurent au cœur de la recherche contemporaine.

La plus importante percée de la seconde moitié du XXe siècle dans le domaine de l'étude des rêves est sans conteste la découverte en 1953 du MOR (mouvement oculaire rapide), apparaissant durant le sommeil paradoxal au cours duquel la majorité des activités oniriques ont lieu (voir page 41). De nouvelles voies de recherche s'ouvraient. Mais il reste beaucoup à faire avant d'espérer construire une science complète du rêve. En attendant, grâce à des ateliers sur le rêve et d'autres analyses, nous élaborons un corpus d'études de cas pour les scientifiques du rêve de demain.

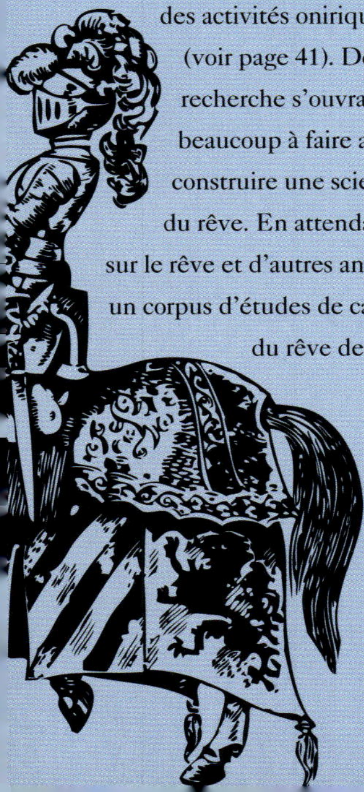

Votre temple d'Hypnos

Dans la Grèce antique, ce lieu accueillait les personnes désireuses de vivre l'expérience de rêves prophétiques ou guérisseurs. Vous pouvez créer le vôtre en faisant de votre chambre un environnement propice à l'émergence de rêves significatifs.

Créez une ambiance propice avec des tissus confortables et un éclairage tamisé. Dévêtez-vous et préparez-vous au sommeil. Imaginez que, tapis dans l'ombre, les esprits des rêves vous attendent.

Diffusez une musique douce qui vous aidera à vous détendre. Laissez-la inspirer votre méditation ou, à tout le moins, vos pensées contemplatives. Pensez à un endroit calme où vous vous êtes déjà senti en paix et heureux.

Projetez-vous dans le futur avec confiance tout en étant allongé : vous êtes un voyageur du temps. Le lendemain, au réveil, faites l'analyse de vos rêves afin de voir s'ils vous ont donné des indices sur votre avenir.

Jung et les rêves

Nul dans l'histoire de la recherche sur la mécanique des rêves ne s'est montré aussi éclairant que le psychologue Carl Jung. Ses travaux révolutionnaires ont su faire ressortir toute la profondeur et la poésie des rêves en les connectant aux mythes et à l'imaginaire.

Né dans une petite ville près de Bâle, en Suisse, Carl Jung (1875-1961) est célèbre pour avoir fondé la psychologie analytique. Après avoir terminé ses études de médecine à l'université locale, il s'installa dans la ville de Küsnacht, sur le lac de Zurich, où il ouvrit un cabinet privé de psychothérapie auquel il consacra l'essentiel de sa carrière. Tout comme Freud, avec qui il travailla de 1909 à 1913, Jung croyait au rôle joué par l'inconscient dans les névroses et les psychoses et à l'importance des rêves dans la recherche des origines de ces problèmes. Jung se sépara cependant de Freud lorsqu'il constata que plusieurs thèmes récurrents et communs émergeaient des hallucinations de ses patients. Selon lui, ces thèmes ne pouvaient aucunement être issus des conflits intérieurs propres à ces malades, mais provenaient plutôt d'une source universelle. En analysant les liens qu'il pouvait faire entre les rêves de différentes personnes, il s'aperçut que les hallucinations de chacun de ces patients psychotiques présentaient nombre de similitudes, en plus de faire écho à des mythes universels.

Grâce à sa connaissance poussée des religions, de la mythologie et des organisations symboliques comme l'alchimie, il fut convaincu de l'existence de thématiques traversant les cultures et les siècles. Ainsi venait de naître sa croyance en un inconscient collectif, un niveau de conscience capable de produire des mythes et partagé par l'ensemble de l'humanité, la source de toute vie psychologique. Jung nomma « archétypes » les thèmes mythologiques et les images primordiales

qui émanent de l'inconscient collectif. Y participent les symboles des grands mythes et légendes ainsi que ceux de nos rêves les plus significatifs.

Plusieurs voient en Jung un fervent et précoce disciple de Freud, auquel il aurait faussé compagnie. En fait, le Suisse avait commencé à élaborer ses propres théories bien avant sa première rencontre avec Freud, en 1907, et même s'il gardera un profond respect pour son aîné, des divergences de vues les opposèrent dès les tout débuts.

Le biographe de Freud, Ernest Jones, écrira à propos de Jung « qu'il avait un penchant pour l'occultisme, l'astrologie et… le mysticisme » tout en spécifiant que la raison principale de leur « divorce » tenait au rejet par le Suisse de l'insistance de Freud à faire de l'énergie vitale une question d'abord et avant tout sexuelle. Ce désaccord a bien sûr eu des impacts sur leurs manières respectives d'interpréter les rêves. Là où l'inventeur de la psychanalyse interprétait littéralement le contenu sexuel des rêves, Jung voyait une symbolique non sexuelle et profonde. Les « grands rêves » – issus de l'inconscient collectif – constituaient pour Jung non pas des messages codés exprimant de quelconques désirs, mais des portes ouvertes sur le monde mythique, « l'immense entrepôt de l'histoire de l'humanité ». Il divergeait également de Freud dans sa façon d'explorer l'inconscient par l'interprétation des rêves. Il rejeta l'idée freudienne d'association libre pour favoriser une technique d'association directe. Jung sera très critique de la technique freudienne en ce qu'elle considère l'esprit comme un phénomène en roue libre, suivant une chaîne d'associations qui entraîne patient et thérapeute loin de l'image originale du rêve. Grâce à l'association directe, les disciples de Jung se concentrent sur le rêve, empêchant le patient de laisser divaguer son esprit et le forçant à revenir à l'image originale. Jung admettait que la libre association permettait d'obtenir des résultats psychologiques intéressants, mais qui n'avaient souvent que très peu de rapport avec les messages contenus dans le rêve. En clair, autant choisir un mot au hasard dans le dictionnaire et l'utiliser comme point de départ de l'analyse.

Pour Jung, la psychothérapie était non pas une quête visant à mettre au jour des sombres secrets du passé, mais plutôt un processus de découverte et de réalisation de soi. De fait, les jungiens estiment qu'en dialoguant avec les thèmes mythiques de l'inconscient collectif, nous intégrons graduellement les aspects disparates et conflictuels de notre moi pour développer notre plein potentiel.

Là où Freud tentait de baliser son interprétation des rêves en s'appuyant sur des

L'objectif et le subjectif

Selon Jung, il existe deux approches fondamentales pour l'analyse des rêves : le point de vue objectif et le subjectif. Le premier est littéral. Si vous rêvez de votre sœur paresseuse, sans travail et sans le sou, alors peut-être le rêve fait-il appel à des caractéristiques de son comportement qui vous perturbent. L'approche subjective, elle, suggère que chaque individu apparaissant dans un songe incarne une facette de la personnalité du rêveur. Selon cette optique, la sœur exprime votre propre tendance à fuir les responsabilités. Un autre exemple plus explicite serait un rêve dans lequel vous êtes poursuivi par un homme violent, une référence cachée à vos propres instincts agressifs. Jung affirmait que l'approche subjective était bien plus difficile à accepter pour le rêveur. C'est le travail d'un bon thérapeute que d'encourager son patient à accepter les vérités contenues dans une analyse subjective afin de lui offrir des indices qui lui permettront d'améliorer sa conscience de soi. Les thérapeutes gestaltistes étendront plus tard l'approche subjective aux objets inanimés présents dans les rêves.

présupposés théoriques rigides, Jung s'attardait sur les symboles oniriques afin d'en révéler de manière imaginative le sens le plus profond en les replaçant dans leur contexte mythique et symbolique universel.

Les analyses de Jung établissent un grand nombre de liens entre la symbolique des rêves et l'alchimie médiévale. L'alchimie n'était pas un simple précurseur mystique de la chimie moderne, elle annonçait aussi l'étude de l'inconscient avec des techniques cherchant à transformer la matière de base des problèmes psychiques – le plomb – en une conscience de soi intégrale – l'or.

Jung voyait dans l'alchimie un puissant courant sous-jacent aux religions et aux philosophies occidentales, comme le sont les rêves pour l'inconscient : « Là où les rêves compensent pour les conflits de la conscience, l'alchimie s'efforce de combler les vides créés par la tension entre les opposés de la chrétienté. »

Jung ne se contentait pas de tracer des parallèles entre les symboles oniriques et leurs équivalents dans l'alchimie, il voyait dans cette science une représentation symbolique du processus même de l'analyse jungienne et du développement de la psyché. En cherchant les pouvoirs de la transformation de soi, les alchimistes tentaient d'unir les contraires, le noir et le blanc, le mercure et le soufre, le chaud et le froid, le soleil et la nuit, la vie et la mort, le masculin et le féminin, créant ainsi la pierre philosophale. C'était là le socle commun, également à la source de certains des mythes entourant le Saint-Graal.

Les transformations symboliques de l'alchimie formaient aux yeux du théoricien suisse une métaphore complexe de l'unité entre le masculin et le féminin, l'anima et l'animus, la conscience et l'inconscient, l'esprit et la matière. Empruntant au vocabulaire des alchimistes, Jung appela « individuation » ce processus menant à la plénitude de la psyché.

En mettant l'accent sur le temps présent – contrairement aux freudiens, qui insistent sur l'enfance –, Jung envisageait chacune des étapes de la vie comme un moment significatif de développement, précisant que nous avions tous la capacité de croître et de nous réaliser jusqu'au soir de notre vie. L'objectif d'une psychothérapie et donc de l'analyse des rêves, est d'offrir un accès individuel aux inconscients collectif et personnel – non pas en poursuivant les fantômes du passé, mais en tentant de révéler et d'intégrer en une forme de plénitude chacune des composantes de notre esprit. En plus de réconcilier les aspects conflictuels de notre esprit, le processus permet de libérer une fonction religieuse souvent refoulée, fonction qui – découvrit Jung dans sa pratique de l'analyse – était d'une puissance au moins équivalente aux instincts sexuels et agressifs mis en lumière par Freud. Loin des dogmes, cette expression de l'inconscient collectif nous pousserait vers la spiritualité et l'amour.

Les complexes

Dans le vocabulaire jungien, les « complexes » ou « images colorées par des sentiments » désignent un nœud dans l'inconscient – un enchevêtrement de croyances et de sentiments inconscients pouvant conduire à des troubles psychiques et à des comportements irresponsables. Au début du XIXe siècle, alors qu'il travaillait à l'université de Zurich, Jung trouva d'abord la preuve de l'existence des complexes dans le cadre de tests d'association de mots. Au cœur de tout complexe, il voyait l'existence de schémas universels d'expérience ou archétypes (voir pages 96 à 109) – ainsi, nous pourrions avoir un complexe à l'égard d'un membre de notre famille. L'énergie des complexes n'est pas en soi destructrice, mais lorsqu'ils entrent en conflit les uns avec les autres ou sont en déséquilibre, ils peuvent miner nos actions et troubler nos souvenirs, nos rêves et notre efficacité intellectuelle. Ils peuvent aussi brouiller notre paix intérieure en usurpant le pouvoir de notre ego.

Aussi, dans un esprit commun de découverte, les psychanalystes travailleront-ils sur les rêves avec leurs patients afin de trouver les racines des complexes.

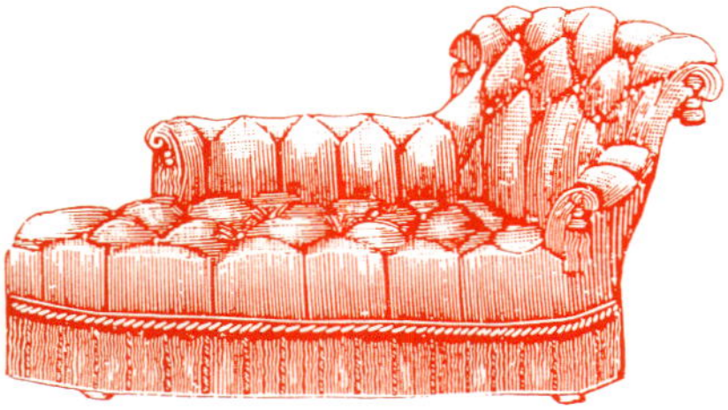

Freud et les rêves

Sigmund Freud demeure une personnalité controversée. Certains voient dans son travail davantage de mérite littéraire que scientifique ; il est vrai qu'il était doué d'une grande force imaginative. Ses aperçus du fonctionnement de l'esprit étaient – et sont encore – audacieux, dérangeants, voire provocants, et profonds.

Sigmund Freud (1856-1939), dans son ouvrage désormais classique *L'interprétation du rêve*, a lancé une idée jugée révolutionnaire au moment de sa publication, en 1899 : « Dans les pages qui suivent, je vais apporter la démonstration qu'il existe une technique psychologique permettant d'interpréter les rêves. » Avec cette phrase, la psychologie contemporaine des rêves venait de naître.

L'ouvrage connut un départ difficile avec seulement 351 exemplaires vendus dans les six années suivant sa parution, mais il devint ensuite un énorme succès et, surtout, l'un des rares livres jamais publiés à avoir changé la perception que nous avions de nous-même. Né à Fribourg, en Moravie (dans l'actuelle République tchèque), il fit ses études de médecine à Vienne sous la gouverne du neurophysiologiste réputé Ernst Brücke, dont la conception déterministe de la vie lui inspira la conviction que tous les phénomènes vivants obéissent à la loi de cause à effet. Plus tard, il transposera cette idée dans le monde des rêves.

C'est en travaillant auprès du neurologue et spécialiste de l'hypnose médicale Jean-Martin Charcot qu'il viendra à la conclusion que les névroses sont le résultat de facteurs psychologiques plutôt que physiologiques. De retour à Vienne, il va ensuite développer, notamment en compagnie

L'association libre

Il est possible utiliser la célèbre méthode de l'association libre conçue par Freud afin de comprendre le sens de rêves récents.

Il faut d'abord qu'un rêve soit frais à votre esprit, idéalement le matin au réveil. Vous aurez besoin d'un crayon et d'une feuille de papier. Afin de comprendre les différentes significations de votre rêve, prenez chacun des objets, des personnes et des situations qui y jouèrent un rôle significatif, et associez de manière tout à fait libre les différents mots qui vous viennent. Laissez votre imagination faire le travail. Inscrivez n'importe où sur la feuille, sans censure ni omission, ce qui vous passe par la tête. À partir du premier mot, suivez les chaînes d'association qui naissent dans votre esprit pour ensuite laisser un mot ou une image en inspirer un autre. Sans aucun doute terminerez-vous votre parcours à des lieues du mot d'origine, mais vous saurez quand vous arrêter. Retournez alors au premier mot et explorez de nouvelles avenues imaginaires.

Prenons un exemple. L'image onirique d'une bicyclette pourra connaître le chemin mental suivant : bicyclette, pédales, chaussures, bottes, policier, autorité.

L'idée première de la méthode de l'association libre est de vous conduire « sournoisement » vers des révélations inconscientes. C'est en acceptant de baisser la garde que vous pourrez arriver à des vérités totalement insoupçonnées. Il est possible que vous tombiez par hasard sur un mot qui vous fera vivre un instant d'illumination.

Si d'aventure rien de significatif ne vous apparaît la première fois, ne vous découragez pas. Tentez l'expérience plusieurs fois et n'hésitez pas à consulter de nouveau les notes que vous avez rédigées selon les règles de l'association libre afin de déterminer si une perception ne vous aurait pas échappé.

du psychiatre Josef Breuer, la méthode de l'« association libre » afin de tenter d'identifier ces facteurs.

Ses travaux sur l'association libre vont convaincre Freud que plusieurs des résultats obtenus émanent de l'inconscient et qu'ils sont associés à des dommages émotionnels issus de la petite enfance. Ces dommages se seraient produits à des moments où les instincts naturels de vie – particulièrement ceux d'ordre sexuel – ont connu refoulements ou déformations afin de conformer un comportement à l'approbation parentale. Reconnaissant le rôle crucial joué par l'inconscient, Freud entrera dans une longue phase d'autoanalyse au terme de laquelle il sortira convaincu que les rêves offrent un accès direct à la face cachée de notre esprit.

« La voie royale qui mène à l'inconscient. » C'est ainsi que Freud qualifiera les rêves, dont il dira avoir exploré les mystères. Même si nombre de ses conclusions sont aujourd'hui remises en cause, il faut lui reconnaître l'immense mérite de nous avoir instruit de la nécessité d'interroger le sens des rêves qui nous offrent des indices sur les mécanismes de l'inconscient et sur son rôle dans notre existence.

Sous-jacente à la compréhension des rêves réside la croyance que notre vie psychologique se joue à plusieurs niveaux. L'étude de ses rêves personnels comme de ceux de ses patients conduira Freud à distinguer le « processus primaire » – propre à l'inconscient et aux rêves – du « processus secondaire », principale caractéristique de la pensée consciente. Le premier diffère principalement du second en ce qu'il agit de manière désorganisée et aléatoire, et est constitué d'impulsions instinctives cherchant à être assouvies. Pour Freud, le processus primaire transforme les élans, peurs et désirs inconscients en symboles libres de toute contrainte impliquant le temps et l'espace, le bien et le mal, et ce, simplement parce que l'inconscient ignore tout de la logique, des valeurs et des comportements régissant la vie consciente. Le processus secondaire, à l'opposé, fonctionne en assujettissant les pensées subjectives aux lois de la société, tout comme la langue est gouvernée par les règles de grammaire.

Freud a toujours soutenu que les impulsions inconscientes provenaient d'une forme de chaos, chacune tentant de se réaliser sans égard aux autres, en toute amoralité. Il inventera le « ça » pour décrire la part primaire de notre esprit, « celle qui contient tout notre héritage [...] et ce que nous portons en nous à la naissance ». En d'autres mots, le ça, ce sont tous les instincts primaires – surtout ceux de survie personnelle et de survie de l'espèce – qui animent les humains depuis la nuit des temps.

Freud et les rêves d'Irma

Le tout premier de ses propres rêves que Freud soumet à l'analyse date de 1895 et a pour principal sujet Irma, une jeune veuve et amie de la famille qu'il traite pour des « crises d'angoisse et d'hystérie ».

Le rêve : Dans une grande salle, Freud reçoit Irma en compagnie d'autres invités. Il l'entraîne vers un coin isolé pour lui reprocher de refuser ses « solutions » à ses problèmes d'anxiété. « Si vous souffrez encore, lui dit-il, ce n'est que par votre faute. » Elle se plaint de douleurs suffocantes dans la gorge, l'estomac et l'abdomen. Alarmé par ces symptômes, Freud examine la gorge de sa patiente afin de s'assurer que ses problèmes ne sont pas d'origine physiologique. Il découvre alors une grande tache blanche ainsi que des « structures entrecroisées incroyables » s'apparentant « aux os du nez ». Le docteur M. examine alors Irma et confirme ce qu'avait trouvé Freud, lequel conclut que l'infection provient d'une piqûre administrée à l'aide d'une seringue souillée par Otto, un ami médecin. Selon le docteur M., Irma allait bientôt être atteinte de dysenterie, mais la toxine sera éliminée.

L'interprétation : En soumettant ce rêve à sa technique de l'association libre, Freud se rend compte que ce rêve était l'accomplissement d'un désir. Au départ, Freud blâme Irma pour l'insuccès du traitement. Son sentiment que les problèmes pourraient être de source physiologique incarne à la fois son désir de ne pas être tenu responsable de l'échec de sa psychanalyse et sa crainte d'avoir confondu des problèmes physiologiques et psychosomatiques. Sa conclusion : Otto est responsable, pas moi. « Otto m'avait agacé par ses commentaires sur la guérison incomplète d'Irma et ce rêve constitue ma revanche en lui renvoyant la faute. »
Dans son rêve, les souffrances d'Irma ne proviennent pas de son comportement, mais de la seringue souillée utilisée par Otto. Le rôle joué par le docteur M. dans le songe est le symbole de l'anxiété vécue par le rêveur dans le traitement de sa patiente. Autrefois, Freud avait fait appel au docteur M. alors que de mauvais traitements avaient conduit sa propre patiente à la mort. La tache blanche dans la gorge d'Irma lui rappelle la diphtérie dont est atteinte sa propre fille et le stress qu'il a vécu lorsqu'il a appris cette nouvelle. L'image des os du nez le renvoie à ses inquiétudes face à sa propre consommation de cocaïne, drogue qui a causé la mort d'un de ses amis. Ce compte rendu illustre toute la complexité des sens qui peuvent s'enchevêtrer dans un rêve.

Aux yeux de Freud, le ça domine la vie inconsciente et les rêves en incarnent les désirs et les forces sous une forme fantasmatique ou encore en les accomplissant. Cela dit, les rêves n'émanent pas de manière directe de cette masse chaotique d'instincts. Si tel était le cas, nul doute qu'ils stimuleraient, exciteraient et réveilleraient le rêveur en raison de leur contenu troublant, souvent antisocial et potentiellement dommageable psychologiquement. C'est pourquoi ils ne s'expriment que sous des formes symboliques, comme il sera expliqué plus loin.

Lorsque nous sommes éveillé, la part rationnelle de notre esprit – le moi – est en phase avec la réalité sociale et adhère à une moralité acquise laissant de côté les pulsions primitives du ça. Mais quand nous dormons, le moi relâche sa vigilance et le ça reprend le contrôle, envahissant notre esprit de son contenu troublant. Une forme de censure traduirait les messages du ça dans une forme plus acceptable qui empêche le rêveur de se réveiller. L'objectif des rêves est donc de protéger le sommeil en usant d'une symbolique qui rend les songes inoffensifs aux yeux des « censeurs ». En ce sens, le mécanisme des rêves serait comparable à celui des symptômes névrotiques, alors que des angoisses et des instincts risquant d'être incontrôlables s'expriment sous des formes acceptables par la conscience et maintiennent ainsi un certain équilibre du moi.

Cette notion de hiérarchie au sein de l'esprit est au centre de plusieurs critiques récentes portant sur les travaux de Freud. Pour ce dernier, les fonctions secondaires, telles que la rationalité, la moralité ou le rôle du moi ne peuvent se développer sans qu'au préalable les impulsions et désirs « primaires » de l'inconscient aient été domptés et refoulés. L'apprentissage reposerait d'abord et avant tout sur les capacités de l'enfant à traverser avec succès la sombre forêt des processus primaires pour atteindre l'éclairante lumière du

moi conscient. De récentes recherches suggèrent qu'un tel combat entre les processus primaire et secondaire n'existe pas et qu'au contraire, ils coexistent en véritables partenaires.

Freud différencie dans le rêve le contenu manifeste et le contenu latent. Le premier, souvent un méli-mélo d'absurdités, correspond à ce que le songe semble dire, alors que le second incarne le message que l'inconscient tente de transmettre au moi. Deux procédés principaux sont utilisés dans le contenu manifeste pour déguiser les idées latentes afin de tromper les « censeurs ». D'abord, la condensation, qui consiste à faire se fusionner deux ou plusieurs images oniriques en un seul symbole. Dans l'analyse des rêves de ses patients, par exemple, Freud interprétait souvent la présence d'hommes d'âge mûr comme étant à la fois l'incarnation de l'image du père et de la sienne, celle de l'analyste. En s'appuyant sur des associations libres plutôt que sur des liens logiques,

L'homme aux loups

En 1910, Freud reçut la visite d'un nouveau patient, un aristocrate russe, riche et dépressif, Serguei Pankejeff. Sa psychanalyse s'échelonna sur plusieurs années et contribua à l'élaboration des théories freudiennes. Dans son postulat, Freud expliqua que les tendances masochistes obsessionnelles qui habitaient Pankejeff étaient le fruit d'un traumatisme ancien d'ordre sexuel. Lorsque le patient narra un rêve d'enfance qui l'habitait depuis toujours, Freud n'eut plus aucun doute.

Le rêve : C'était l'hiver. Son berceau se trouvait près d'une fenêtre. Celle-ci s'ouvrit brusquement et il put apercevoir plusieurs loups blancs assis sur les branches d'un vieux noisetier. Ils avaient de longues queues similaires à celles des renards et des oreilles pointées vers le ciel comme celles des chiens. Effrayé par la perspective d'être dévoré, il s'éveilla, pleurant et criant. Sa nourrice courut le réconforter. L'image aperçue en songe était cependant d'un tel réalisme qu'il lui fallut des années avant de se convaincre qu'il ne s'agissait que d'un rêve. Plus tard, il avoua que le plus terrifiant résidait dans l'immobilisme des loups et la fixité de leurs regards.

L'interprétation : L'analyse conduite par Freud l'amena à affirmer que Pankejeff, alors qu'il était tout petit, avait surpris ses parents en pleins ébats sexuels et qu'il avait été traumatisé par la violence de l'acte et par l'absence d'organes génitaux mâles chez sa mère. L'ouverture subite de la fenêtre symbolisait celle tout aussi subite des yeux du jeune Pankejeff ; les loups, son père ; leur immobilisme, une expression détournée de la violence des ébats.

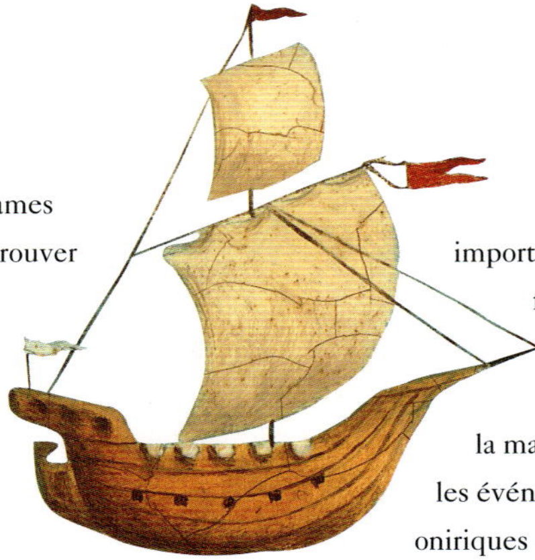

la condensation réalise des amalgames entre des images qui nous font éprouver des sentiments similaires.

Le second procédé utilisé par l'esprit du rêveur est le déplacement. À l'instar de la condensation, le déplacement fonctionne par associations en « traduisant » une image onirique en une autre selon un modèle qui rappelle les métaphores du langage. Lorsqu'un de ses patients rêva d'un bateau voguant toutes voiles dehors, son mât de beaupré faisant saillie, Freud en arriva à la conclusion que ce navire incarnait l'image de la mère, les voiles représentant les seins et le mât, le pénis dont son imagination affublait sa très énergique génitrice.

Freud élabora cette méthode d'association libre afin de contourner les condensations et les déplacements du contenu manifeste du rêve, et de parvenir à interpréter les songes. Le processus dont le point de départ est une image onirique personnelle peut soit nous conduire à aller au bout de notre imagination, soit à rencontrer un blocage mental qui va révéler la nature du problème psychologique logé dans l'inconscient. Quelle que soit l'issue, la méthode permet d'emprunter la « voie royale » menant aux impulsions et désirs profonds du ça, source de nos rêves.

Un autre élément très important intervient dans la théorie freudienne de l'interprétation des rêves. Il s'agit de la rationalisation, qui décrit la manière dont nous modifions les événements et les images oniriques en les racontant à d'autres ou, simplement, en tâchant de nous les remémorer. L'analyste freudien s'efforcera de trouver des indices sur la façon dont un patient pourrait être tenté de rationaliser ses rêves en leur conférant une plus grande uniformité ou une cohérence qu'ils n'avaient pas.

Plusieurs chercheurs se sont faits les détracteurs des théories freudiennes sur l'interprétation des rêves. Là où Freud croit que tous nos songes prennent naissance au sein du chaos primaire du ça, d'autres – de plus en plus nombreux – pensent qu'ils ne sont que le prolongement des pensées de notre vie éveillée ou des réactions à des événements qui nous sont arrivés récemment. À la suite de ses désaccords avec Jung et d'autres psychologues travaillant sur l'origine et la signification des rêves, Freud va modifier sa théorie dans les années 1920, afin de distinguer les rêves « d'en haut » de ceux « d'en bas ». Les derniers émanent de l'inconscient et peuvent être envisagés comme de furtives incursions dans les refoulements de la vie éveillée, alors que les premiers sont le résultat d'événements du quotidien et comportent un contenu inacceptable pour le moi, et donc refoulé dans le ça.

Freud croyait aussi que notre comportement conscient était motivé par le besoin de satisfaire d'ardents désirs inconscients. Dans notre quotidien, nous canalisons l'énergie de nos impulsions vers une forme socialement acceptable. Le refoulement, le déni et la projection sont autant de mécanismes de défense utilisés par le moi pour tenir à l'écart tout contenu douloureux. Sans arrêt, le moi lutte afin d'apaiser le ça, le persuadant que ses élans ne sont pas complètement ignorés. Dût-il échouer dans cette tentative, les instincts réprimés et les traumatismes enfouis dans notre inconscient envahiraient notre esprit conscient et nous feraient sombrer dans la dépression.

Bien que nous parvenions généralement à échapper à ce destin, nous consacrons beaucoup d'énergie aux conflits entre le moi et le ça, ce qui nous conduit parfois aux obsessions, dépressions et angoisses qui sont à la base des névroses et minent notre bonheur de vivre.

Cependant, avec l'aide d'un psychanalyste qui saura faire jaillir avec doigté le contenu du

ça afin que la conscience puisse l'envisager et le comprendre pour ce qu'il est, ces conflits pourront être évités, et le pouvoir du ça en sera diminué. C'est pourquoi l'interprétation des rêves revêtait, pour Freud, une importance capitale.

La théorie freudienne distingue trois types de songes. Dans les plus élémentaires, ceux qui permettent d'assouvir des désirs et que l'on rencontre souvent chez les enfants, les contenus manifeste et latent s'accordent. Ainsi, aucun effort n'est fait pour camoufler le message réel : rêver de manger du chocolat ou d'obtenir un nouveau nounours n'exprime rien d'autre que ce qui apparaît, surtout si l'autorité parentale a déjà exprimé son désaccord pour l'un ou pour l'autre. Dans le deuxième type de rêve, le contenu est tout aussi transparent, mais il surprend le rêveur en ce qu'il ne lui rappelle pas des désirs éprouvés à l'état conscient. Ainsi, un sujet pourra rêver d'être parachuté en zone ennemie en temps de guerre, chose qu'il n'a jamais souhaitée dans son quotidien.

Le troisième type de rêve distingué par Freud demeure sans conteste le plus intrigant. Ici, le contenu manifeste est d'un déroutant surréalisme et totalement incohérent – par exemple, des gens de notre connaissance agissant irrationnellement dans un décor improbable. Fouiller profondément au sein de nos motivations en des lieux potentiellement inconfortables permet de pénétrer les mystères de ces songes.

Freud nous avertit du large éventail de moyens que vont utiliser les rêves pour déguiser, dissimuler ou réprimer nos désirs afin de rendre vaine pour le rêveur toute tentative d'en saisir la signification au réveil. Des désirs émotionnels très vifs pourront se métamorphoser en images différentes et surtout plus inoffensives. Aux yeux de Freud, une abondance de gâteaux riches et sucrés pourra signifier qu'un rêveur dont la vie affective est pauvre est en proie à la nostalgie des jeux d'enfants et de la tendresse maternelle.

La plupart de ceux qui se sont montrés sceptiques à l'endroit des travaux de Freud sur le monde onirique concentrent leurs critiques sur l'importance que ce dernier accordait à la sexualité. Le complexe d'Œdipe, par exemple – cette théorie freudienne voulant qu'un fils éprouve du désir pour sa mère et se trouve ainsi placé en compétition avec son propre père –, n'a plus guère de crédit de nos jours aux yeux des psychologues. L'expression nous vient de la mythologie de la Grèce antique : séparé de ses parents à la naissance, Œdipe finit par tuer son père et épouser sa mère avant de découvrir leur identité réelle. Le pendant féminin de ce syndrome, aux effets moins percutants, se nomme le complexe d'Électre.

Encore aujourd'hui, les analystes freudiens attribuent un rôle vital à la sexualité dans l'inconscient. Ils suggèrent également que l'inconfort ressenti par certains envers l'approche freudienne émane de leurs propres refoulements et sombres vérités inconscientes.

Œdipe et nous

Si la transgression sexuelle commise par Œdipe est la plus célèbre de la mythologie grecque, ses péchés demeurèrent inconscients. Nouveau-né, Œdipe est abandonné par ses parents sur les conseils de l'oracle de Delphes, qui avait affirmé qu'il tuerait son père et épouserait sa mère. Des années plus tard, il tue un étranger – le roi Laïus, son père – qui l'avait insulté. Il débarrasse ensuite la ville de Thèbes du Sphinx, une bête hideuse qui assassinait quiconque échouait à résoudre son énigme. Accueilli en sauveur, Œdipe devient roi de la cité et épouse la reine veuve, sa mère, Jocaste. Sous la gouverne d'Œdipe, Thèbes prospère jusqu'au jour où une épidémie de peste la ravage. Découvrant alors la vérité, Œdipe se crève les yeux, et Jocaste se pend. Ce mythe est un sombre drame psychologique qui habite notre inconscient, la source de nos rêves.

Perls, Boss et les rêves

En dépit de leurs théories et analyses éclairantes, ni Freud ni Jung ne parvinrent à percer tous les mystères du monde des rêves ; personne n'y arrivera probablement jamais. Cependant, au XXe siècle, des chercheurs ont grandement contribué à une meilleure compréhension des songes, notamment Fritz Perls et Medard Boss.

Les travaux de Fritz Perls

Le psychiatre américain Fritz Perls (1893-1970) est le fondateur de la gestalt-thérapie, qui porte sur la manière dont l'individu organise globalement les faits, les perceptions et les comportements qui composent son existence, au lieu d'en faire des analyses distinctes.

Comme Freud et Jung, Perls a souligné le contenu symbolique des rêves, mais il pensait aussi que chacun des personnages ou des objets qui nous apparaissent en rêve est une projection de nous-même et de notre manière de vivre. À ses yeux, les rêves incarnent des récits émotifs inachevés ou des « trous émotionnels » issus de notre histoire personnelle ; leur contenu symbolique provient de notre expérience plutôt que d'impulsions instinctives ou collectives.

En ce sens, « rejouer» le rêve est une technique bien plus efficace et précise pour interpréter un songe que celles de l'association libre ou directe (voir pages 22 et 27). De fait, la méthode préconisée par Perls consistait à demander au rêveur de « jouer » tour à tour chacune des images perçues dans le rêve, de donner la parole aux objets inanimés, de parfois mimer les positions de ceux-ci dans le songe afin d'exprimer au mieux les messages qu'ils véhiculent.

Dans un rêve où l'image centrale est un train traversant une forêt, par exemple, il se peut que les arbres comme les rails laissés derrière par le train révèlent davantage sur l'état émotif du rêveur

que l'engin lui-même. Se mettre dans la « peau » des arbres disparus, faire parler les rails sur lesquels roulent le train, voilà ce qu'aurait pu suggérer Perls au rêveur.

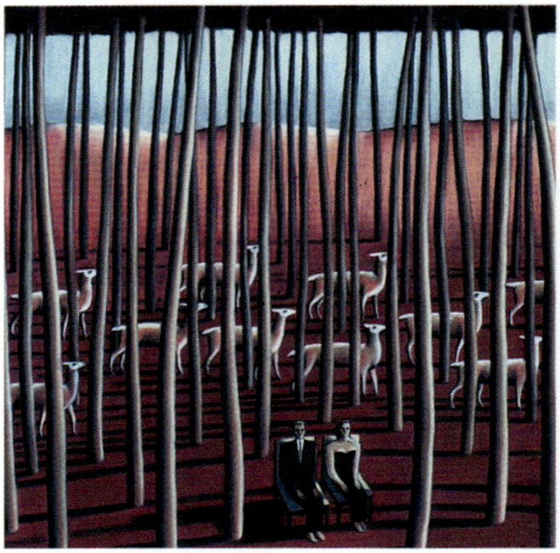

Ce type de jeu de rôle a le mérite de placer entre les mains du rêveur l'interprétation du songe, qui demeure sa propriété. Le thérapeute peut proposer recommandations et conseils, mais jamais la signification du rêve ne naît d'influences extérieures.

Contrairement aux assertions soutenues par Perls, il n'existe pas de véritable contradiction entre cette approche et celles de Freud et Jung, ces derniers ayant toujours souligné le fait que l'imaginaire onirique était la résultante de certains aspects du moi du rêveur et que les jeux de rôle pouvaient se révéler un complément intéressant aux méthodes de l'association libre ou directe.

Le grand défaut de la méthode Perls réside dans le fait que le rêveur peut se réfugier dans la satisfaction de ses talents d'acteur pour finalement s'éloigner du rêve. Perls était convaincu d'être à même de déceler toute dérive de ce genre, mais qu'en est-il de l'ensemble des praticiens adeptes de sa méthode ? Au-delà de ces questionnements et nonobstant la pertinence des techniques élaborées par Perls pour l'interprétation des rêves des niveaux 1 et 2 (voir pages 65 à 70), il y a là un risque de sous-estimer la signification des symboles oniriques communs et, en particulier, de négliger le rôle crucial joué par l'inconscient collectif tel que défini par Jung.

Les travaux de Medard Boss

Le psychiatre suisse Medard Boss (1903-1990) établit un lien entre les rêves et l'existentialisme. Cette philosophie postule que chaque être humain choisit de manière consciente ou inconsciente ce qu'il souhaite devenir. En ce sens, les rêves sont dénués d'un sens symbolique profond, mais sont le reflet direct de choix existentiels.

Les travaux cliniques de Boss sur les rêves ont clairement démontré que ceux-ci peuvent offrir une aide psychologique sans être interprétés symboliquement. À ses yeux, en se référant toujours au symbolisme, nous risquons de passer à côté de la réelle signification d'un rêve. Ainsi, alors que Freud et Jung se sont concentrés sur les rêves des niveaux 2 et 3, Boss mise sur l'importance de ceux de niveau 1 (voir pages 65 à 70).

Plutôt que de travailler par association, la méthode d'interprétation va permettre aux rêves de révéler eux-mêmes leurs messages. En clair, il s'agit moins pour Boss de théoriser sur l'inconscient que de voir ce qui nous « saute au visage ».

Au cours de l'une de ses expériences, le psychiatre hypnotisa cinq femmes – trois en bonne santé mentale et deux névrotiques – et leur suggéra de rêver à un homme nu en érection s'avançant vers elles avec des intentions très claires. Les trois premières femmes suivirent à la lettre et avec plaisir les indications de Boss. Les deux névrotiques, par contre, vécurent une expérience anxieuse et dénuée de toute stimulation sexuelle. Dans l'une, l'homme nu fut remplacé par un soldat en uniforme muni d'une arme à feu avec laquelle il tenta de la tuer. Boss conclut que rien de symbolique ne marquait les trois premiers rêves : ils ne constituaient que l'expression consciente du désir des femmes. Il avança également que l'autre rêve, celui du soldat, ne nécessitait pas d'interprétation symbolique profonde : il ne faisait que refléter l'univers étroit et rempli de peurs de la névrotique, un univers au sein duquel les hommes sont menaçants.

Il serait cependant erroné de voir dans cette approche existentielle une façon de nier la réalité et l'importance des rêves des niveaux 2 et 3. On ne peut comparer une expérience où le rêve est induit de l'extérieur à une autre où il proviendrait de l'inconscient du rêveur. Nul doute que Freud et Jung n'auraient pas manqué de souligner que les éléments émanant de l'inconscient – l'amant transformé en soldat, le pénis en arme – pourraient donner des indices sur les origines de la névrose de cette femme. Les associations naissant en réponse à ces images auraient pu, par exemple, révéler une sexualité réprimée certes, mais aussi peut-être un animus refoulé (voir page 103); ou encore que ce soldat et son arme pouvaient incarner des tendances suicidaires et autoritaires chez la rêveuse.

La fonction des rêves

Qu'est-ce qu'un rêve ? Une révélation provenant d'une source créatrice puissante inscrite en nous ? Les résidus confus d'images et de pensées de notre quotidien ? Les songes constituent-ils une fenêtre ouverte sur les secrets de notre moi profond ou une sorte de poubelle psychologique au contenu aléatoire qu'il serait sage d'ignorer ?

La recherche contemporaine sur la mécanique des rêves débute en 1953 avec les travaux du physiologiste américain Nathaniel Kleitman et de son étudiant Eugene Aserinsky. Dans leur laboratoire du sommeil, ils observèrent que les yeux de jeunes enfants endormis remuaient par moments de manière très rapide derrière leurs paupières closes. Par la suite, d'autres recherches montrèrent que les adultes aussi vivaient ce phénomène, et la lecture des électroencéphalogrammes des dormeurs confirma que ce mouvement des yeux correspondait à une activité particulière du cerveau. Cette découverte marqua un tournant dans la recherche sur les rêves et cette phase du sommeil fut appelée MOR (mouvement oculaire rapide).

Le MOR

Le mouvement oculaire rapide (MOR) est également appelé « sommeil paradoxal » puisque lors de celui-ci, l'activité cérébrale, le niveau d'adrénaline, le pouls et la consommation d'oxygène s'apparentent à ceux de l'état de veille, alors qu'au contraire, la tonicité musculaire est faible et le dormeur peut être très difficile à réveiller. C'est durant le sommeil paradoxal qu'émergent la plupart des rêves.

Dans les années 1960, des chercheurs ont révélé qu'un individu privé de MOR se montrait irritable, fatigué, avait des pertes de mémoire et du mal à se concentrer pendant la journée. Les cobayes étaient réveillés dès qu'ils entraient en phase de MOR. Les nuits suivantes, ils avaient tendance à compenser cette privation en augmentant la durée de leur sommeil paradoxal. Lorsqu'un individu est totalement privé de sommeil en raison d'une maladie ou d'autres facteurs, il est prouvé que le MOR trouve un moyen de s'imposer à la conscience éveillée. Cela tendrait à prouver que le sommeil paradoxal nous est nécessaire et qu'il est peut-être associé à un besoin psychologique de rêver.

De plus récentes recherches ont également montré que les rêves intervenant en période de MOR ont un contenu plus imagé que les autres. D'autres découvertes indiquent qu'il pourrait y avoir un synchronisme entre les mouvements des yeux pendant le MOR et les actions se déroulant dans les rêves. Cela voudrait dire que notre cerveau ne fait aucune distinction entre les images oniriques et celles de la vie consciente. La même chose pourrait s'avérer quant à certaines sensations perçues dans les rêves : nous savons par exemple que des stimuli comme un jet d'eau, un bruit soudain ou encore un flash de lumière peuvent être intégrés par le rêveur à son songe et « rationalisés » afin d'être adaptés à son contenu.

Aussi réelles que ces expériences sensorielles puissent apparaître au cerveau, quelque chose nous empêche cependant de « jouer » complètement les gestes et les émotions que nous vivons en rêve. La perte de tonicité musculaire est générale lors du MOR et seuls nos yeux semblent impliqués physiquement dans la concrétisation du contenu de nos rêves. On a observé que lorsqu'un rêve est à son acmé, des inhibiteurs empêchent nos muscles de recevoir les impulsions du cerveau qui nous feraient accomplir les gestes auxquels nous rêvons et vivre les sentiments du songe.

C'est peut-être de cette forme de paralysie que naissent certaines sensations oniriques comme celle d'être incapable de courir, de chercher à crier ou encore d'être incapable de marcher.

D'autres recherches ont ensuite permis d'identifier quatre niveaux de sommeil, chacun étant caractérisé par ses propres activités physiologiques et mentales. Au cours des 15 premières minutes, le dormeur passe progressivement du stade 1 au stade 3, avant de demeurer environ une heure au stade 4, le plus profond, durant lequel le corps est le plus détendu et l'activité du cerveau la plus calme. S'effectue ensuite un retour au stade 1, souvent accompagné d'un changement de position du dormeur. C'est à ce moment que débute la première phase de sommeil paradoxal. Elle dure une dizaine de minutes. Par la suite, le processus de va-et-vient entre les stades va se répéter de quatre à sept fois pendant la nuit, et ce, même si le sommeil n'atteint que très rarement de nouveau un état aussi profond que celui du stade 4. Les périodes de sommeil paradoxal se font chaque fois plus longues, tout comme augmentent la fréquence et la rapidité du mouvement des yeux. La dernière phase de MOR peut s'étendre sur près de 40 minutes.

Plusieurs théories tentent d'expliquer pourquoi nous dormons. Certains scientifiques y voient un avantage évolutionniste, une stratégie de conservation de l'énergie et de réduction de la consommation de nourriture. Un autre argument en faveur d'une thèse évolutionniste veut que nos ancêtres, en dormant durant la nuit, au moment où ils étaient le plus vulnérables aux attaques de prédateurs, augmentaient leurs chances de survie. Une hypothèse physiologique suggère que le sommeil est pour notre corps un temps nécessaire à la détente, à la « réparation » et à la production d'hormones particulières : les enfants, par exemple, sécrètent davantage d'hormones de croissance durant la nuit.

Le sommeil, c'est une évidence, offre au cerveau un moment de répit. La production de sérotonine et de noradrénaline, qui contribuent à acheminer les influx nerveux au cerveau, est grandement réduite pendant le sommeil. Des cobayes que l'on prive complètement de sommeil pour une nuit ou deux font preuve d'une plus grande irritabilité, de pertes de mémoire et d'une plus faible capacité à se concentrer; ils s'effondreront littéralement si la privation se poursuit.

Certains d'entre nous n'ont cependant besoin que de quelques heures de sommeil, et des personnes à la spiritualité très développée vont passer la nuit en état de méditation profonde plutôt que de dormir. Dans de très rares cas, des individus ayant subi des traumatismes graves – souvent crâniens – ne dorment presque plus.

Ainsi, nous en savons beaucoup aujourd'hui sur le fonctionnement physiologique du cerveau pendant le rêve. Par contre, dès que nous tentons de plus profondes

explorations concernant les aspects physiologiques du rêve, nous sommes en eaux troubles.

La découverte du MOR a fait entrer les rêves dans les laboratoires scientifiques. Les chercheurs les ont soumis à des tests rigoureux, les analysant à l'aide des dernières technologies. Mais la question soulevée par Freud et Jung dans la première moitié du XXe siècle demeure sans réponse : rêvons-nous pour protéger notre sommeil ou dormons-nous dans le but de rêver ?

La plupart des scientifiques s'entendent pour dire que les rêves ont une raison d'être. Quant à savoir laquelle, voilà où les opinions divergent. En revanche, une grande idée rapproche presque tous les chercheurs qui se sont penchés sur l'interprétation des rêves depuis le XIXe siècle : les songes nous informent sur d'importants aspects de notre inconscient.

Comme nous l'avons vu précédemment, Freud croyait que les rêves étaient des messages codés conçus par l'inconscient pour nous révéler la présence en son sein de désirs et de pulsions refoulés. Les jungiens vont plus loin en parlant d'inconscient collectif, un sous-niveau créateur commun à tous, vital à notre bien-être, et d'où proviennent les images oniriques, mais aussi celles des mythes, des légendes et des enseignements religieux. Bien que ce livre se soit construit à partir de ces deux théories, arrêtons-nous sur l'approche des déchets psychologiques, selon laquelle nous ne rêvons que pour trier intérieurement et éliminer durant le sommeil nos détritus mentaux non désirés.

Des déchets ou de l'or ?

Les thèses présentant les rêves comme des déchets viennent de la propension de certains scientifiques à distinguer le processus du contenu. De telles thèses s'écroulent dès que l'attention se porte sur le contenu du rêve lui-même. Quiconque a déjà tenu durant une certaine période un journal rendant compte de ses rêves devrait être à même de constater qu'ils offrent un historique du moi d'une remarquable cohérence. Le problème des tenants de la thèse des déchets, c'est qu'en déclarant qu'il est inutile de se remémorer les rêves, ils renoncent du même coup à analyser le contenu de leurs propres songes et choisissent d'ignorer *de facto* les évidences qui discréditeraient leur argumentation.

Selon les tenants de cette approche, si la fonction des rêves est importante, leur contenu, lui, ne l'est pas.

Certains scientifiques estiment que le cerveau fonctionne de manière sélective en examinant avec minutie la tonne d'informations dont il est bombardé quotidiennement. Il stocke ainsi celles qu'il juge pertinentes et se débarrasse des autres. Si l'on se fie à cette approche, la plupart du travail s'effectue durant le jour, la majorité des déchets étant éliminés immédiatement. Le cerveau a ensuite besoin d'un temps de consolidation afin de terminer le ménage. C'est le temps du sommeil. Des chercheurs ont comparé ce processus à celui d'un ordinateur que l'on déconnecterait pendant la nuit et qui en profiterait pour fouiller dans ses fichiers et programmes en les mettant à jour avec les nouvelles données pertinentes et en effaçant les redondances et matériaux inutiles. Pendant notre sommeil, des fragments d'images nous apparaissent dans un fouillis total, comme les fruits d'associations non désirées. Voilà donc la teneur de nos rêves, selon les adeptes de l'approche des déchets psychologiques.

Les objections à cette approche sont nombreuses et sans appel. D'abord, il serait faux de prétendre que les rêves n'ont aucune signification. Il a été prouvé hors de tout doute que nos songes offrent des indices précieux sur l'état de notre santé psychologique et physique, et qu'ils peuvent se révéler d'une grande aide dans la résolution de problèmes liés à l'une ou à l'autre. Bien que nos rêves puissent d'abord nous apparaître comme des phénomènes aléatoires et confus, une analyse en profondeur à l'aide d'un expert révèle tous les trésors qu'ils renferment, des trésors au contenu parfois ambivalent, mais dotés de sens. En clair, ils nous révèlent à nous-même. Les rêves lucides (voir pages 55 à 64) démontrent encore une fois que le cerveau n'est pas « déconnecté » en période onirique. Une pleine conscience du moi est possible lors du rêve.

Ainsi, rien ne prouve qu'un individu qui se rappelle et analyse ses rêves est en moins bonne santé psychologique que quelqu'un qui ne le fait pas. En réalité, c'est l'inverse qui semble vrai, et si le sens de la majorité de nos songes paraît insaisissable, certains d'entre eux demeurent néanmoins présents en notre esprit des années durant, aussi marquants que certaines expériences vécues à l'état de veille.

Mais alors… Pourquoi oublions-nous une grande part de ces messages que notre inconscient tente de transmettre à notre conscience durant le sommeil ? Plusieurs thèses se confrontent, l'une d'elles s'intéressant à notre façon de nous réveiller. Nous ne sortons plus du sommeil comme le faisaient nos ancêtres, soudainement et mus par un sentiment d'urgence. Nous nous réveillons tranquillement, dans le confort de nos lits, et c'est sans doute ce qui nous fait oublier le monde onirique. D'autres spécialistes affirment que nous dormons trop et que les heures sans rêves nous les font oublier. Les cobayes invités dans des « ateliers du rêve » affirment mieux se souvenir de leurs songes que lorsqu'ils sont à la maison. Un nouvel environnement et un sommeil irrégulier favorisent peut-être leur capacité à se les rappeler…

Il se pourrait aussi que notre esprit encombré et toujours sollicité soit de nature à nous empêcher de nous souvenir de nos rêves. Les disciples des commandements ésotériques de l'hindouisme ou du bouddhisme comme les adeptes des traditions occultes occidentales feraient, semble-t-il, l'expérience d'une conscience sans aucune censure durant leur sommeil grâce à des techniques éprouvées de concentration et de méditation.

Cette propension à l'oubli des rêves, cela dit, a déjà été étudiée par Freud. Selon lui, nous oublions nos songes en raison de notre souffrance. Cette forme d'amnésie n'aurait rien à voir avec nos comportements, mais proviendrait d'une censure, un mécanisme de défense mis en branle par le moi afin de se protéger contre les images troublantes, les impulsions et les désirs de notre inconscient. Pour préserver notre tranquillité d'esprit, nos rêves

empruntearaient donc les codes d'un langage « convenable ».

Introduction aux symboles

Lorsque nous décidons d'analyser de plus près nos rêves et ce qu'ils tentent de nous dire, il serait bon de nous concentrer sur l'élément premier de leur sémantique : le symbole.

Les messages transmis par les rêves sont principalement véhiculés sous la forme de symboles incarnant une idée, un concept ou une émotion, tous difficilement transposables en mots. La présence de ces symboles constitue une des raisons premières du rapport ambigu que nous entretenons avec eux. Aussi absurde et énigmatique qu'il se présente à notre conscience, le langage symbolique de nos songes, une fois décodé, se révèle souvent empreint d'un sens profond qui ne trouve d'équivalent dans la conscience qu'à travers le langage poétique, pictural ou musical.

Les rêves émergent de l'inconscient et utilisent une symbolique, une forme primitive d'expression qui précède l'apparition de la parole. Comme nous l'expliquerons plus loin, plusieurs de ces symboles sont particuliers au rêveur, émanent de sa propre expérience. D'autres semblent avoir une origine universelle ancrée dans l'inconscient. Ils font souvent appel à des animaux ou à des forces naturelles; dans plusieurs cultures, par exemple, les oiseaux constituent un symbole de liberté, le feu représente la destruction et la purification tandis que l'eau est l'incarnation de la vie.

En travaillant sur les rêves, nous côtoyons ces symboles et leur langage, une façon d'explorer toujours plus profondément les méandres de l'inconscient, de voyager non sans risque, mais avec bonheur, vers la découverte de soi. Le long de ce périple, nous serons assailli de messages dont le sens ne dépendra que de nos impératifs, de nos peurs et de nos soucis du moment.

Bien des messages que nous envoient nos songes sont en relation directe avec les espoirs, les préoccupations ou les angoisses de notre quotidien. On a par exemple démontré que les rêves des femmes sont souvent liés à la vie à la maison, alors que ceux des hommes sont davantage axés sur la vie à l'extérieur du foyer. Plusieurs songes, cependant, émanent de niveaux de conscience plus profonds. Avant de vous lancer dans les méthodes d'interprétation des rêves contenues dans ce livre, efforcez-vous de comprendre ce que chacun des songes que vous vous rappelez tente de vous dire. Vous avez rêvé que vous rencontriez un inconnu, que vous entriez dans un magasin, que vous coupiez un arbre ? Qu'est-ce que ces songes expriment ? De manière générale, les rêves renvoient à ce qui pourrait advenir plutôt qu'à ce qui est. Qu'ils vous proposent d'élargir vos horizons, d'explorer de nouvelles voies, qu'ils vous préviennent de dangers ou vous suggèrent des manières d'envisager avec prudence certaines actions, la conclusion est la même : n'ignorez jamais vos rêves !

Le sommeil parfait

Certaines personnes affirment rêver davantage et mieux lorsqu'elles se trouvent en position de sommeil précaire. Il reste que de bonnes habitudes et un sommeil régulier constituent la voie naturelle pour parvenir à une « vie de rêve ». Quelques règles à suivre pour un sommeil paisible et, du même coup, pour un monde onirique riche.

- Évitez l'alcool et les somnifères : ils font fuir le sommeil paradoxal. Remplacez le café et le thé par du lait sucré au miel avant le coucher.
- Faites le vide dans votre esprit avant de vous mettre au lit. Libérez-vous de toute colère ou de tout ressentiment.
- Si vous choisissez de lire avant de dormir, optez pour une lecture contemplative et calme. Pas de polar !
- Faites de votre chambre une oasis de paix, libre de tout désordre et éclairée en douceur.
- Couchez-vous tôt, levez-vous tôt !
- Détendez votre corps. Étirez-vous, puis relâchez toute tension musculaire avant de vous allonger.

Les états de transition

Si vous ne voyez dans vos rêves que des expériences fragmentaires et clairsemées, c'est probablement parce que vous vous fiez aux souvenirs des tout derniers rêves de la nuit. Encadrant la forte intensité des rêves du sommeil paradoxal, notre sommeil commence et se termine par des images plus fugaces, qui nous échappent, aux frontières du sommeil et de l'éveil.

Pionnier de l'exploration de l'inconscient, le Britannique Frederick Myers (1843-1941) a qualifié les rêves qui précèdent le sommeil d'« hypnagogiques » et d'« hypnopompiques » ceux qui surviennent juste avant le réveil. Ces termes désignent deux états transitionnels et présentent des caractéristiques fragmentaires et furtives – un peu comme un souvenir qui nous échappe au moment précis où nous venons de nous le rappeler. Ces deux états tendent à faire naître dans notre esprit des images brèves, mystérieuses et parfois magnifiques.

Lorsque le rêveur s'endort, son cerveau produit des rythmes alpha qui caractérisent un état de relaxation extrême ; son pouls comme sa respiration ralentissent et sa température baisse. Puis les rythmes alpha vont commencer à disparaître pour laisser place au sommeil de stade 1, durant lequel son esprit va brièvement être envahi par des rêves étranges, près de l'hallucination, caractéristiques de l'état hypnagogique. Le terme de « visions » serait d'ailleurs plus propice pour parler de ces rêves, car

Plongée dans l'hypnagogique

Tentez de faire une sieste en demeurant assis plutôt qu'en vous allongeant. Lorsque vous piquerez du nez, votre tête se redressera et cela vous réveillera. Voilà une bonne façon de vivre les expériences de l'état hypnagogique.

il leur manque à la fois la complexité narrative et la puissance émotionnelle des songes effectués lors de stades plus profonds du sommeil.

Lorsque le philosophe russe Piotr Ouspenski évoque des « points d'or, d'étincelles et de petites étoiles […], filet d'or [qui] se transforme en rangées de casques de cuivre appartenant à des soldats romains marchant le long de la rue », il décrit avec précision toute la magie des rêves hypnagogiques, qui s'apparentent à des visions.

Les recherches récentes sur l'hypnagogique se concentrent d'ailleurs sur ce qui donne précisément cette allure de visions. En général, les images hypnagogiques comportent des vagues colorées, des formes aux contours souvent très réguliers ou encore d'une parfaite symétrie. Des écrits peuvent également apparaître, qui n'utilisent pas nécessairement la langue maternelle du rêveur, mais des langues étrangères ou purement imaginaires. Un peu comme si des figures archétypales s'approchaient du rêveur pour l'observer et ensuite disparaître ; des personnages étranges peuvent se dessiner devant ses yeux puis s'évanouir ; et les images se présentent parfois la tête en bas ou à l'envers comme dans un miroir.

Les expériences hypnopompiques qui surgissent juste avant l'éveil partagent nombre de ces mêmes caractéristiques. Plusieurs restent brièvement en tête au réveil. Descartes, considéré comme le fondateur de la philosophie moderne, a souvent parlé de « petites étincelles qui se dispersaient dans la chambre » au moment du réveil. D'autres auteurs, au sortir de l'état hypnopompique, ont décrit des formes dansant autour de leur lit, des extraterrestres ou encore des paysages surréalistes s'étirant derrière les fenêtres de leur chambre.

Observer l'hypnopompique

À la fin des années 1990, dans le New Jersey, le chercheur George Gillespie rédigea nombre de comptes rendus à propos de ses propres expériences hypnopompiques. Il lui arrivait de voir ce qui s'apparentait à un quadrillage en deux dimensions juste avant qu'il ne sorte du sommeil, une vision qui pouvait demeurer présente durant deux secondes après avoir ouvert les yeux. En gardant ses paupières closes, il pouvait en examiner les détails pendant une dizaine de minutes. Gillespie et l'un de ses correspondants réalisèrent que ce quadrillage demeurait stationnaire, qu'il pouvait l'examiner en bougeant les yeux dans tous les sens. Beaucoup de travail reste à accomplir dans ce champ d'exploration.

Plusieurs ont mentionné la présence d'hallucinations auditives plutôt que visuelles, aussi bien dans l'état hypnopompique qu'hypnagogique. Des voix sont alors entendues aussi clairement que si elles étaient dans la chambre. Des sensations tactiles et olfactives sont également fréquentes et, parfois, c'est à un méli-mélo de perceptions qu'est soumis le rêveur, comme s'il avait une vision tout en écoutant une conversation et qu'il humait le doux parfum d'un jardin invisible. Il est donc peu surprenant que dans l'Antiquité et au Moyen Âge, on y ait vu des messages des dieux.

Les recherches récentes qui ont tenté d'expliquer ces phénomènes hallucinatoires et parfois très similaires à ceux ressentis en état de transe se sont principalement attardées au rôle que joue le moi au moment où la conscience dérive du sommeil vers l'éveil et inversement. Leurs conclusions suggèrent que les visions hypnagogiques proviennent d'une tentative du moi de reprendre le contrôle de la conscience après avoir perdu le contact avec le monde de l'éveil. D'autres estiment que ces phénomènes représentent l'antithèse du moi.

Les adeptes hindouistes et bouddhistes de la méditation enseignent que seul un abandon du moi permet d'entrer en méditation profonde. En général, des visions semblables à celles de l'hypnagogique vont apparaître chaque fois qu'il y aura passage d'un état de conscience à un autre. Ces images mystérieuses et ces formes proches des mandalas servent d'encouragement dans la quête de l'individu. Aucune relation n'existe entre ces visions et des souvenirs de la vie éveillée, ce qui voudrait dire qu'elles émanent d'un niveau profond de l'inconscient créatif.

Les images hypnagogiques furent déterminantes dans l'inspiration d'artistes surréalistes comme Salvador Dalí ou René Magritte. Le premier est allé jusqu'à les provoquer en s'assoupissant debout, une cuillère et une casserole à la main. Dès qu'il piquait du nez, il entendait la cuillère tomber dans la casserole. Il se réveillait alors, des images de transition fraîches à l'esprit.

Le psychologue américain Andreas Mavromatis estimait quant à lui que les deux états agissaient à titre de réducteurs d'anxiété afin d'emmener le rêveur loin des difficultés et des tensions de la vie éveillée, favorisant ainsi son développement et sa croissance personnelle. Le fait que les visions propres à ces états évitent la complexité narrative et émotionnelle des rêves en mode MOR permet au dormeur de sonder le contenu de son inconscient comme s'il feuilletait un ouvrage illustré. Ainsi, le rêveur fait une expérience consciente des processus créatifs qui se terrent habituellement dans les profondeurs de l'inconscient. En classant la tonne d'informations que contient l'esprit, ces processus engendrent des idées créatives qui, comme venues de nulle part, surgissent furtivement à la conscience.

L'exploration des rêves hypnagogiques

Leur nature même fait des visions hypnagogiques des événements fugaces. Or, il est relativement facile d'exercer notre esprit à les faire apparaître presque sur demande.

Pour le premier exercice de base, asseyez-vous confortablement sur votre canapé et allumez la radio ou la télévision. Laissez votre esprit divaguer et n'accordez que la moitié de votre attention à l'appareil. Si vous vous sentez piquer du nez, prêtez davantage attention à l'émission en cours et laissez-la vous stimuler juste assez pour vous maintenir aux confins de l'état d'éveil. Vous vous rendrez alors compte que votre vagabondage spirituel vous fait passer d'un niveau de conscience à l'autre, captant au passage des bribes d'histoires décousues, produisant des images très nettes de paysages étranges ou ramenant à votre esprit des souvenirs si anciens que vous pensiez les avoir oubliés. Bienvenue dans le monde de l'hypnagogique.

Afin de pousser plus loin votre exploration, il vous sera utile de développer une sorte de vigilance détendue. Lorsque vous vous couchez, portez votre attention sur un espace intérieur derrière vos yeux. Concentrez votre attention sur ce point et ramenez-la doucement vers lui dès que votre esprit dérive. Ne brusquez pas l'apparition des images. Laissez le temps faire son œuvre.

Pour ne pas sombrer dans le sommeil pendant ces moments, voici une technique de méditation tibétaine qui pourrait vous être utile. Visualisez un disque de lumière en rotation derrière vos paupières closes ou à la place de votre cœur et laissez les images apparaître à travers lui.

Une autre approche consiste à faire naître vous-même les visions plutôt que de simplement vous ouvrir à leur avènement. Avant de vous assoupir, imaginez les choses que vous souhaiteriez voir ; ou encore, visualisez les lettres de l'alphabet les unes après les autres. Il arrive souvent que ces pensées inspirent des formes géométriques ou qu'elles se convertissent en visions aléatoires et sans lien avec votre point de départ.

Bien sûr, faire l'expérience de l'état hypnagogique ne vous révélera rien de vos désirs et angoisses cachés. C'est là le domaine du sommeil paradoxal. Ce que vous y gagnerez, par contre, c'est de vous familiariser avec le fonctionnement de votre cerveau et, en même temps, de faire l'expérience de moments hallucinatoires au potentiel très agréable, un peu comme si vous assistiez en direct au déploiement d'une aurore boréale.

Le rêve lucide

L'esprit du dormeur accepte l'étrangeté sans en interroger la nature, ce qui le mène à croire en la réalité de ce qui se déroule dans les songes ; d'où, d'ailleurs, le pouvoir des cauchemars. Dans le cadre de ce que nous appelons les rêves lucides, cependant, nous sommes ou devenons conscient que nous rêvons sans pour autant nous réveiller.

Plusieurs d'entre nous ont vécu, à un moment ou à un autre, un rêve lucide. Imaginez que vous découvrez un livre ancien dans la cave d'une maison appartenant à quelqu'un d'autre. Vous ne devriez pas être là, mais vous ne pouvez résister à la tentation de l'ouvrir et de découvrir le message qu'il recèle. Et s'il contenait des réponses à certaines de vos questions sur l'existence ? Vous savez que vous rêvez et pourtant, cela ne met pas un terme au rêve. Vous prenez la décision de manière tout à fait consciente d'ouvrir le livre. Vous décidez de vous rappeler les mots qu'il contient et de les écrire au réveil. Vous êtes conscient qu'il s'agit là d'un rêve important et peut-être même décisif pour le cours de votre vie. Vous faites des choix « éveillés » au sein d'un rêve, ce qui vous procure un sentiment de pouvoir. Bien sûr, vous finissez par vous réveiller. Et vous savez que vous avez été conscient tout au long du songe. Malheureusement, vous avez oublié ces mots si importants. Ce n'était qu'un rêve, après tout.

Les rêves lucides constituent des expériences si excitantes que nous avons tendance à vouloir en encourager la répétition. Jusqu'à un certain point, il est possible d'entraîner notre esprit à pénétrer l'état onirique et à contrôler nos rêves. Néamoins, cela exige discipline, préparation et entraînement.

Chercheuse et spécialiste des rêves, la Britannique Celia Green a identifié plusieurs différences notables entre les rêves lucides et les autres. D'abord, les premiers ne présentent pas l'irrationalité et l'aspect narratif décousu des seconds. De plus, ils demeurent présents à la mémoire avec une précision remarquable. Nous ne pouvons peut-être pas nous souvenir des mots contenus dans le livre, mais des éléments nous restent à l'esprit dans leurs moindres détails. D'autre part, dans le cadre d'un rêve lucide, le dormeur a accès à toute la panoplie de souvenirs et de modes de pensée qui sont les siens à l'état de veille, si bien qu'il ne fait plus la différence entre les deux états. Et surtout, le rêveur est conscient qu'il rêve.

De manière générale, cette conscience survient brutalement sous l'impulsion d'un événement ou d'un changement de décor illogique ou imprécis intervenant au sein

d'un rêve conventionnel, ce qui va alerter le dormeur et lui signaler qu'il est en train de rêver. L'excitation et l'impression d'un élargissement de la conscience qui en résultent rendent l'expérience totalement unique. Les couleurs y sont d'une brillance incroyable, les objets, d'une précision absolue. Plus remarquable encore, le rêveur est alors à même de contrôler ses actions, de décider où aller et quoi faire, et de vivre pleinement l'univers onirique. Pourtant… aussi puissant qu'il se sente, le rêveur ne peut jamais totalement contrôler un rêve lucide. Il aura beau décider de visiter une île tropicale déjà connue, elle lui apparaîtra de manière nouvelle et surprenante comme si elle lui était inconnue. Frederik van Eeden, un médecin hollandais et rêveur lucide prolifique – il inventa d'ailleurs l'expression « rêve lucide » en 1913 –, décrivit le monde onirique comme un « faux monde habilement imité mais avec de petites défaillances ». Pour appuyer sa thèse, il cita en exemple un de ses rêves dans lequel il tentait en vain de briser un verre de bordeaux qui lui apparut pourtant en mille miettes quelques secondes plus tard, au réveil – comme un comédien qui a oublié sa réplique.

Les grandes religions ont souvent placé les rêves lucides sous un éclairage mystique. Dans les traditions bouddhique et hindoue, on prétend parfois que ceux qui maîtrisent l'art de la méditation profonde demeurent conscients tout au long du processus onirique et, de ce fait, ne vivent que des rêves lucides. Pour les bouddhistes tibétains, les rêves lucides constituent une répétition générale essentielle à la vie après la mort, une vie comparable en bien des points au monde onirique. Bref, rêver en toute conscience est une manière d'échapper à cette illusion que la vie et la mort s'opposent. Le principal objectif des rêves est de détruire cette illusion.

Voyage astral

Beaucoup voient dans notre capacité à rêver lucidement une manière de nous préparer à vivre des voyages astraux. Il est vrai que nos rêves lucides nous entraînent dans des mondes « astraux », des mondes entièrement créés par l'imaginaire et la pensée. Dans les voyages astraux, cependant, l'esprit demeure rattaché au monde réel et inclut souvent la présence physique du voyageur dans sa vision. La frontière entre le voyage astral et le rêve lucide reste floue.

Israel Regardie, un grand défenseur des traditions occidentales occultes et alchimiques, écrivit qu'un praticien avancé « ne passe plus la nuit dans l'oubli profond », mais maintient plutôt un niveau constant de conscience et qu'ainsi, « tout n'est qu'un courant continuel et fluide de conscience ». Certains enseignements ésotériques suggèrent même que prendre l'initiative en songe permet au sujet d'agir d'une manière qui semble aussi inexplicable dans la vie éveillée. Des mystiques hindous ont affirmé que des adeptes peuvent apparaître volontairement en plusieurs endroits en même temps.

Ils ont recours au contrôle du rêve pour visualiser un lieu, puis le visiter dans un « corps onirique » visible par tous.

Dans toutes les cultures, et parmi les initiés et les adeptes, la capacité de contrôler les événements d'un songe vient d'une maîtrise mentale de haut niveau dans la vie éveillée. Plutôt que de voir l'inconscient effectuer ses bêtises freudiennes sous le niveau de la conscience ou chuchoter sa sagesse ignorée, les rêves lucides semblent permettre à la conscience et à l'inconscient d'établir une réelle communication et de coopérer. Le songe lucide est leur création commune et, en le soustrayant sans cesse au contrôle de la conscience, le rêveur atteint des niveaux de connaissance de soi plus profonds. En étant conscient, et même en contrôlant le cours d'un songe, le rêveur peut non seulement aller plus loin dans l'inconscient, mais il peut aussi consciemment décider d'affronter les peurs, désirs et énergies qui y logent. Plutôt que de s'enfuir devant une force sombre et mystérieuse ou un monstre terrifiant qui réside aux confins du monde onirique, les rêveurs lucides ont la capacité de les appeler à volonté, de les affronter, conscients qu'ils sont en train de rêver et qu'il n'y a aucune raison d'avoir peur.

Une fois défiées, ces forces perdent en général tout pouvoir parce qu'en songe, comme dans la vie éveillée, la plus grande peur est souvent la peur elle-même. En affrontant ses démons dans l'inconscient, non seulement

Faux éveils

Associée au rêve lucide, peut-être à mi-chemin entre celui-ci et le rêve réel, existe l'expérience parfois troublante du rêve de faux éveil. Ces songes sont empreints de la même clarté vive que les « lucides », sauf que le rêveur ne sait pas qu'il rêve. Il croit qu'il est éveillé et peut se voir avec force détails se lever, se laver, prendre son petit-déjeuner et sortir travailler – pour se réveiller plus tard et se rendre compte que rien de tout cela ne s'est passé. Il lui faut donc répéter tout le processus dans la réalité.

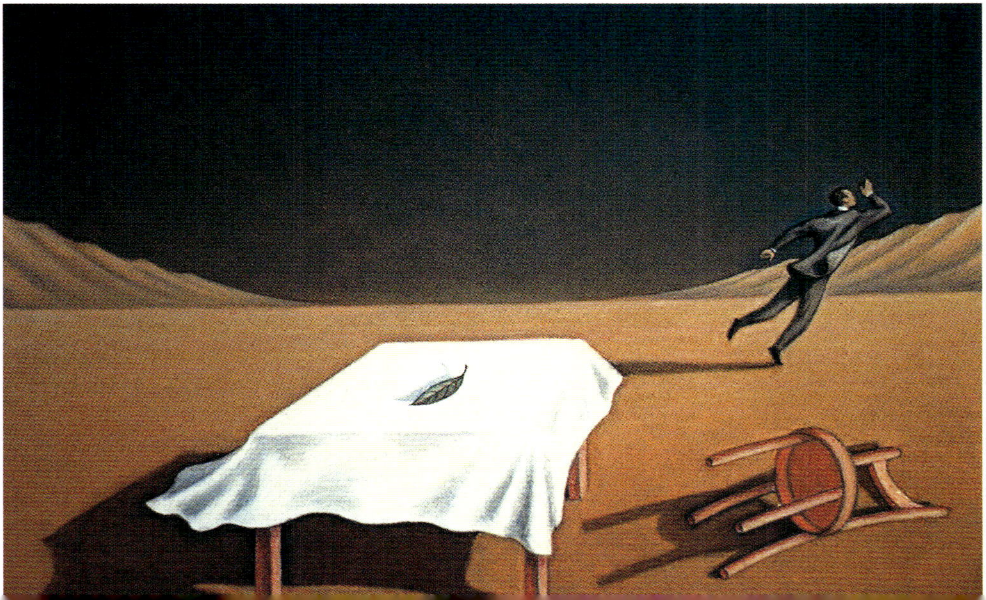

le rêveur réduit la terreur qu'ils peuvent induire, mais il peut aussi dompter l'énergie qu'il craignait auparavant.

Les rêves lucides peuvent apparaître aux non-initiés comme des exemples des petits tours que nous joue notre esprit. Dans les faits, ils peuvent se révéler non seulement agréables, mais thérapeutiques, et offrir des voies vers une meilleure compréhension de soi. À un niveau plus élevé, ils peuvent même nous permettre un exercice extrême d'introspection. Nous pouvons, entre autres, inventer en toute conscience une porte dans un songe, porte derrière laquelle nous nous attendrons à trouver les raisons sous-jacentes à certaines de nos actions et à des situations embarrassantes de notre quotidien ou, à tout le moins, des indices ou des symboles pertinents. En contrôlant nos rêves, nous pouvons déverrouiller les portes et trouver des réponses qui nous échappent à l'état d'éveil. Un autre procédé consiste à imaginer la présence dans nos rêves d'un sage que nous pouvons interroger, afin d'obtenir des conseils opportuns pour résoudre des problèmes ou des dilemmes. Même si cette création n'est que la personnification de notre sagesse inconsciente, le conseiller pourra peut-être mettre au jour des informations empreintes de profondeur et de véracité, insoupçonnées de notre esprit conscient.

Dans ces moments de lucidité, nous avons aussi le pouvoir de choisir et la possibilité de nous interroger. Quel chemin devrais-je prendre ? Serais-je à même de convaincre cette personne de se dessaisir de ses armes ? Quelles seront mes émotions si je m'envole au-dessus des toits ? Ou encore, dans le cas d'un rêve à la fois surréaliste et lucide, avec lequel de ces poissons danser ? L'exploration d'un rêve lucide peut s'avérer bénéfique sur le plan thérapeutique en permettant d'examiner la bizarrerie de notre imaginaire et de comprendre notre réaction face aux événements.

Plus l'esprit est discipliné, plus les chances de vivre des rêves lucides augmentent. Affiner sa capacité à contrôler ses forces mentales demeure la meilleure manière d'y parvenir. Certaines techniques comme la méditation ou la visualisation créative permettent de vous y préparer. Vous pouvez également adopter l'approche chamanique en étudiant un objet qui vous importe avant de dormir. Si l'objet vous apparaît en songe, sa simple présence vous propulsera dans un état conscient. Vous pouvez également visualiser aussi souvent que possible une action, comme une balade dans un parc. Si cette action vous apparaît en rêve, vous allez probablement vivre un rêve lucide.

Reste que la technique la plus simple entre toutes demeure l'autosuggestion. Vous n'avez qu'à vous dire que, dès que vous vous

Devenir un rêveur lucide

Pour plusieurs, le rêve lucide s'apparente au Saint-Graal, à la pierre philosophale d'une vie de rêveur accomplie. Voici quelques stratégies qui pourront vous permettre de l'expérimenter.

Méditer souvent

La conscience de soi qui s'élabore grâce à la méditation peut rejaillir dans votre vie onirique et vous permettre de prendre conscience du fait que vous rêvez, et ce, simplement en attirant votre attention sur certaines incohérences qui surviennent dans vos songes : des gens capables de voler, des animaux qui parlent ou autres bizarreries. Dans le même ordre d'idées, faites appel à la visualisation créative, qui implique que vous vous représentiez vos objectifs afin de les rendre plus accessibles.

Rester attentif

Toute la journée, soyez à l'affût des incongruités qui pourraient se retrouver dans vos songes. Par exemple, rappelez-vous que vous ne rêvez pas lorsque votre téléphone portable sonne et que votre correspondant et vous avez une discussion tout à fait concrète.

Les mains comme indices

Voilà une technique chamanique. Durant la journée, regardez vos mains et dites-vous que lorsque vous les verrez en songe, elles vous indiqueront que vous rêvez. Convainquez-vous de la chose avec vigueur. Avec un peu de chance, votre inconscient tiendra compte de cette volonté consciemment affirmée et, en période de rêve, ce sera pour vous une manière de devenir lucide. Vous pouvez aussi appliquer cette technique à un objet comme la porte de votre maison ou la table de la cuisine.

Bannir le stress

L'anxiété peut constituer un profond inhibiteur de votre capacité de vivre des rêves lucides. Un éclairage tamisé et une musique douce seront donc bénéfiques avant d'aller au lit. Si vous préférez l'usage d'une bougie, veillez à l'éteindre avant de vous glisser sous les draps.

Devenir un chaman

En vous allongeant, imaginez être un chaman investi d'une mission pour le salut de votre communauté.

endormirez, vous serez conscient de vos rêves. Cela devrait suffire à placer votre esprit rêveur en alerte.

La foi comme la confiance en soi sont de précieux outils, mais la patience est de mise. Il est important que vous ne forciez pas les choses, que vous continuiez d'espérer, sans impatience ni frustration.

Les recherches expérimentales ont conduit les scientifiques à inventer des dispositifs pour aider à contrôler les rêves. Ils ont entre autres créé un appareil qu'ils attachent autour du poignet du sujet et qui détecte le début du sommeil paradoxal, afin d'envoyer un petit choc électrique au dormeur, non pas pour le réveiller, mais pour l'avertir qu'il va rêver. Ces dispositifs sont peu accessibles, mais vous pouvez par contre « pousser » votre esprit à provoquer l'apparition de rêves lucides, et donc mettre au point votre propre « machine », une chose que la science ne peut pas inventer.

Étude de la dimension temps

Les rêves lucides ont permis de savoir si les songes se déroulent en temps réel. Des études réalisées par Stephen Laberge, de l'université de Stanford, en Californie, dans lesquelles des rêveurs lucides ont effectué des mouvements des yeux décidés avant le sommeil pour rendre compte de leur progression dans une série d'événements oniriques prévus d'avance, suggèrent fortement que les songes ont lieu en temps réel, ou presque. Le rêve peut retrancher des intervalles non pertinents ; ce sera sa seule façon de battre l'horloge.

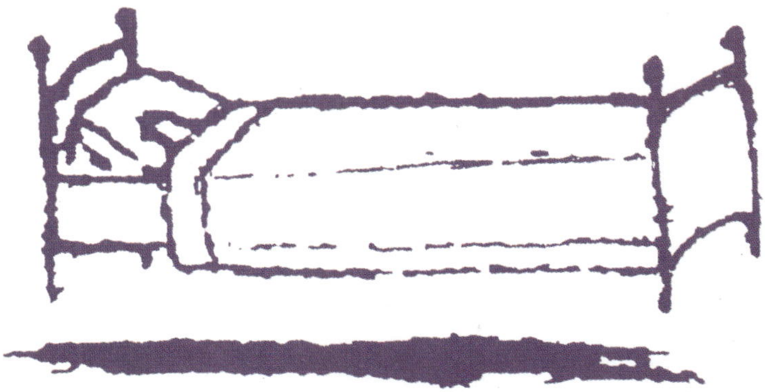

Les trois niveaux du rêve

Freud a hiérarchisé l'esprit en distinguant trois « étages » – le conscient, le préconscient et l'inconscient –, un immeuble auquel Jung a ajouté un quatrième niveau, l'inconscient collectif. En suivant ce modèle, nous identifions trois sortes de rêves.

Avant même de prétendre comprendre la nature des rêves, nous devons reconnaître qu'ils proviennent de trois différents niveaux de notre esprit. Ces niveaux n'ont aucune existence physiologique concrète. Ils demeurent des étiquettes que la psychologie a apposées sur les différentes fonctions du cerveau.

Freud, le premier, a classé les processus de la pensée en séparant l'inconscient en deux niveaux, le préconscient et l'inconscient personnel, auquel Jung est venu plus tard ajouter un troisième, plus profond, l'inconscient collectif. Les rêves nous offrent de nouvelles perceptions de chacun de ces niveaux, augmentent la conscience que nous avons de leur existence et, souvent, nous ouvrent des voies vers une meilleure compréhension de nous-même.

D'autres classifications

Classer les rêves en trois niveaux n'est pas la seule façon de les approcher. Il peut s'avérer intéressant, quand vous analysez le journal de bord de vos songes, de les grouper selon les catégories suivantes ou même d'en créer de nouvelles.

- *Passé / présent / futur*
- *Désirs / peurs / intentions*
- *Soi en tant que : rêveur / personnage d'un rêve*
- *Étrangers représentant : le monde / des gens connus / des émotions*
- *Rêves d'action / rêves d'humeur*
- *Surréalistes / mi-surréalistes / réalistes*
- *Doux / forts / neutres*

Le préconscient est le plus superficiel des niveaux de l'inconscient. On y retrouve les angoisses banales, la connaissance de faits, les idées, les souvenirs et nos ambitions connues. Nous y avons accès de manière consciente et onirique. Les rêves s'attardant sur les préoccupations du préconscient sont de niveau 1. Ils sont le reflet de soucis ou d'événements de la vie éveillée et leur interprétation est souvent simple. Notre esprit revient sans cesse sur des événements récents, et les rêves de niveau 1 apparaissent comme une extension de cette tendance.

Points de vue sur l'esprit

À l'instar d'un iceberg dont on ne voit qu'une partie, l'inconscient s'avère difficile à étudier. Voici une tentative de le replacer dans une perspective historique et une brève description de la division en trois parties qu'en fit Freud.

Nous avons tendance à croire que la découverte de l'inconscient est l'œuvre de Freud et de Jung, alors que la naissance du concept remonte à fort longtemps. Dans le Véda – un ensemble de textes indiens dont l'origine se situe entre 2500 et 600 av. J.-C. –, on trouve des références aux différentes couches qui constitueraient notre esprit. En Europe, les écrits du médecin et chimiste suisse Paracelse, datant du XVIe siècle, s'approchent encore davantage de notre représentation moderne de l'esprit humain. Dans un passage sur les symptômes psychosomatiques, Paracelse décrit comment une idée acceptée comme vraie par notre imagination peut engendrer une pathologie.

Freud va plus tard rompre avec ses prédécesseurs en identifiant la part sombre de notre psyché avec ses désirs et ses phobies, aussi puissants que déplaisants. Il va nommer les trois parties principales de notre esprit le ça, le moi et le surmoi. Ses idées feront d'abord scandale et seront considérées comme une atteinte à la pureté de l'enfance, ce qui ne les empêchera pas de devenir la pierre angulaire de la psychiatrie contemporaine.

Le ça : C'est la satisfaction d'un besoin qui le motive. Ainsi, lorsque les bébés ont faim ou froid, le ça se manifeste à travers leurs pleurs pour qu'on satisfasse ses besoins. Le ça est primitif, chaotique et ignore toute notion de temps et d'espace.

Le moi : Le moi se développe dans les trois premières années de la vie. Élaboré à partir du ça, il se fonde sur le principe de rationalité et prend en compte les besoins de l'autre et le fait que l'égoïsme, l'impulsivité et la satisfaction immédiate peuvent nous être nuisibles à long terme. Le moi est notre conscience ; il affronte la réalité avec rationalité. Le moi des enfants est faible et malléable. Il ne peut que se débarrasser des mauvais souvenirs, et non les refouler.

Le surmoi : Se développant autour de l'âge de cinq ans, le surmoi est la partie « morale » de notre psyché qui se constitue en réponse aux valeurs de ceux qui prennent soin de nous. Le surmoi est essentiel à l'équilibre social. Cependant, un code moral trop rigide entraînera culpabilité et refoulement des pulsions du ça.

Nous pourrions croire insignifiants ces rêves qui ne s'attachent qu'à la routine et aux événements banals de la vie quotidienne. En réalité, tout ce qui peuple nos rêves est générateur de sens, et si l'esprit du rêveur fait intervenir des sujets routiniers plutôt que des pensées plus profondes, ce n'est pas sans raison. Un songe peut utiliser des événements de moindre importance afin de traiter de matériaux de niveaux 2 et 3 plus difficiles d'accès. Par exemple, si vous avez récemment composé un mauvais numéro de téléphone et que cette action vous revient en rêve, cela peut révéler l'existence d'une profonde et inconsciente angoisse quant à votre capacité de vous montrer fidèle à vous-même aux yeux des autres ou au sein d'une relation en particulier. En d'autres termes, un contenu de niveau 1 à priori sans conséquence peut être utilisé pour en livrer un autre de niveau 2, beaucoup plus exigeant pour l'esprit.

Le deuxième niveau, l'inconscient personnel, nous est propre sans pour autant être directement accessible en mode d'éveil. Ce niveau, que Freud attribue au ça, constitue la partie animale et primitive qui nous habite et qui, lorsqu'on est éveillé, est littéralement

tenue en laisse par la conscience. Le ça accueille nos désirs, motivations et émotions refoulés ainsi que des traumatismes à demi oubliés et autres expériences enfermées dans des parties inaccessibles de notre mémoire.

Les souvenirs depuis longtemps oubliés et les problèmes personnels profonds forment le substrat dont sont faits les rêves de niveau 2. Souvent, ils se présentent sous une forme totalement étrangère aux situations et événements de la vie de tous les jours. Le rêveur se retrouvera dans une situation incongrue, interagira avec des étrangers de façon bizarre ou se comportera d'une manière qui ne lui ressemble pas. Le rêve peut être baigné d'une atmosphère étrange et persister en nous comme s'il nous implorait d'en faire l'interprétation.

Logé dans l'inconscient se trouve notre propre répertoire de symboles. Ce sont eux qui servent de langage aux rêves de niveau 2. Apparaissant sous le couvert de métaphores acceptables pour l'esprit, ils abordent des sujets tabous et nous forcent à affronter nos besoins et désirs cachés. Dans ce type de songes, nous pouvons accomplir des actes de violence ou de débauche inimaginables. De tels scénarios sont l'expression de pulsions cachées que notre moi contrôle au quotidien, afin d'assurer notre tranquillité d'esprit et notre capacité à vivre en société.

Le troisième et plus profond niveau de l'esprit, que Jung a baptisé inconscient collectif, constitue en quelque sorte le vaste entrepôt de l'histoire humaine. C'est là que nous allons retrouver les archétypes universels qui forment le langage symbolique des rêves de niveau 3. Ces rêves habillent les peurs et les désirs universels d'un symbolisme mythologique – les mythes émanant également de l'inconscient collectif. Il est peu probable que nous fassions souvent l'expérience de tels songes, mais lorsque cela se produit, ils ont tendance à nous marquer fortement. Ils abordent toujours des sujets profonds tels que la spiritualité, la vie et la mort, l'amour, le sacrifice, la transformation ou l'héroïsme. De manière générale, les symboles retrouvés à ce niveau ont une résonance universelle et seront mieux compris si on analyse la forme qu'ils prennent dans les mythes et légendes du monde entier, une technique que Jung appela amplification (voir page 108).

Les rêves de niveau 3, ou grands rêves, apparaissent souvent aux étapes importantes de notre existence : à l'entrée dans l'adolescence, à la naissance d'un enfant, au début de la ménopause ou lors d'un deuil.

Chacun fait l'expérience de ces trois catégories de rêves de manière très différente. Les personnes qui pratiquent des techniques comme la méditation, ou celles qui entament une psychothérapie, ont tendance à constater une augmentation du nombre de rêves de niveau 3. En faisant varier vos horaires de sommeil, il est possible que vous perceviez des modifications dans le schéma habituel de votre vie onirique. Tentez l'expérience, elle en vaut la peine. Vous pouvez régler la sonnerie de votre réveil à différentes heures de la nuit et noter le souvenir de vos songes chaque fois que vous vous réveillez. Vous découvrirez, par exemple, que vos songes les plus précis et chargés de sens vous viennent aux petites heures de la nuit et sont oubliés au matin.

Les rêves prémonitoires

L'idée selon laquelle les rêves nous offrent des indices sur notre devenir en tant qu'individu, tribu ou nation trouve ses racines dans l'Antiquité. Le vol des oiseaux et les entrailles d'animaux furent aussi utilisés pour prédire l'avenir ; mais les rêves s'avérèrent des indicateurs bien plus poétiques et évocateurs.

Les rêves sont-ils à même de nous transmettre des informations par des voies qui défient la logique ? Intuitivement, plusieurs pensent que oui. L'existence de rêves télépathiques – un exemple de ce qui pourrait être qualifié de songe paranormal – a déjà été scientifiquement prouvée. Au cours d'une expérience devenue célèbre qui se tint à l'hôpital Maimonides de Brooklyn, à New York, des sujets se sont concentrés sur quelques images ciblées alors que d'autres dormaient. Réveillés en période de sommeil paradoxal, les dormeurs ont rapporté un nombre statistiquement significatif de rêves impliquant les objets représentés dans les images.

Les rêves prémonitoires constituent une autre forme bien connue et documentée de paranormal onirique. Ainsi, des individus ont eu des visions clairvoyantes d'événements tragiques à venir, comme le naufrage du *Titanic* en 1912 ou l'attaque japonaise de Pearl Harbor en 1941. La science est incapable d'expliquer cette capacité à voir dans l'avenir, mais nombre de témoignages fiables en prouvent l'existence.

Parmi les cas les plus étranges de rêves prémonitoires, nous pourrions citer celui de ces personnes qui ne connaissaient rien aux courses de chevaux et en prédisaient pourtant le gagnant. Curieusement, cette aptitude ne semblait possible que si les gains d'argent ainsi obtenus étaient remis à des associations caritatives.

Un ingénieur britannique en électricité et fonctionnaire retraité du nom de Harold Horwood

Ces rêves qui prédirent le pire

Les dossiers sur les rêves prémonitoires semblent être dominés par des visions de catastrophes. Cependant, les rêves prémonitoires, contrairement aux deux exemples ci-dessous, ne sont pas tous annonciateurs de malheurs. Plusieurs récits font état de personnes ayant eu la vie sauve grâce à un rêve qui les empêcha d'être au mauvais endroit au mauvais moment – par exemple en ne se rendant pas au travail le jour où allait survenir un attentat terroriste.

Le naufrage du *Titanic*

En avril 1912, ce navire supposé insubmersible sombra dans l'Atlantique Nord après avoir heurté un iceberg. La catastrophe fit plus de 1500 morts. Un des faits étonnants à propos de cette tragédie est le nombre imposant de personnes qui l'avaient prévue en songe. Un homme d'affaires du Nebraska annula son voyage après que sa femme eut rêvé du naufrage dans ses moindres détails. Des jeunes filles rêvèrent de leurs mères se débattant dans les flots, une d'entre elles découvrant seulement plus tard que sa mère avait acheté son billet pour la traversée. Des centaines de rêves prévoyant la perte du navire furent rapportés ; 19 furent authentifiés.

Les songes prémonitoires ont souvent un caractère éminemment personnel : d'une façon ou d'une autre, le rêveur y joue un rôle direct. Le rêve se présente comme une intuition paranormale qui perce la carapace de la conscience avec un avertissement clair : ne pas monter à bord de ce bateau, de cet avion. Il existe aussi des songes prémonitoires annonçant des désastres et qui n'impliquent pas le rêveur directement, un peu comme si une forme de conscience sociale était à l'œuvre. Les rêves de David Booth à propos de la pire catastrophe aérienne qui soit survenue aux États-Unis en sont une vibrante illustration.

Les dix rêves de David Booth

David Booth avait 23 ans en 1979 et travaillait dans un bureau de location de voitures à Cincinnati, dans l'Ohio. Durant dix nuits consécutives, il rêva d'un avion qui s'écrasait. L'expérience le troubla au point qu'il prévint les autorités fédérales de l'aviation qui, bien sûr, l'ignorèrent. Chacun des rêves montrait un avion d'American Airlines s'inclinant sur sa droite, puis se retournant, pour finalement s'écraser au sol. Le dernier songe eut lieu le jour même de la tragédie, où un DC-10 d'American Airlines s'écrasa tout près de Chicago, ne laissant aucun survivant et faisant des victimes au sol : 274 morts au total. Booth entreprit ensuite, dans la controverse, une carrière de voyant.

développa l'aptitude de prévoir régulièrement en songe les vainqueurs de courses de chevaux, résultat accidentel d'une pratique intensive de la méditation. Il prédit ainsi plusieurs événements majeurs de la saison hippique en Grande-Bretagne. Autre cas similaire, celui de l'Irlandais Lord Kilbracken qui, durant une brève période, réussit à savoir en rêve les gagnants de neuf courses avant de devenir le correspondant en sport hippique d'un quotidien londonien.

Spécialiste américaine de la recherche sur le rêve, Thelma Moss compte parmi sa collection de songes prémonitoires le cas étonnant d'une femme qui vit dans ses rêves, jusqu'à quatre fois par semaine et durant autant de mois, les noms des vainqueurs de courses hippiques. De son côté, le fondateur du laboratoire du rêve de l'hôpital Maimonides de Brooklyn (voir pages 76 à 78) rapporta le cas d'un homme qui avait vu en rêve, durant trois nuits consécutives, les noms des gagnants et des concurrents arrivés en deuxième place à des courses hippiques.

La croyance à la prémonition par le rêve remonte à la nuit des temps. Dans plusieurs cultures anciennes, on traitait avec un immense respect et la plus grande solennité un rêve annonçant des inondations, une invasion ou l'arrivée d'une épidémie. Ainsi prévenu, le rêveur pouvait parvenir à éviter la catastrophe en changeant la date d'une bataille, en arrêtant un espion au palais ou, comme Noé, en construisant une arche pour survivre à un déluge imminent.

Si l'héritage laissé par le rationalisme scientifique européen nous a conduits à faire preuve d'un grand scepticisme à l'égard des rêves prémonitoires, les témoignages à leur propos ne sont pas rares, surtout lorsqu'ils sont liés à des membres de l'entourage

direct du rêveur. Il aura cependant fallu attendre les travaux de John William Dunne pour que soit rendue publique une étude sérieuse sur la capacité des rêves à prédire l'avenir. En 1902, un ingénieur en aéronautique britannique fit un rêve prévoyant l'éruption de la montagne Pelée, en Martinique. Ce songe le convainquit que le volcan était au bord de l'éruption. Il s'empressa de prévenir les autorités françaises en leur disant que la catastrophe ferait 4000 victimes. Quelques jours plus tard, la une des journaux annonçait que le désastre avait eu lieu et qu'il avait fait 40 000 morts, et non 4000.

Dunne en vint à la conclusion que son rêve ne lui avait pas offert la vision du volcan en éruption, mais plutôt celle des journaux et qu'il avait mal lu les titres qui faisaient état du nombre de victimes.

Dunne fit par la suite plusieurs autres rêves prémonitoires particulièrement précis, qui finirent de le convaincre qu'il ne s'agissait pas là que de coïncidences. Il tint durant 30 ans un journal dans lequel il rapportait le récit de ses rêves et de ceux de ses proches, afin de rassembler des preuves pour étayer ses thèses de plus en plus radicales.

Dunne croyait que les rêves utilisent les événements à venir comme ceux du passé, les mélangeant parfois. Dans son livre publié en 1927 et intitulé *An Experiment with Time*, il décrivit avec moult détails une théorie physique très élaborée et fort complexe pour tenter d'expliquer ce pied de nez à la logique scientifique.

Ce n'est qu'en 1971, sous l'impulsion de Montague Ullman et Stanley Krippner, qu'apparut une méthode d'analyse scientifique des rêves prémonitoires. Les deux chercheurs travaillèrent au laboratoire du rêve de l'hôpital Maimonides en compagnie d'un Britannique doué de pouvoirs psychiques, Malcolm Bessent, dont les antécédents en matière de rêves prémonitoires étaient nombreux. Juste avant de s'endormir, Bessent était prévenu qu'il serait réveillé par une expérience multisensorielle choisie par les scientifiques parmi un éventail de possibilités. Les chercheurs le réveillèrent donc après chaque phase de sommeil paradoxal, notèrent les rêves qu'il venait de faire pour ensuite demander à des personnes indépendantes de jumeler ces récits aux techniques de réveil utilisées.

Deux expériences séparées furent menées. Au cours de la première, d'une durée de huit nuits, le cobaye fit cinq rêves prémonitoires qui se révélèrent exacts ; au cours de la seconde, s'étendant cette fois sur seize nuits, dont huit seulement allaient être le théâtre d'expériences, on recensa de nouveau cinq rêves prémonitoires.

Le taux de réussite de ces expériences demeure inégalé dans l'histoire de la parapsychologie. Sur les douze projets menés par les équipes du

Maimonides entre 1955 et 1972, neuf affichèrent des résultats positifs, certaines à de très hauts niveaux.

Dans les années 1970 et 1980, le laboratoire du rêve de l'hôpital effectua un grand nombre d'expériences sur des formes plus générales

d'activités extrasensorielles dans les rêves, notamment sur la télépathie et la clairvoyance, en utilisant des reproductions de peintures célèbres comme images. À partir d'une autre chambre, un individu se concentrait sur l'une de ces reproductions en tentant de la « transmettre » au dormeur afin qu'il l'incorpore à l'un de ses rêves. Encore une fois, les résultats furent impressionnants : des psychologues accordèrent un taux d'efficacité de 83,5 % à une série de douze de ces expériences, alors que les probabilités étaient de 1 sur 250 000.

Nous l'avons vu plus haut, des chercheurs avaient collecté un grand nombre de témoignages en rapport avec le naufrage du *Titanic*. De la même manière, la presse britannique lança un appel au public pour recevoir des témoignages de rêves qui auraient prédit la tragédie de la ville minière d'Aberfan, au pays de Galles, où une avalanche formée de débris de charbon avait enseveli 140 personnes. Cet appel connut tant de succès qu'il conduisit à la création en 1967 du Bureau britannique de prémonitions et de son pendant américain, le Registre américain des prémonitions.

Rêver de la perte d'un être cher – ou « rêve d'adieu » – n'est pas un fait exceptionnel. L'un des plus connus est celui que fit l'explorateur Henry Stanley après avoir été fait prisonnier durant la guerre civile américaine. Il rêva alors en détail du décès inattendu de sa tante vivant au pays de Galles, à quelque 6500 kilomètres de chez lui. Par ailleurs, Abraham Lincoln rêva de sa propre mort. Dans ce songe, il errait dans une Maison-Blanche à l'aspect sinistre, suivant des sanglots provenant du lointain. Toutes les pièces, éclairées, lui étaient familières, mais personne ne les occupait. Il parvint enfin à l'East Room où il découvrit, reposant sur un catafalque, un cadavre au visage recouvert, habillé de vêtements funéraires. Lorsqu'il demanda aux soldats en pleurs qui était mort, on lui répondit : « Le président. Il a été assassiné. » Les manifestations de chagrin de la foule le tirèrent de son sommeil. Quelques jours plus tard, dans une loge de théâtre, John Wilkes Booth le tua d'une balle dans la tête.

Prévoir les résultats sportifs

Une façon amusante de mettre au défi les rêves prémonitoires consiste à tenter de prévoir l'issue d'un événement sportif. Vous n'êtes bien entendu pas obligé de parier sur les résultats pour vous livrer à cet exercice basé sur le système d'élimination élaboré par Harold Horwood (voir pages 72 et 74). La méthode est idéale pour les sports qui impliquent plusieurs concurrents, comme les courses de chevaux ou de voitures, mais ne s'applique pas à une lutte à deux ou à un match durant lequel s'affrontent deux équipes. Vous pourriez cependant l'adapter à ce type de compétition pour voir si vos rêves vous permettent de prédire une saison au complet ou encore qui sera couronné meilleur buteur.

1. Dressez deux listes

Choisissez une course une ou deux semaines à l'avance. Attribuez à tous les coureurs un numéro et divisez-les au hasard en deux listes. Juste avant de vous mettre au lit, faites-en la lecture et pensez aux noms et aux numéros. Ensuite, placez une liste à votre gauche, l'autre à votre droite.

2. Évaluez le premier rêve

Au matin, tentez de vous souvenir si un numéro ou un nom vous est apparu en rêve. Demandez-vous si la notion de « droite » ou de « gauche » fut présente, ce qui pourrait indiquer sur quelle liste se trouve le vainqueur. Prenez vos conclusions en note.

3. Mélangez les listes

Le lendemain soir, redistribuez au hasard les concurrents sur deux nouvelles listes tout en leur laissant le même numéro. Répétez les étapes 1 et 2 et enrichissez vos listes des notes prises.

4. Répétez le processus

Répétez le processus en essayant progressivement d'isoler un concurrent. Déterminez lequel a été suggéré le plus souvent, que ce soit par son nom, son numéro ou sa présence dans une liste particulière.

5. Utilisez votre intuition

Soyez attentif au moindre indice que vous envoient vos rêves. Si un nom revient plus souvent que les autres, inutile de poursuivre le processus.

LA *langue* DES RÊVES

C'est souvent le caractère étrange du souvenir que nous gardons de nos rêves qui nous convainc de leur futilité. Quel intérêt pourrait avoir l'absurdité de ces images – cet inconnu sans visage, ce singe dans la penderie de notre voisin, cette voiture sans volant – sur la conduite de notre vie consciente ? Cependant, nous pourrions nous poser la même question à l'endroit d'une langue étrangère. L'incongruité du monde des rêves ne devient signifiante que lorsque nous entreprenons de le décoder. Quand nous relevons ce défi, une toute nouvelle dimension du sens s'ouvre à nous.

Les symboles

Les symboles croisés dans nos rêves sont l'incarnation métaphorique d'objets, de souvenirs, d'émotions, d'idées, d'anxiétés, d'espoirs, de frustrations et même, parfois, de nous-même ou d'autres personnes. Peu importe leur forme, nos sens les reconnaissent : un objet inanimé, une mélodie, un paysage, un événement... Les symboles sont le point de départ du travail des rêves.

Les symboles sont les « mots » de la langue des rêves : chacun d'eux représente une idée, un souvenir, un état d'esprit, une émotion émanant de l'inconscient du rêveur. À la différence d'une langue étrangère, cependant, le sens de la plupart de ces symboles varie d'une personne à l'autre. De plus, la langue des rêves n'a pas de grammaire établie. Ses éléments sémantiques sont liés selon des principes répondant à une logique particulière. Il faut donc les étudier minutieusement avant d'en clarifier le sens.

L'acte de rêver est un dialogue entre les états inconscient et conscient du rêveur. Même si nous comprenons le sens de plusieurs symboles oniriques, il nous est pratiquement impossible d'en saisir la signification – ni la connexion qui existe entre eux – sans les avoir étudiés à la lumière de notre histoire. Cependant, quel que soit l'aspect bizarre ou risible que peuvent revêtir ces symboles, nous savons que le rêve les a choisis pour leur capacité à transmettre un message donné. Aussi futile puisse-t-il paraître, un symbole peut constituer l'accès direct à un souvenir puissant ou à une émotion intérieure évocatrice de ce que nous sommes ou pourrions devenir.

À l'état conscient, les symboles incarnent en général quelque chose de précis. Une croix, par exemple, évoque le christianisme ; une cigogne, la maternité. À l'opposé, les symboles oniriques sont bien plus subjectifs. En effet, le contexte, l'état d'esprit et le cadre du rêve, tout comme l'humeur

du rêveur, doivent être pris en compte afin de les traduire en langage conscient. En clair, chaque individu dispose de sa propre organisation des symboles oniriques.

De façon générale, les rêves des niveaux 1 et 2, qui proviennent respectivement des états préconscient et inconscient d'un sujet (voir pages 65 à 69), font surtout appel à des associations de symboles reconnus par le rêveur ou qui proviennent de sa vie de tous les jours. Plusieurs sont de sens courant, d'autres ne sont compris que de lui. Ainsi, là où un arbre est symbole de protection ou de fertilité pour le commun des mortels, il sera l'incarnation d'un danger, d'une noirceur ou d'un sentiment de culpabilité pour le rêveur qui, enfant, est tombé d'un d'arbre.

Un symbole des niveaux 1 ou 2, d'apparence littéral, peut avoir une signification toute particulière pour un individu. Par exemple, si vous avez déjà été menacé par un fermier alors que vous traversiez illégalement son champ, le sentiment de rage pourra prendre pour vous

Un safari de symboles

Les symboles jouent un rôle capital au pays de l'onirisme. Ainsi, quiconque voudra se livrer à l'interprétation des rêves devra d'abord se familiariser avec le symbolisme. Vous trouverez ci-dessous quelques exercices pour mieux en comprendre les rouages.

Métaphore usuelle

Soyez à l'écoute des métaphores (comparaisons ou ressemblances) dont vous et les autres émaillez votre langage. Vous pouvez « survoler » un examen, faire une rencontre « frappante » ou être « démoli » par une nouvelle. Soyez attentif au sens littéral de ces expressions. Mieux, visualisez-les. Imaginez-vous réellement brisé en mille miettes.

Message visuel

Prenez toujours en considération la manière dont les gens communiquent sur le plan visuel, par leurs vêtements, la décoration de leur intérieur, etc. Par exemple, une broche en forme de rose suggérera la beauté, l'amour, le romantisme ; révélerait-elle que les plus belles choses de la vie sont celles qui atteignent un jour leur acmé pour ensuite se faner ? La rose étant un présent d'amoureux, on pourra aussi voir en elle l'expression d'une admiration. De même, si vous avez un bouddha miniature assis sur votre cheminée, peut-être envoyez-vous le message que vous êtes une personne contemplative dotée d'une forte spiritualité, ou que vous aimez le charme mystérieux de l'Orient.

Produits et publicité

Portez attention aux emballages, aux étiquettes et aux publicités des produits - des voitures aux appareils photo, des parfums aux shampoings. Analysez la manière dont le nom, l'image de la marque et la campagne publicitaire ne font qu'un. Dans votre démarche, vous verrez des arbres, des fleurs, des animaux, des châteaux, des crépuscules et bien d'autres choses. Demandez-vous pourquoi ces images ont été associées à ces produits.

Le cinéma

Penchez-vous sur la symbolique que véhiculent les films. Un critique s'est livré à l'analyse de *Casablanca* en ne s'attachant qu'à la symbolique exprimée par le noir et le blanc, la lumière et les ombres. Les films et les rêves ont beaucoup en commun. Ce dernier exercice vous permettra de vous acclimater au monde de l'onirisme.

le visage de cet homme ; pour quelqu'un d'autre, il s'agira d'un puzzle chinois qu'il se sera en vain escrimé à résoudre.

Les symboles des deux premiers niveaux n'émanent pas seulement des expériences du rêveur ; ils sont aussi issus des objets et activités de son quotidien comme les livres, les pièces de théâtre et les émissions de télévision, et ce, même si ils n'ont eu qu'un impact mineur sur sa conscience. Les rêves s'inspirent des images contenues dans la mémoire et en extraient celles qui servent le mieux leurs desseins immédiats. Nous pouvons envisager les rêves comme des artistes experts en collages multimédias, étudiant avec minutie une palette aux couleurs vives, fouillant parmi les boîtes de résidus et d'objets recyclés afin de combiner des morceaux épars jusqu'à atteindre la parfaite expression créative.

Les symboles de niveau 3, au contraire, ont généralement un sens universel. Non seulement

ces archétypes sont partagés par tous (voir pages 96 à 109), mais ils surgissent dans la conscience de chacun de la même manière. La difficulté est moins dans leur interprétation que dans la réticence toute moderne à admettre que ces rêves peuvent être un réservoir de sagesse qui dépasse celui auquel on peut avoir accès à l'état de veille.

Freud et Jung étaient en profond désaccord sur la signification à accorder aux symboles, et ce fut l'une des raisons qui firent diverger leurs routes. Aux yeux du premier, la symbolique ne vise qu'à exprimer des désirs refoulés – sexuels ou autres – dans une forme acceptable qui évite de troubler le rêveur, de le conduire à se réveiller. Freud a également donné un sens unique et fixe aux symboles oniriques. Ainsi, les armes, les portes et les cavernes représentent des organes génitaux – pistes conduisant à nos instincts animaux –, peu importe la manière dont ils nous apparaissent. Jung considérait cette approche comme une manière d'interpréter des signes et

non des symboles. Jung a toujours soutenu que le symbole « était formé d'un contenu issu de notre inconscient et que nous ressentions, mais dont la conscience était incapable de saisir le sens ». Dans un autre ordre d'idées, le signe est une interprétation figée d'une image onirique et la restreint à un sens connu de la conscience. Envisager l'image onirique comme un simple signe empêche d'accéder à son sens profond et, pire encore, le refoule et accentue la distance entre inconscient et conscient.

Pour Freud, tous les symboles phalliques représentent un pénis; Jung y voit « le mana créatif, le pouvoir de la guérison et de la fertilité ». La majorité des psychologues et des anthropologues qui ont étudié les symboles favorisent l'approche plus créative de Jung. Le mythologue américain Joseph Campbell disait d'ailleurs que « la conscience n'est plus en mesure d'inventer ou même de prédire un symbole suffisamment efficace pour prévoir ou contrôler nos rêves ».

Au contraire d'un signe, un symbole peut véhiculer différents sens qui, même s'ils incarnent plusieurs facettes d'une même vérité, gagnent à

être examinés séparément. Ainsi, l'image d'une arme à feu pourra incarner chez le même sujet le tonnerre et la foudre, la procréation masculine, la destruction ou le jouet avec lequel le rêveur terrifiait son ami d'enfance jusqu'à lui en faire perdre son sac de bonbons. Chacun de ces sens représente un thème central, celui de la puissance, tout en rappelant qu'elle peut être utilisée respectivement pour détruire, pour faire le bien, pour faire le mal ou encore pour exprimer le désir ardent et puéril d'intimider et d'exploiter l'autre.

Les symboles oniriques ayant tendance à être bizarres et dissociés les uns des autres, nous choisissons souvent de les rejeter comme des choses sans intérêt. Il est vrai que l'on peut se questionner sur la pertinence, pour notre vie de tous les jours, d'un labyrinthe, d'une marionnette, d'une bête sauvage ou d'un cadeau non désiré. On fera cependant montre de patience pour tenter de comprendre en quoi ces métaphores interagissent avec notre existence. Il nous faut interpréter notre propre lexique onirique à l'aune de notre histoire et de nos expériences récentes : le feu peut signifier la destruction ou marquer un nouveau départ; un château exprimera aussi bien un sentiment de sécurité que d'isolement. Ce n'est qu'en vous montrant honnête avec vous-même que vous parviendrez à une interprétation valable.

Portez une attention particulière au contexte dans lequel le symbole vous apparaît : que vous receviez une fleur de l'être aimé ou d'un ennemi ne voudra certainement pas dire la même chose. La signification d'un symbole onirique pourra aussi différer selon son apparence, sa couleur, sa texture ou sa taille. Un chien rose n'aura pas la même symbolique qu'un noir ni un vase vide qu'un vase rempli de fleurs. Il vous faudra également tenir compte de l'interconnexion entre les divers symboles afin d'en souligner les complémentarités : un train, une épée ou un serpent pourront tous être phalliques dans leur signification; un cercle, une étoile, l'eau ou un temple pourront exprimer un désir ou un besoin de spiritualité.

Le lecteur trouvera dans les pages 158 à 447 de ce livre un répertoire des images oniriques les plus courantes. Bien sûr, ce type de listes n'offre que des pistes d'interprétation très générales. C'est pourquoi on utilisera ce répertoire comme un ensemble d'indices plutôt que de définitions précises. Enfilez les habits d'un détective, soyez un décodeur, un explorateur des zones sombres, un archéologue de l'esprit qui, fragment par fragment, reconstruira un tout avec habileté et imagination.

La symbolique des rêves à l'œuvre : un exemple

Le rêve ci-dessous est l'expression de la symbolique onirique en action. Le rêveur est une personne haut placée de la division des ventes d'une multinationale. Il a toujours voulu être romancier, mais ce qu'il écrit se résume à de fallacieux bien que fort efficaces slogans publicitaires.

La description

« J'étais chez le coiffeur, attendant mon tour. Les murs de ce lieu exigu et sombre étaient peints en marron et l'ambiance y était sordide. Deux hommes assis à ma droite me précédaient. Le coiffeur m'appela avant eux. Cela me troubla. Sans doute voulait-il me faire plaisir.

« En m'avançant vers le fauteuil, je me rendis cependant compte que j'étais en fait seul dans le commerce. Le miroir en face de moi était vieux et si décati que je ne pouvais y voir mon reflet. Puis, j'étais dehors, à regarder les vitrines d'autres magasins. Je crois que j'étais à la recherche d'une paire de ciseaux afin de me couper les cheveux moi-même. En vain. Un sifflement s'est fait entendre et je me suis dit : "Le ballon vient d'éclater." »

Un analyste décode

Le rêveur a lié l'image des cheveux et du coiffeur à une « sordide » et inutile marque d'orgueil. Il a aussi associé le comportement du coiffeur à ces gens qui offrent attention et louanges à ce qui ne le mérite pas – une situation clairement en rapport avec son travail de vendeur, de publiciste.

Les deux hommes silencieux devaient être appelés avant lui et pourtant... une manière de dire que certaines caractéristiques de sa personnalité – son don pour l'écriture, par exemple – auraient dû être mises en valeur, mais ne l'ont jamais été...

Le rêveur a eu le sentiment que le miroir devant lequel il se trouvait – et où il ne se voyait pas – révélait des lacunes quant à sa connaissance de lui-même. Il se rendait compte qu'il avait laissé sa vraie personnalité s'effacer derrière les mensonges et les déceptions de sa vie professionnelle.

Le lèche-vitrine auquel il s'est ensuite adonné montre à quel point le rêveur cherche à l'extérieur de lui-même ce qui est pourtant ancré en lui. La quête de la paire de ciseaux peut signifier qu'il cherche à contrôler, voire à endiguer ses pulsions d'orgueil. L'image finale, celle du ballon qui explose, pourrait faire référence à la fois à ses illusions perdues et à son estime de lui-même, envolée.

La grammaire des rêves

Au xxe siècle, les pionniers de la psychologie nous ont enseigné que les rêves ne sont pas un méli-mélo d'événements et de sensations aléatoires, mais qu'ils répondent à une logique précise, miroir de notre moi profond.

Freud refusa de cautionner la vision de ses prédécesseurs, pour qui les rêves n'étaient que les fruits du hasard. Il lui fallut faire preuve d'une grande finesse et inventivité afin de trouver l'étrange logique utilisée par les rêves pour transmettre leurs messages de l'inconscient au moi. Il montra comment les rêves se jouaient des règles conventionnelles de l'espace et du temps, et faisaient naître des événements selon de surprenantes séquences, mêlant le présent et le passé, ce qui est près et lointain ; il souligna comment le monde onirique bafouait les lois de la matière ou de l'identité de façon qu'une chose en devienne une autre, ou qu'elle en prenne les caractéristiques – ce qui est légèrement différent.

Se brancher sur le surréel

Voilà un petit exercice visant à augmenter votre sensibilité au surréel, une part essentielle du monde onirique.

1. Réfléchissez à trois objets sans lien entre eux, qui symbolisent différents aspects de votre vie – votre travail, votre temps libre, votre principale relation affective.

2. Imaginez une histoire surréaliste qui relie ces aspects et qui intègre les trois objets. Voyez-vous comme un scénariste de film ou de bande dessinée.

« C’est un peu comme si l’activité psychologique d’un homme sensé passait de son cerveau à celui d’un fou. » Cette citation du physicien allemand Theodor Fechner à propos du monde onirique, bien peu de scientifiques la contestaient avant la publication des travaux de Freud et de Jung. Fechner ne faisait finalement que reprendre la voie tracée par les philosophes depuis la Rome antique et Cicéron, qui écrivit que nous ne pouvons rien imaginer de plus absurde, complexe ou anormal que ce que nous voyons en rêve. Un philosophe allemand d’importance mineure se moqua, en 1875, des « contradictions risibles [qu’un rêveur] était capable d’accepter au nom des lois de la nature et de la société ». Quatre ans plus tard, un de ses collègues dira qu’« il semble impossible de déceler la moindre loi au sein de cette folle activité… Les rêves se fondent en un magma de confusion kaléidoscopique ».

Ce n’est pas simplement l’apparence insensée du contenu des images oniriques qui gênait alors les philosophes de la rationalité, mais plutôt l’absence de tout discours cohérent et d’opérations psychologiques d’un niveau supérieur pouvant permettre de lier les images d’un même rêve. En 1877, par exemple, un auteur parla d’une « éclipse totale de tous les mécanismes logiques au sein de l’esprit, ces derniers étant fondés sur des liens et leurs interrelations », ce qui fait des rêves des événements « dénués de toute réflexion et de tout sens commun ».

En raison de l’absence inhérente aux songes de toute interconnexion « utile » entre les images qui surgissent, Freud lui-même compara les rêves à une phrase dans laquelle toutes les conjonctions – ces petits mots comme *et*, *si*, *parce que*, *quand* et *ou* qui contribuent à la cohérence d’une langue – auraient disparu.

Cela dit, Freud observa que les liens entre les choses peuvent être expliqués autrement que par le langage, comme c’est le cas en art, par exemple. Selon lui, « la folie apparente des rêves pourrait bien fonctionner selon une méthode, même feinte, comme celle du prince danois [Hamlet] ». Même si les rêves n’utilisent pas la rationalité du langage et de la philosophie, on peut penser qu’ils en empruntent une, oblique, de manière à déguiser leur signification.

La déconcertante logique des rêves témoigne de leur origine, à l’extérieur de la conscience. Un songe peut advenir en réaction à des événements du quotidien ou surgir du for intérieur et constituer l’expression de certains sentiments ou de préoccupations profondes du rêveur ; il peut être une façon pour ce dernier d’assouvir des désirs ou de mettre l’accent sur des questions

émotives non résolues dans son quotidien. Les contradictions et les conflits propres à ces processus complexes se reflètent sans surprise dans la grammaire et la syntaxe des rêves. Tout en étant souvent hésitante, énigmatique et fragmentaire, la langue des songes se joue du temps en mêlant passé et présent. Elle peut aussi faire se côtoyer le familier et l'inconnu et opérer des transformations remarquables avec sa propre « magie » psychique. À l'instar d'un film, les mécanismes du rêve nous font transiter mystérieusement d'une scène à une autre. Par ailleurs, des objets inanimés y prennent vie et deviennent particulièrement menaçants.

Dans les songes, les êtres et les animaux peuvent voler, un individu peut aboyer ou déambuler nu au milieu d'une foule. La signification des rêves s'appuie sur ce type d'événements compliqués et contradictoires.

Ses expériences cliniques ont mené Freud à définir quatre formes d'interconnexions dans les rêves. La première, la simultanéité, présente des images ou des événements épars au sein d'un seul et même scénario. La deuxième, la contiguïté, les fait se succéder. La troisième, la transformation, amène une image à se dissoudre en une autre. Enfin, la quatrième, la similarité, se révèle d'abord au travers d'associations directes ou indirectes. Selon le père de la psychanalyse, il s'agit là du mécanisme le plus important et aussi le plus fréquent qui intervienne dans les rêves. Par associations, nous entendons qu'un objet donné peut ressembler curieusement à un autre ou encore incarner des sentiments habituellement évoqués par celui-ci. La plupart des associations sont refoulées ou simplement oubliées à l'état de veille, ce qui les rend difficiles à démêler. Elles peuvent cependant être expliquées au moyen de techniques d'interprétation des rêves. Ce faisant, l'analyste ne se contente pas de mettre au jour la logique du rêve, mais va aussi s'attacher à révéler son extraordinaire subtilité.

Un exemple simple peut permettre d'expliciter la logique complexe des rêves : vous trouvez les vêtements de quelqu'un d'autre dans votre penderie. Il est possible que ce songe exprime un désir d'assouvissement d'un besoin et reflète l'admiration éprouvée à l'endroit de cette personne : en acquérant ses biens, vous faites vôtres certaines de ses caractéristiques. Il pourrait également exprimer une part de ressentiment chez le rêveur, qui voit son espace intime envahi par des objets étrangers – ce qui suggérerait une forme d'envie à laquelle est souvent liée l'admiration. Dans un rêve similaire, on retrouve les vêtements d'un autre sur notre lit : nous pourrions conclure que ce songe a la même signification que le premier mais ici, on ressent un inconfort supplémentaire. Au lieu d'être rangés, les effets étrangers sont éparpillés, ce qui nous oblige à en faire quelque chose. Qui plus est, le lit est un lieu plus intime qu'une penderie. Ainsi, le rêve, en tenant compte du contexte, pourrait traduire une ingérence du propriétaire des vêtements dans votre vie.

Les scientifiques qui se sont penchés sur les rêves depuis Freud font valoir que notre cohérence interne joue un rôle majeur dans la logique des songes. L'analyse des rêves des niveaux 1 et 2 – ceux générés par le préconscient et l'inconscient personnel – tend à démontrer que chaque individu pourrait avoir sa propre manière de manifester cette cohérence.

La forme la plus répandue de cette cohérence – qualifiée de relative par les chercheurs américains Calvin Hall et Vernon Nordby – est liée à la fréquence des images. Ainsi, des meubles, des parties du corps, des voitures ou des chats apparaîtront selon une courbe décroissante chez une personne, alors qu'une autre rêvera plus souvent à des femmes qu'à des hommes, à des décors extérieurs plus qu'à des lieux intérieurs. Il a été prouvé que, d'une année à l'autre, ces schèmes de fréquence demeurent relativement stables.

La dimension symbolique est également très importante dans l'expression de la cohérence intérieure. Mais les rêves se moquent du caractère incompréhensible et étrange des symboles; ils les choisissent en fonction de leur capacité d'évocation. Les symboles les plus significatifs seront répétés jusqu'à ce que le message du rêve soit décodé.

Les archétypes

Les archétypes, ou symboles universels, sont, pour reprendre Jung, des « motifs mythologiques qui émanent de l'inconscient collectif et qui réapparaissent constamment au sein des mythes, systèmes symboliques et rêves ».

Le fondateur (américain) de la psychologie archétypale moderne, James Hillman, voit dans les archétypes les « schèmes les plus profonds du fonctionnement psychique » : ils sont « à la racine de l'âme et gouvernent les perceptions que nous avons de nous-même et du monde… les images axiomatiques et évidentes vers lesquelles se tournent toujours notre esprit et nos théories à son propos ».

Sans la vitalité créatrice de mythes des archétypes, l'être humain est confiné à de toutes petites pièces du splendide manoir qu'est son esprit et se coupe de la source créative de sa vie psychique.

Dans la plupart des cas, les rêves archétypaux nous laissent avec l'impression d'avoir reçu une forme de sagesse venant de l'extérieur de ce que nous percevons habituellement comme étant nous-même. Que nous conférions à la source de cette sagesse des propriétés spirituelles ou religieuses ou que nous la considérions comme étant logée dans une dimension encore inexploitée de notre cerveau importe peu, tant que nous en reconnaissons l'existence.

Dans nos « grands » rêves, les archétypes nous apparaissent sous la forme de dieux et de déesses, de bêtes fabuleuses, de puissances du bien et du mal ou de symboles qui nous sont familiers. Les jungiens insistent sur le fait que nous ne devrions jamais nous identifier à nos archétypes personnels, qui ne sont qu'une fraction de notre globalité. En intégrant plutôt les nombreux archétypes issus de notre inconscient collectif, on peut espérer progresser vers l'individuation (voir pages 23 et 24).

Les rêves archétypaux ont tendance à surgir dans les moments de transition importants de l'existence, comme les premiers jours d'école, la puberté, l'adolescence, l'accouchement, l'âge mûr, la ménopause et l'entrée dans l'âge d'or. Ils surviennent également en des temps de bouleversements et d'incertitude et sont la marque du processus menant à l'individuation et à la maturité spirituelle. Aux yeux de Jung, la fonction de ces songes est d'aider les rêveurs à construire leur avenir. Il conseillait d'ailleurs à ces derniers de se demander pourquoi ils avaient eu de tels rêves

et d'en évaluer les impacts potentiels. Si l'on admet que les archétypes personnifient nos énergies psychiques, leur présence dans nos rêves pourrait nous guider dans notre développement personnel.

Nous l'avons vu, les énergies archétypales peuvent prendre plusieurs formes dans les rêves : événements symboliques, êtres mythiques ou figures réalistes (les plus simples à identifier).

Jung démontra que ce type de rêves se produit tout au long de l'existence, et ce, aussi bien chez des personnes convaincues d'être uniques au monde, seules à avoir leurs problèmes spécifiques, que chez celles qui sont déjà très avancées sur la voie de l'individuation, cette plénitude de l'esprit décrite par le psychologue. Entre ces deux contextes diamétralement opposés, le contenu des songes diffère : dans le premier cas, il est le reflet de préoccupations personnelles, alors que dans le second, il aura des connotations suprapersonnelles comme la vie et la mort, l'immortalité et le sens de la vie.

Toujours selon les jungiens, si le contenu des songes archétypaux est en pleine contradiction avec les idées conscientes du rêveur, ou qu'il leur manque la cohérence morale propre au matériel mythologique d'origine, une profonde division risque de jaillir entre l'inconscient collectif et les valeurs de ce rêveur, une division née de la résistance et du refoulement. Ce type de blocage doit être pris en charge pour pouvoir continuer de progresser.

Les archétypes oniriques sont capitaux dans la recherche de notre véritable identité. En les décelant et en les identifiant dans nos songes, nous pouvons bâtir des ponts qui s'étirent jusqu'à notre inconscient. Chaque archétype constitue un maillon dans une chaîne d'associations mythiques. En reconnaissant un archétype, nous pouvons faire en sorte que d'autres se révèlent à notre conscience de rêveur et ainsi plonger toujours un peu plus profondément dans la puissance créatrice de l'inconscient collectif.

Selon les analystes jungiens Edward Whitmont et Sylvia Perera, nous avons pénétré le monde des rêves archétypaux lorsque nos songes nous confrontent à des éléments impossibles dans la vie éveillée, qui nous conduisent « au royaume du mythe et de la magie ».

Plusieurs songes rejettent les contraintes du quotidien, mais lorsque nous faisons l'expérience de mondes sens dessus dessous où nous rencontrons des êtres plus grands que nature, des héros qui se relèvent indemnes d'une blessure mortelle, de grands et sombres étrangers qui traversent des portes verrouillées ou d'autres fugitifs se métamorphosant en arbres dans leur fuite, nous pouvons affirmer que nous sommes en présence de puissances archétypales.

Souvent, les images et événements oniriques de nature archétypale donnent une impression de puissance prédéterminée, universelle et dramatique que Whitmont et Perera ont décrite comme un état « qui crée un sentiment d'émerveillement chez le rêveur ». Le songe peut se dérouler dans un environnement culturel et historique totalement différent de celui du rêveur, symbolisant qu'il voyage hors des frontières psychologiques et sensorielles du monde éveillé. Il a de plus été prouvé que le rêveur accorde une signification très importante aux songes archétypaux dans lesquels il voit une « forme d'aide éclairante, préventive, d'origine supranaturelle ». Par-dessus tout, Jung affirmait que ces rêves revêtaient une qualité cosmique, une infinitude à la fois temporelle et spatiale. On la reconnaîtrait à des mouvements à très grande vitesse sur de grandes distances ou dans l'espace, à des vols planés au-dessus de la Terre ou encore à une expansion de l'individu qui transcende sa petite personne afin d'embrasser la Création. La qualité cosmique peut aussi prendre la forme de symboles astrologiques et alchimiques ou d'expériences de mort et de renaissance.

Plusieurs songes archétypaux impliquent des voyages ou des quêtes magiques qui, à l'instar de la

quête du Saint-Graal, incarnent souvent la tentative de révéler des aspects de notre individualité. Un thème récurrent dans les contes de fées est celui du héros qui se rend en des contrées lointaines, afin de découvrir sa masculinité ou son identité, avant de revenir pour tuer un dragon ou sauver une princesse en danger. Dans les songes, de telles images symbolisent un voyage dans l'inconscient au cours duquel le rêveur tente d'assimiler des fragments de sa psyché, afin de parvenir à une confiance en soi et à un sentiment de complétude qui l'aideront à se démarquer de son contexte social.

Un voyage archétypal très commun est l'équipée nocturne en mer au cours de laquelle le héros est avalé et quasiment tué par le monstre qu'il tente d'occire. Comme Jonas dans la légende biblique,

Nager vers les étoiles : un exemple de rêve archétypal

La rêveuse est un professeur d'université. Sa réputation est remarquable, mais elle risque de la compromettre en avouant son intérêt grandissant pour le mysticisme et la croissance personnelle.

Elle décrit son rêve

« Après avoir nagé dans la mer, je suis allée prendre une douche plus haut sur la plage. L'eau coulait sur mon dos et, avant d'avoir pu me rincer le devant du corps, je me suis retrouvée dans un superbe salon, toujours en maillot. L'eau dégoulinait sur mon corps. Des femmes élégantes me regardaient d'un air désapprobateur. L'instant d'après, je flottais au-dessus des toits. Il faisait nuit et les étoiles m'apparaissaient grosses et brillantes. J'ai tendu la main pour les toucher et, durant un court laps de temps, j'en ai tenu une dans ma main. J'ai songé à la mettre dans ma poche, mais je portais encore mon maillot. Une voix m'a alors dit : "Mets-la sous ta poitrine." Alors que je tentais de trouver un moyen de le faire, je me suis réveillée. »

Analyse des archétypes

Le caractère archétypal de ce rêve tient à ses éléments irrationnels : la métamorphose d'une plage en salon ; la capacité de voler au-dessus des toits ; la possibilité de toucher les étoiles.

Elle nageait en mer, ce qui traduit un désir de plonger plus profondément dans l'inconscient archétypal. Elle a ensuite cherché à se rincer sous la douche, voulant peut-être se purifier des indices qu'elle avait découverts alors qu'elle nageait, ce qu'elle n'a réussi à faire que partiellement : son dos – ce qui nous permet de nous tenir droit devant les autres – a été nettoyé alors que le devant de son corps, ce qui est visible à ses yeux, n'a pas été purifié.

La transition soudaine vers le salon, où de l'eau s'écoule d'elle sur le tapis, lui fait prendre conscience qu'elle ne peut être tout à fait elle-même dans un environnement factice, surtout sous le regard désapprobateur de ses collègues incarnés par les dames élégantes.

Elle se retrouve ensuite flottant au-dessus des toits, regardant les étoiles, l'archétype d'un état de conscience supérieur. Elle peut même en saisir une. La rêveuse conserve une forme de rationalité lorsqu'elle constate l'impossibilité de mettre l'étoile dans une de ses poches. D'ailleurs, au moment du réveil, elle ne comprend toujours pas comment la placer sous sa poitrine, ce qui lui permettrait d'intégrer son désir d'élévation spirituelle à sa vie consciente.

il parvient à détruire la bête de l'intérieur, puis s'enfuit pour rejoindre la terre ferme. On peut y voir la représentation symbolique de la quête de l'énergie vitale des tréfonds de l'inconscient du rêveur, qui empêche ses pulsions de prendre le contrôle de ses comportements conscients.

D'autres types de voyages oniriques de nature archétypale – comme des expéditions menant vers le soleil levant – représentent la transformation. Des songes peuvent impliquer le baptême ou d'autres rites initiatiques telle la sortie des tréfonds d'une caverne primitive, ou encore des archétypes de nature alchimique comme un phénix sortant des flammes qui détruirait le passé, laissant au rêveur la liberté de créer son propre futur. De telles créatures mythiques n'incarnent peut-être pas des archétypes primaires, mais elles en sont parfois une représentation. Les sphinx, par exemple, symboliseront la sagesse occulte de la Grande Mère, alors que le dieu indien Garuda (mi-homme, mi-aigle) suggérera la violente et purificatrice énergie du Vieux Sage. Aux yeux de Jung, par contre, le dragon constitue un symbole primaire lié au caractère collectif ou dominant de la Grande Mère, qui doit mourir si le héros connaît la liberté.

L'esprit constitue un archétype profondément numineux. Il peut se manifester par une impression d'infinitude ou d'invisibilité. Il apparaîtra également sous la forme d'un fantôme ou d'un visiteur de l'au-delà ; il est souvent la marque d'une tension entre les mondes matériel et immatériel. D'autres modèles d'archétypes sont décrits dans les pages suivantes.

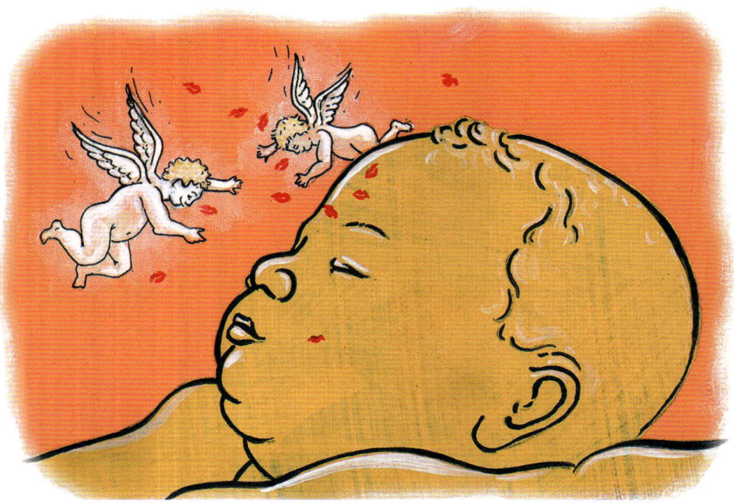

La persona

La persona désigne le masque que nous portons en public, notre manière de nous présenter aux autres et d'affronter la vie de tous les jours. Utile et non pathologique dans son essence, elle devient dangereuse lorsque nous nous en approchons trop, la confondant avec ce que nous sommes vraiment. En rêve, elle peut prendre la forme d'un épouvantail ou d'un clochard, d'un paysage en désolation. Être nu dans un songe représente souvent une perte de la persona.

L'anima et l'animus

Les études et expériences cliniques réalisées par Jung l'ont convaincu que nous portons tous en nous la globalité du potentiel humain, qu'il soit masculin ou féminin. L'anima représente les qualités « féminines » des humeurs, réactions et pulsions chez l'homme ; l'animus, les qualités « masculines » liées aux engagements, aux croyances et à l'inspiration chez la femme. Plus important encore, en tant que « non-moi », l'anima et l'animus sont des figures psychopompes – qui conduisent les âmes – au sein des vastes territoires inconnus de notre potentiel intérieur.

L'anima prend les traits mythologiques de déesses vierges ou de femmes d'une grande beauté telles Athéna, Vénus ou Hélène de Troie. Quant à l'animus, ce sont des dieux d'une grande noblesse ou des héros comme Hermès, Apollon et Hercule qui l'incarnent. Si l'anima et l'animus nous apparaissent en songe sous ces formes ou sous toute autre image puissante d'hommes et de femmes, cela signifie en général un besoin d'incorporer le masculin et le féminin en nous. Si nous les ignorons, nous projetterons ces archétypes vers l'extérieur, en les associant de manière irréaliste à notre partenaire ou à nos amis, ou en recherchant un amant idéalisé. En revanche, en laissant les archétypes contrôler leur inconscient, les hommes pourront s'avérer exagérément sentimentaux ou émotionnels, et les femmes feront preuve de cruauté et d'obstination. Cela dit, dès lors que le processus d'individuation est entamé, les archétypes servent de guides au rêveur, le menant toujours plus profondément au cœur du royaume des possibilités intérieures.

Le Vieux Sage

Le Vieux – ou la Vieille – Sage est ce que Jung appelait une personnalité mana, un symbole de premier ordre de la croissance et de la vitalité qui peut tout aussi bien guérir que détruire, attirer que repousser. En songe, il prendra la forme d'un magicien, d'un médecin, d'un professeur, d'un prêtre, d'un père ou d'une figure d'autorité qui informe le rêveur que de plus hauts niveaux de conscience sont à sa portée.

Comme le sorcier et le chaman, la personnalité mana est un demi-dieu qui peut nous faire approcher ou nous éloigner des niveaux élevés de conscience. Jung a eu tout au long de sa vie une belle relation avec une personnalité mana qui lui était propre : il passait des journées entière à lui parler ou à peindre en sa compagnie.

L'escroc

Archétype par excellence de l'antihéros, l'escroc – le « singe de Dieu » – est un curieux amalgame psychique entre l'animal et le divin. Comme dans les diverses mythologies, il apparaîtra en rêve sous la forme d'un singe, d'un renard, d'un lièvre ou d'un clown.

Jung le rapprocha du mercure de l'alchimie, celui qui inverse les formes. L'escroc a également recours à des farces sournoises et des entourloupes malveillantes. Parfois perçu comme un fragment de l'ombre (voir ci-contre), il fait dans l'autodérision tout en se moquant des prétentions du moi et de sa projection archétypale, la persona.

L'escroc est aussi la figure sinistre qui interrompt nos jeux, dévoile nos intentions et gâche nos plaisirs oniriques. Il incarne la transformation ; indestructible, il peut donc changer de forme ou disparaître et réapparaître. Il surgit souvent lorsque le moi est en position dangereuse par excès de vanité, de prétention. L'escroc peut saboter nos efforts mais il peut aussi aider en nous défiant et en mettant en évidence l'absurdité des possessions matérielles.

L'ombre

Jung décrit l'ombre comme ce que la personne ne veut pas être. Toute chose produit une ombre et, selon Jung, la psyché humaine ne fait pas exception à la règle : « Malheureusement, il est évident que l'être humain est moins bon que ce qu'il voudrait ou s'imagine être. » Plus nous cherchons à refouler cet aspect et à l'isoler de la conscience, plus il risque de surgir au sein d'un « moment de conscience ».

Tapie sous notre carapace d'être civilisé, l'ombre se révèle par des actions égocentriques, violentes et brutales. Elle se nourrit de l'avidité et des peurs et s'exprimera parfois par la haine qui conduit à la persécution ou à faire des boucs émissaires de groupes minoritaires. En songe, elle nous apparaît généralement sous les traits d'une personne de même sexe que nous dans un rôle menaçant et cauchemardesque. Puisque l'ombre ne peut jamais être tout à fait éliminée, elle prendra la forme onirique d'êtres imperméables aux coups et aux balles, nous poursuivant à travers tous les obstacles jusque dans les sombres allées et les inquiétants sous-sols de notre esprit. Elle peut aussi s'incarner en des images fraternelles ou étrangères qui vont nous confronter à ces choses et ces mots que nous préférons ne pas voir ni entendre.

L'ombre est obsessionnelle, autonome et possessive ; elle fait naître en nous des sensations puissantes de peur, de colère ou d'affront moral. Jung insiste cependant sur le fait qu'elle n'incarne pas le mal en soi, mais plutôt quelque chose d'inférieur, de primitif, d'inadapté et d'étrange. Sa présence dans les songes marque la nécessité en nous d'être plus conscient de notre existence et de fournir davantage d'efforts afin de mettre un terme à ses sombres effets. Nous devons apprendre à l'accepter et même à l'intégrer, car les messages désagréables qu'elle nous transmet sont souvent indirectement pour notre propre bien.

L'enfant divin

Il constitue l'archétype de la force régénératrice qui nous conduit vers l'individuation. C'est l'incarnation de notre réelle identité, de la globalité de notre être. Il s'oppose au caractère limitatif du moi qui n'est, selon Jung, « qu'une partie de notre conscience flottant au-dessus d'une océan d'éléments [cachés] ». Il nous apparaît en songe sous la forme d'un nourrisson. Il est à la fois naïf et vulnérable, tout en étant pur et en possédant un pouvoir de transformation. Entrer en contact avec l'enfant divin peut faire disparaître ce sentiment d'autoglorification dont se nourrit souvent le moi avec avidité. Il nous montrera à quel point nous nous sommes éloigné de ce que nous fûmes et de ce à quoi nous aspirions.

La Grande Mère

Cette figure joue un rôle capital dans notre développement spirituel et psychologique. Sa présence prédominante dans les songes, mythes et religions est non seulement attribuable à nos expériences personnelles d'enfant, mais aussi à l'importance de l'archétype incarnant une force aimante qui favorise la croissance et la fertilité d'une part; et tout ce qui domine, dévore, séduit et possède d'autre part.

D'ordre divin, céleste et virginal, son énergie est également chthonienne – d'origine terrestre – et agricole : la Terre Mère était vénérée comme source des récoltes. Toujours ambivalente, elle est l'archétype du mystère et du pouvoir féminin qui prend plusieurs formes : au plus haut de sa glorification, elle est la reine des cieux; à l'acmé de son pouvoir dévorant, la déesse sumérienne Lilith, la gorgone Méduse ou les sorcières et les harpies des mythes et légendes populaires.

Aux yeux de Freud, cependant, l'apparition de la mère dans un songe constituait bien plus une incarnation de la relation entretenue par le rêveur avec sa propre mère qu'un archétype d'ordre abstrait. Il avait remarqué que la majorité des rêves mettait en présence trois personnes – le rêveur, un homme et une femme – et que la jalousie était le lien qui unissait le plus souvent ces personnages. Généralement, selon le médecin viennois, l'homme et la femme oniriques représenteraient la mère et le père du rêveur. Freud a d'ailleurs toujours soutenu qu'ils symbolisaient des aspects des complexes d'Œdipe et d'Électre, qui nous habitent tous. Dans la mythologie de la Grèce antique, Œdipe tue son père avant d'épouser sa mère : Freud voyait là une représentation du désir éprouvé par l'enfant mâle pour sa mère et de sa jalousie envers son père. (À l'inverse, Électre désire son père et jalouse sa mère.)

Le héros

Il constitue la partie du moi éveillée qui aspire à la croissance et au développement et, de ce fait, organise la quête vers sa véritable compréhension. Les tâches dévolues au héros sont souvent des défis physiques qui demandent une grande habileté, de même que force et courage. Elles nécessitent régulièrement l'aide de l'animus – avec lequel, parfois, il se confond –, de l'anima ou du Vieux Sage. Cet archétype peut également se manifester en antihéros – poursuivant de faux idéaux, il va s'engager dans de futiles aventures dont il ressortira certes vainqueur, mais sans grands avantages. Chaque fois qu'un songe implique des défis psychologiques ou physiques (combattre des ennemis, escalader une montagne, résoudre une charade), il y a de fortes chances que le héros soit du voyage.

Travailler sur les archétypes

Au royaume des songes comme dans l'inconscient collectif, les archétypes ratissent large. Ils passent parfois inaperçus, mais on les reconnaîtra au sentiment de perception profonde qu'ils produisent – nous ressentirons une sorte de résonance intérieure en les croisant.

La signification universelle de tout archétype sera toujours en interaction avec des associations subjectives émanant de notre expérience personnelle. Afin de comprendre les niveaux les plus profonds d'un rêve archétypal et ce qu'il signifie pour un rêveur donné, Jung proposa une méthode originale d'interprétation qu'il baptisa « amplification ». Il s'agit d'explorer les mythes que revêtent les archétypes et d'établir les liens qu'ils pourraient avoir avec notre vie.

Une bonne façon de s'y préparer est de lire des récits mythologiques. Si Jung considérait la mythologie grecque comme étant particulièrement adaptée à la conscience occidentale, vous pourrez vous plonger dans celle qui vous interpellera le plus, qu'elle soit égyptienne, celtique, indienne, ou extraite du folklore européen. Certains mythes vous sembleront plus appropriés à votre situation personnelle, mais tous proviennent de l'immense entrepôt de l'inconscient collectif et trouveront un écho en vous. Plus vous vous familiariserez avec le répertoire mythologique, plus le processus d'amplification vous apparaîtra comme allant de soi.

L'amplification en pratique

L'amplification jungienne des rêves s'attarde aux couches les plus profondes de l'inconscient. Si, par exemple, vous rêvez d'un chevalier sur sa monture, l'amplification naturelle pourrait vous conduire à voir des références aux notions de leadership ou de combat. L'amplification culturelle fera quant à elle du chevalier un défenseur de la foi – peut-être de votre foi en vos capacités. Enfin, l'amplification archétypale pourrait vous mener vers Perceval, le héros arthurien qui, dans la légende, rencontre le Roi Pêcheur et aperçoit le Saint-Graal. Il ne reconnaît pas ce dernier et omet de poser une question qui aurait pu guérir le roi blessé. Lorsqu'il apprend sa bévue, il décide de retourner au château royal pour y achever sa quête. Il sera l'un des deux seuls chevaliers à accompagner le seigneur Galaad et à accomplir, avec lui, la quête du Saint-Graal. En y réfléchissant bien, vous en viendrez peut-être à vous demander à quel moment de votre vie vous avez abandonné une quête et comment, ce faisant, vous avez aidé quelqu'un d'autre à réussir.

Les mythes de la Grèce antique

La familiarisation avec les mythes de la Grèce antique est une excellente première étape dans votre préparation pour appliquer la technique jungienne de l'amplification à vos propres rêves. Cette mythologie constitue une masse critique narrative comprenant une grande diversité de figures et d'événements archétypaux. Ceux-ci sont souvent tellement liés les uns aux autres que les personnages – humains et surnaturels – passent d'une histoire à l'autre. Une des meilleures lectures pour pénétrer en détail ces légendes demeure *Les Mythes grecs*, du Britannique Robert Graves.

Deux quêtes importantes

Les périples de Jason et l'*Odyssée* offrent des trésors de significations archétypales. Ils participent du thème universel du « voyage dangereux » – un retour à la maison (l'*Odyssée)* ou la recherche d'un objet précieux (*La Toison d'or*). Mais le signifiant de ces histoires relève également des rencontres qu'Ulysse et Jason font sur leur route – dragons, géants, séductrices, monstrueux cyclope, sorciers, etc. C'est par exemple grâce à la sorcière Médée – qui tombe amoureuse de lui – que Jason met la main sur la Toison ; le trésor est gardé par un dragon que Médée charme de sa voix enchanteresse avant d'asperger ses yeux d'une potion magique.

Les 12 travaux d'Hercule

Fils de Zeus et d'une mère mortelle, Hercule – ou Héraclès – est une autre figure héroïque célèbre pour sa force sans égale. À la suite d'un meurtre qu'il a commis, il est condamné par le roi de l'Argolide, Eurysthée, à accomplir 12 travaux. Parmi ces tâches, il doit tuer un énorme lion, vaincre un serpent à neuf têtes (l'hydre de Lerne) et nettoyer les écuries d'Augias souillées de la bouse laissée par 30 000 vaches depuis 30 ans.

Orphée aux Enfers

Grand musicien dont la lyre charme même les animaux, Orphée tombe amoureux de la nymphe Eurydice, qu'il épouse. Mais un serpent la mord à la cheville et elle est conduite aux Enfers. Brisé par le chagrin, Orphée descend aux Enfers, dont il rencontre le roi et la reine. Ces derniers ne restent pas insensibles à sa peine et permettent à son épouse de remonter à la surface avec lui, à la condition qu'Orphée ne la regarde pas avant leur sortie dans le monde des vivants. Orphée ne peut cependant cesser de se retourner pour la contempler et... la perd à jamais. Ce mythe montre des liens évidents avec les thèmes de l'amour inconditionnel, de la tentation, de la perte et de la faiblesse humaine.

Le cadre des rêves

Un rêve implique souvent une suite apparemment décousue d'actions qui peuvent se dérouler en plusieurs lieux et se révéler soit réalistes, soit fantaisistes – ou les deux. Il arrive que le rêveur ne garde aucun souvenir du cadre, sinon l'impression d'un espace vide au sein duquel des actions se sont déroulées. À d'autres moments, le décor joue un rôle crucial et fait même naître d'intenses sensations : une forêt pourra par exemple s'avérer menaçante ou angoissante, une maison stimulera des sentiments de confort et de fierté.

Même lorsque les décors oniriques semblent étranges ou irréels, ils sont rarement arbitraires : en général, et souvent de manière inattendue, ils soutiennent le propos du songe. Porter attention à ces environnements vous aidera à comprendre la signification globale d'un rêve.

La plupart du temps, les songes se déroulent dans des endroits familiers et sont le reflet des intérêts et des souvenirs récents du rêveur. À ce titre, des recherches ont prouvé que le lieu de résidence est le plus commun des décors oniriques, ce qui ne signifie en rien un manque de profondeur. Rappelons que c'est un rêve dont l'action se situait dans sa propre maison qui aida Jung à développer sa théorie de l'inconscient collectif, ce qui prouve qu'un décor de la plus banale apparence peut véhiculer quantité d'informations symboliques.

Jung rêva qu'il se trouvait dans sa maison, mais celle-ci lui semblait étrangère. Explorant les différents étages, il fit la découverte d'une ancienne cave sous laquelle se trouvait une caverne

contenant poteries, ossements et crânes humains. Dans son interprétation, la cave représentait l'inconscient personnel et la caverne formait l'inconscient collectif – qui renferme l'ensemble des symboles archétypaux et des mythes dans lesquels l'humanité se retrouve.

À la lumière de ses propres expériences, Jung encouragea ses disciples à se livrer à l'analyse des décors de leurs propres songes, et ce, de manière toujours plus profonde afin d'en extraire la signification. Un arbre pouvait, par exemple, être l'incarnation du cerisier sous lequel un rêveur jouait enfant, et donc évoquer un sentiment de protection et de douceur. En poussant l'interprétation, on voyait le même arbre passer au stade de symbole de la mère, puis de l'arbre de vie, pour enfin devenir la croix du Christ. De la même manière, une maison peut progressivement incarner le corps du rêveur, puis son esprit, le corps de sa mère qui un jour le nourrit et le protégea ou même – dans un processus commun d'association dans l'interprétation des songes – la famille de son père ou

son foyer. De manière générale, plus le rêveur est créatif et imaginatif, plus ce type d'interprétation par couches de sens successives aura de chances d'aboutir et plus le décor du songe lui-même variera et sera frappant.

Nombre d'artistes ont trouvé l'inspiration dans les décors de leurs rêves. Les peintres surréalistes comme l'Italien Giorgio de Chirico (1888-1978) ou le Belge Paul Delvaux (1897-1994) sont reconnus pour l'atmosphère onirique qu'ils réussirent à reproduire dans leurs œuvres. Travaillant aussi à partir du symbolisme freudien des rêves, ils placèrent des images communes au sein de décors étranges. C'est justement cette juxtaposition de l'ordinaire et de l'extraordinaire qui donne au décor des songes cette qualité particulière qui confère aux cauchemars leur effroyable puissance. Peu importe si votre maison vous apparaît en rêve, elle pourra, dans le cours d'un cauchemar, être imprégnée d'une inquiétante sensation de vacuité inconnue de votre vie consciente.

Des changements de lieux impromptus sont une caractéristique commune des rêves. Même si les environnements sont liés de manière logique entre eux, ils peuvent apparaître au sein de séquences en apparence aléatoires et décousues. À l'instar des éléments de premier plan d'un songe, les composantes d'un décor onirique peuvent soudain se transformer. Une baie bien abritée se transformera en un tapis moelleux, une ferme

Du ferrailleur au café : analyse d'un décor onirique

La rêveuse, 25 ans environ, occupe un poste exigeant de cadre au sein d'une importante agence immobilière d'une grande ville.

La rêveuse raconte son rêve

« Ce n'est qu'un songe parmi tant d'autres où je me retrouve dans la cour d'un ferrailleur, entourée de vieux objets brisés ou de nouveaux gadgets qui, malgré mes efforts, refusent de fonctionner. Ce décor me surprend puisque je n'ai pas souvenir d'avoir déjà visité un tel endroit.

Dans ce rêve, je suis tout en haut d'un très long escalier. Il semble mener à une arrière-cour remplie de décombres et de débris métalliques, même si les marches elles-mêmes sont larges et grandioses comme dans l'escalier d'un château.

Un homme s'affaire sur une vieille voiture et je lui demande quel est le problème mécanique. Il me dit que tout est réparé et nous nous retrouvons ensuite sur l'autoroute. Nous roulons si vite que j'ai peur que la voiture tombe en miettes. Nous nous arrêtons dans un café, mais personne ne vient nous servir. Des pièces mécaniques jonchent le sol et me font trébucher pendant que je m'avance dans le café. »

L'analyse du décor

Des marches qui descendent incarnent souvent une voie vers l'inconscient personnel. La rêveuse affirme avoir aimé le songe et avoue avoir de très grandes attentes quant à sa signification, notamment celle de ce grand escalier, même s'il menait tout droit à des gravats et à des objets brisés.

On ne doit pas se fier aux apparences. Cet homme travaillant au milieu des décombres... Peut-être sa présence signifie-t-elle que la consolidation psychologique et l'activité créatrice se poursuivent dans l'inconscient, même si nous n'en n'avons aucune conscience. Et que ce que nous considérons généralement comme des déchets psychiques peut se révéler de grande valeur si nous savons comment l'approcher.

L'homme lui affirme qu'il a réparé la voiture ; voilà peut-être le symbole d'une aspiration ou d'une ambition déçues. La route empruntée à grande vitesse représente une échappatoire à la ville (aux autres).

Reste que la voiture est placée hors du contrôle de la rêveuse. Cela l'effraie. Le café suggère l'existence d'un refuge, mais les débris du passé s'y retrouvent aussi. Affronter le problème serait peut-être préférable à la fuite. Les décors de ce songe soulignent à grands traits ce message.

éloignée en abattoir. Au moyen de ces revirements, les songes portent leurs messages, déstabilisant la pensée conventionnelle afin que des émotions et préoccupations profondes nous soient dévoilées de manière envoûtante.

Loin de ne constituer que de simples toiles de fond à l'action, les décors oniriques participent pleinement au message. Ils peuvent exprimer une douloureuse solitude ou diffuser un mystérieux sentiment de bien-être. Un décor aux contours harmonieux et qui évoque des sentiments puissants pourra être interprété comme étant le corps, celui de la mère en particulier. Freud croyait que les décors oniriques, surtout ceux contenant des rochers escarpés (masculin) ou des forêts montagneuses (féminin), constituaient des symboles des organes génitaux. Ils peuvent aussi incarner une topographie de l'esprit lui-même : par exemple, un quartier étrange situé dans une partie reculée de la ville symbolise peut-être l'inconscient. De la même façon, des scènes nocturnes peuvent exprimer les profondeurs obscures de notre vie intérieure.

Afin de parvenir à l'expression complète de la signification d'un songe, on doit garder à l'esprit les détails du décor lors de l'interprétation. Si la scène se déroule dans un jardin, comment est-il aménagé ? Est-il bien entretenu ou envahi par les mauvaises herbes ? S'il y a des fleurs, quels parfums dégagent-elles ? S'il y a une route, est-elle sinueuse ou longue et droite ? Tous ces éléments, même s'ils semblent ne constituer qu'une toile de fond sans intérêt, peuvent au contraire se révéler significatifs lorsque le songe est soumis à une analyse poussée.

Les ambiguïtés quant aux significations possibles à prêter à ces décors doivent être examinées dans toutes leurs possibilités. Un champ bordé au loin par une ville fait-il émerger un sentiment de réconfort chez le rêveur qui reconnaît ce signe de civilisation ? Ou provoque-t-il une forme de ressentiment face à une intrusion humaine dans ce paysage bucolique ? Dans le cas d'une caverne, s'agit-il d'un refuge en cas d'intempéries ou d'un lieu où se cache quelque chose d'effrayant ?

La situation tout comme la nature du rêveur auront une grande importance dans ce type de réflexion. Des environnements inconnus pourront faire naître chez l'un des sentiments de confusion et d'abandon et, chez l'autre, un désir de voyage et d'exploration. Un château évoquera la sécurité ou une attitude trop défensive à l'égard d'autrui. Une même personne réagira différemment au même décor au fil des ans et des expériences vécues.

Les décors oniriques peuvent aussi représenter des lieux anodins où, pourtant, des événements lointains mais significatifs pour le rêveur ont eu lieu. On croit parfois avoir oublié ces lieux depuis longtemps et il pourra s'avérer difficile d'en faire resurgir la mémoire lors de l'interprétation d'un

songe. Vous ne gardez aucun souvenir d'un lieu apparaissant dans l'un de vos rêves ? Demandez-vous s'il est lié à un endroit où vous avez habité ou pris des vacances autrefois; n'hésitez pas à questionner des membres de votre famille qui auraient conservé des souvenirs de votre enfance plus précis que les vôtres.

Habituez-vous à réfléchir au symbolisme sous-jacent de ces paysages comme vous le feriez pour des objets. Lorsque vous rêvez d'une montagne, demandez-vous si elle ne pourrait pas incarner une noble aspiration ou un état d'exaltation. Une forêt ou une montagne représentent souvent les profondeurs de l'inconscient; à la différence des paysages marins, la forêt évoque un refuge – ou un changement de saison si le feuillage est caduc. Les rivières et les vallées, souvent perçues comme des symboles sexuels féminins, suggèrent aussi la fertilité et le bien-être.

Dans leur interprétation des rêves, certains vont négliger le fait que les éléments de la nature peuvent faire l'objet du même type d'amplification mythologique que les personnages oniriques. En surface, l'image d'un lac va induire un sentiment de paix et de contemplation dans l'esprit du rêveur, mais l'histoire d'Excalibur – l'épée d'Arthur qui fut tirée de la profondeur des eaux par la Dame du Lac alors que le roi agonisait sur les berges – suggère une signification davantage proche de la mélancolie.

Les rêves d'enfants

Bien sûr, les parents, la fratrie et les enseignants peuplent les rêves des enfants. Tout comme les amis d'ailleurs, qui incarneront les ambivalences de la prépuberté, parfois confidents, parfois d'une cruelle agressivité. Les rêves d'un enfant reflètent souvent des sentiments d'insécurité et de transformation en phase avec les nouvelles et formidables expériences qu'il est appelé à vivre.

Nous naissons rêveur et il est probable que l'aventure onirique commence dans le ventre maternel. Ce qui est certain, c'est que nous passons nos premiers mois d'existence à rêver. Environ 60 % du sommeil des nouveau-nés se déroule en mode MOR (voir page 41), pendant lequel ont lieu la majorité des songes, soit trois fois plus de temps que chez l'adulte. Et puisque les bébés dorment en moyenne plus de 14 heures par jour, voilà qui représente un nombre d'heures rêvées considérable.

Évidemment, il est impossible de dire ce qui peuple les songes des nourrissons. Reste que la majorité de ces songes émanent probablement de sensations physiques, ou s'y rapportent. Après le premier mois, les perceptions visuelles et auditives commencent sans doute à y jouer un rôle. Dès que les enfants sont en âge de nous raconter leurs rêves, force est d'admettre qu'ils reflètent en majorité des préoccupations issues de leur vie éveillée.

Selon des analyses portant sur plus de 200 rêves d'enfants de 2 à 12 ans, les chercheurs Robert Van de Castle et Donna Kramer en sont venus à la conclusion que les songes des petites filles sont plus longs que ceux des garçons et qu'ils comportent davantage de personnages et de références aux vêtements, alors que les garçons rêvent plus aux objets matériels. Les animaux sont aussi davantage présents dans les rêves des enfants que chez les adultes, et les bêtes effrayantes – lions, gorilles, crocodiles et loups – y occupent une plus grande place que des animaux plus inoffensifs comme les

moutons, les papillons ou les oiseaux. La fréquence d'apparition des animaux dans les songes reflète les intérêts de l'enfant mais aussi, probablement, la façon dont l'animal incarne et symbolise ses désirs et ses peurs. Van de Castle pense aussi que ces thèmes pourraient émaner de la nature plus primitive, voire animiste de la pensée des enfants – leur rapport plus étroit à un moi acculturé.

Les enfants font état de deux fois plus d'actes violents dans leurs rêves que les adultes. Parfois, l'enfant est l'agresseur mais, le plus souvent, il est la victime. Ainsi, il a été prouvé que la peur constitue la plus importante des émotions oniriques vécues par les enfants. Le psychologue du développement américain Robert Kegan a lié cet état de fait à la difficulté qu'éprouve l'enfant à intégrer ses pulsions puissantes et spontanées à l'ordre social imposé par les adultes. On peut aussi penser que la présence de ces animaux sauvages, monstres et autres père Fouettard dans les rêves reflète la connaissance intime qu'ont les enfants de l'existence de ces pulsions qui les animent, tapies tout juste sous la fragile carapace de leur comportement « civilisé », et qui ne demandent qu'à la faire

Un camion explose : rêve d'enfant

La rêveuse est une fillette de huit ans qui éprouve des difficultés avec son enseignante. Le songe décrit ici a eu lieu au retour d'une sortie scolaire dans un musée des sciences qu'elle n'aurait pas appréciée, selon les dires de l'institutrice.

Description de la rêveuse

« Devant l'école, il y avait un gros camion avec une chaudière à l'arrière. Mon professeur pensait qu'elle allait exploser.

Un homme est sorti de l'engin, s'est approché de moi et j'ai eu peur, alors je me suis mise à courir. Et puis je me suis retrouvée dans la voiture avec mon père. Nous voulions nous enfuir loin de l'homme. Mon père a brûlé un feu rouge et la voiture a fini sur un trottoir, mais il n'y avait personne. Quelqu'un nous a ensuite annoncé que la chaudière avait explosé. Mon père a dit que nous ferions bien de retourner vers l'école pour voir ce qui s'était passé. Je ne voulais pas y aller. »

L'interprétation

Les songes des enfants ont tendance à être davantage fragmentés que ceux des adultes, un reflet de leur moindre expérience, mais aussi de la possibilité qu'ils aient des trous de mémoire ou qu'ils amalgament plusieurs rêves. En ce sens, ce serait une erreur que d'imposer la vision extérieure d'un adulte quant à l'interprétation du songe d'un enfant ; à la place, ce dernier devrait être accompagné dans la recherche de ses propres associations et conclusions.

L'enfant éprouve des difficultés avec son enseignante, qu'elle ne parvient pas à communiquer à ses parents. La menace de l'explosion fait clairement référence à l'institutrice (« Mon professeur pensait... ») et représenterait la peur de l'enfant face aux sautes d'humeur de cette dernière. L'image de la chaudière pourrait avoir été induite dans le songe par la visite au musée des sciences et pourrait aussi émaner de l'expression « bouillir de rage ». L'homme menaçant s'approchant d'elle symboliserait également sa peur de l'enseignante et son désir de s'enfuir.

Elle se repose sur son père pour s'assurer que sa fuite sera concluante. Cet effort reste cependant vain. Dès qu'il prend connaissance de la rage de l'enseignante (« Quelqu'un nous a ensuite annoncé que la chaudière avait explosé »), il décide de revenir vers l'école, le lieu où l'enfant vit son problème. Elle doit donc apprendre à accepter le monde des adultes incarné par l'enseignante.

exploser et à causer des ravages dès que leur conscience aura le dos tourné.

Aux yeux de Kegan, le rêve d'être dévoré vivant, fréquent chez les enfants, est très significatif. Il traduirait la peur de voir disparaître leur fragile et émergente conscience d'eux-mêmes sous le poids des puissants conflits entre leurs impulsions et les exigences extérieures. Selon la psychanalyse, le père Fouettard représente à la fois des aspects du moi du rêveur et des figures d'autorité, au premier chef les parents. Tout enfant éprouve des difficultés à concilier l'amour et le soutien de ses parents d'une part, et, de l'autre, leur rôle d'agents de discipline et de réprimande. Dans les rêves, les sorcières et les loups sont des moyens de représenter et d'accepter le rôle punitif des parents ; les actions agressives que les enfants vont commettre en songe à l'endroit de ces derniers sont soit une incarnation de la rivalité qui les oppose au parent de même sexe, soit l'expression de leur désir d'échapper au contrôle que les adultes exercent sur leur vie.

Cette volonté d'accomplissement d'un désir, Freud l'a étudiée pour finalement conclure que les rêves des enfants ne posent aucune « question nécessitant réponse » et qu'en ce sens, ils se révèlent « plutôt inintéressants à étudier comparativement à ceux des adultes ». Il affirmait que la faiblesse relative de la pulsion sexuelle durant la période de latence (de l'âge de sept ans jusqu'à la puberté) simplifiait la nature des désirs d'assouvissement, laissant le champ libre à l'expression de « l'autre instinct vital », le besoin de se nourrir.

La psychologie jungienne, par contre, affirme qu'il existe une forme d'interprétation des songes d'enfants qui va au-delà de la simple expression des souhaits et désirs, identifiant le père Fouettard, les héros et héroïnes comme des preuves de la présence déjà active des images archétypales dans l'inconscient du jeune rêveur. Ceux-ci ne seraient pas uniquement les symboles de certains aspects de la vie éveillée, mais ils exprimeraient aussi la sensation mystique qu'a l'enfant de sa vie intérieure.

Les anthropologues ont pu constater sur le terrain l'existence de cultures au sein desquelles les rêves des enfants jouent un rôle significatif dans le développement psychologique. Au cours de leurs recherches portant sur le peuple temiar, en Indonésie, Richard Noone et Kilton Stewart ont remarqué que les adultes demandaient quotidiennement aux enfants de raconter leurs

rêves afin de les aider à combattre leurs peurs oniriques et ainsi renforcer leur développement psychologique durant le sommeil.

Joan Halifax fait partie de ces anthropologues qui se sont intéressés à l'attitude de certaines tribus à l'égard des rêves. Elle a mis au jour l'importance des rêves – et ce, dès l'âge de cinq ans – dans la vie et l'entraînement des futurs chamans pour les aider à connaître et à explorer le monde spirituel.

Les cultures chamaniques des aborigènes australiens font un tel cas de la puissance créatrice des rêves qu'on y enseigne aux enfants que l'univers lui-même fut créé durant un songe.

Peu importe la manière dont les rêves enfantins sont compris, il est fort probable qu'ils jouent un rôle prépondérant dans le développement psychologique et qu'ils peuvent avoir une puissante influence sur le devenir des individus.

Les adultes ne rêvent certes pas aussi intensément et souvent que les enfants, mais les songes d'antan resurgissent parfois…

Aider l'enfant face aux cauchemars

Ne dites jamais, à propos d'un cauchemar : « Ce n'est qu'un rêve. » Il est important de ne pas banaliser les expériences oniriques. Écoutez les peurs de votre enfant, réconfortez-le gentiment pour qu'il sache que les monstres qu'il croise en rêve ne sont pas là pour lui faire peur. Encouragez votre enfant à s'inventer un personnage onirique qui l'aidera à apprivoiser ces créatures ou à les affronter.

1. Demandez à votre enfant de vous dire de qui il souhaiterait recevoir de l'aide dans ses rêves. Ce pourrait être un personnage de conte, un autre qui lui serait déjà apparu en songe ou, très probablement un animal.

2. Faites-lui décrire son « accompagnateur » – son apparence, ses qualités et la manière dont il s'y prendra pour chasser ou transformer les monstres des cauchemars.

3. Demandez-lui maintenant de se replonger dans l'ambiance du rêve et de faire appel à son accompagnateur. Grâce à son imagination, il peut solliciter son aide pour chasser les démons. Tout cela doit se faire par le dialogue, afin que l'enfant sache que les choses se dérouleront exactement ainsi la prochaine fois qu'il s'endormira.

Aider l'enfant à apprendre de ses rêves

L'enfant vit une série d'étapes dans son développement, auxquelles correspondent différents types d'apprentissage. Il est important de saisir ces occasions de croissance, puisqu'il devient plus difficile d'apprendre avec l'âge. La capacité de rêver en est un bon exemple. En amenant l'enfant à se souvenir de ses rêves et à les écouter alors qu'il est encore jeune et ouvert d'esprit, nous lui faciliterons la tâche pour plus tard.

L'enfant peut suivre le même processus que les adultes : de la tenue d'un journal de ses songes à l'invention d'un accompagnateur pour affronter ses cauchemars (voir ci-contre). On peut l'aider en ce sens en suivant quelques directives simples.

- Encouragez votre enfant à vous raconter ses rêves et trouvez le temps de les écouter attentivement. Les enfants apprennent toujours des adultes qui sont importants à leurs yeux.
- Ne lui dites pas que ses rêves sont « stupides »; rassurez-le plutôt en lui disant qu'ils sont importants, tout comme les réactions qu'ils peuvent susciter en lui.
- Suggérez à votre enfant qu'il peut influer sur ses songes et que cette capacité dépend de la conviction qu'il sera en mesure de le faire. Ne semez pas le doute dans son jeune esprit, mais ne lui garantissez pas non plus que les rêves lucides sont monnaie courante.
- Racontez vos propres rêves à votre enfant – s'ils ne sont pas trop perturbants, bien entendu ! Il adorera vous entendre et si vous prenez cette habitude, ces moments d'échange deviendront à ses yeux des instants agréables de partage.
- N'essayez pas à tout prix d'en venir à une interprétation complète de ses rêves. Accueillez-les plutôt que de craindre qu'ils ne révèlent à votre enfant des parties de lui qu'il ne comprendrait pas. Vous pouvez par contre lui expliquer qu'un événement onirique peut signifier autre chose que ce qu'il montre. Il n'y a aucun mal à lui demander : « Que penses-tu que cela veut dire ? »
- Si votre enfant désire vraiment explorer le sens de ses songes, utilisez les contes de fées – qui présentent les mêmes caractéristiques que les mythes et légendes – dans le processus d'amplification (voir page 108). L'histoire de Cendrillon, par exemple, est celle du triomphe du bien sur le mal et évoque le pouvoir transformateur de la grâce. De son côté, l'histoire de Jack et de son haricot magique prouve qu'un cœur pur est plus gratifiant que les possessions matérielles, tout en soulignant la valeur du courage et le pouvoir de l'esprit.

Travailler AVEC LES RÊVES

Un certain travail est nécessaire afin de retirer tous les bénéfices de notre vie onirique. Il débute par des techniques de base empêchant nos rêves de sombrer dans l'oubli dès le réveil. Plusieurs méthodes existent pour améliorer notre mémoire des songes. Il est important de tenir un journal de nos rêves, non seulement pour les écrire aussi rapidement que possible après qu'ils ont eu lieu, mais aussi pour y rendre compte de nos interprétations. Dans ce chapitre, vous trouverez différentes méthodes pour vous souvenir de vos rêves et quelques astuces afin de les provoquer, peut-être même, avec un peu de chance, sur des thèmes que vous aurez vous-même choisis.

De l'art de se souvenir

La première étape du travail sur les rêves consiste bien entendu à se les rappeler. Certains disent ne jamais se souvenir de leurs songes, d'autres affirment ne pas rêver du tout. Mais avec de l'entraînement et les bonnes techniques, on peut arriver à se rappeler plusieurs rêves au matin.

En premier lieu, adoptez une attitude positive. Se rappeler ses rêves est une habitude à prendre et à cultiver. La meilleure manière d'y parvenir consiste à vous répéter pendant la journée que vous vous souviendrez des songes de la nuit à venir. Au matin suivant, demeurez un moment immobile et allongé en concentrant votre esprit sur les images, les pensées ou les émotions que votre sommeil aura laissées en vous. Réfléchissez à ces perceptions et « poussez-les vers l'intérieur » afin de voir si elles font naître des souvenirs de vos rêves.

Tenir un journal de vos songes rendra possible la construction d'un panorama détaillé et en continu de votre vie onirique. Écrivez (ou dessinez) tout ce que vous vous rappelez – des thèmes principaux jusqu'aux petits détails – et notez la moindre émotion ou association que fait surgir en vous le contenu des rêves. Au cours de la journée suivante, réfléchissez-y – même si la précision des détails s'est érodée – et tentez de revivre les émotions qui y sont associées. Relisez vos notes et soyez patient : il vous faudra peut-être des semaines, voire des mois avant de pouvoir vous souvenir régulièrement de vos songes. Une chose est sûre : vous réussirez si vous persévérez. Afin d'accélérer les choses, faites de temps en temps sonner votre réveil deux heures après le moment où vous vous endormez habituellement : vous courrez ainsi la chance de vous éveiller immédiatement après la première phase de sommeil paradoxal, une phase riche en rêves.

Certains chercheurs spécialisés dans le domaine du rêve conseillent à leurs sujets de consigner une

centaine de songes avant de commencer la moindre analyse, car les thèmes redondants peuvent ne se dessiner de manière cohérente qu'après un long laps de temps. Il est toujours utile de chercher les liens entre les rêves et des événements récents du quotidien, mais il ne faut pas oublier que les songes s'en inspirent de manière sélective et qu'ils peuvent être le symbole d'un matériau bien plus profond. Prenez note de tout ce qui vous semble significatif à propos de ces événements et de tout souvenir qu'ils font resurgir. Cela pourrait vous conduire sur la voie d'expériences depuis longtemps oubliées et sur lesquelles le rêve tente d'attirer votre attention.

Les songes sont d'une nature fuyante. Les expériences scientifiques démontrent qu'un individu que l'on réveille tout juste au terme d'un songe ne se souviendra que d'environ 80 % de son contenu. Après seulement huit minutes, cette proportion diminue à 30 %. Après un certain temps, le sujet ne se souviendra plus que de 5 % du contenu ou, pire, l'aura complètement chassé de sa mémoire.

Tout le monde rêve, mais tout le monde n'en a pas conscience. Ce n'est qu'en développant notre pouvoir de remémoration que nous pourrons commencer à saisir l'étendue de notre vie onirique, à interagir avec elle et à entamer le processus vers une meilleure compréhension de soi.

Une profonde différence existe entre les processus de remémoration des événements de la vie éveillée et de ceux de la vie onirique. Dans le premier cas, il nous faut entraîner notre mémoire ; dans le second, nous devons au contraire « désamorcer » l'aspect rationnel de notre mémoire afin de faire place aux caractéristiques particulières des rêves – les incongruités, les discours décousus ainsi que les sujets que nous jugeons tabous.

Se rappeler ses rêves est d'abord une question de volonté. Un mécanisme naturel de défense dans notre esprit conscient cherche à nous protéger des souvenirs pénibles et bouleversants. Nous ne faussons pas consciemment la mémoire que nous avons de nos rêves, mais notre processus de remémoration peut agir comme censeur et ainsi nous protéger à notre insu. Comme l'a noté Freud, l'amnésie onirique constitue peut-être une armure répressive mise en place par notre moi. Si nous pouvons exercer notre esprit à adopter une attitude plus positive à l'endroit de nos rêves, à envisager les rencontres les plus étranges comme des moyens d'atteindre une meilleure connaissance de soi, alors nous serons à même de saisir un contenu qui autrement nous aurait échappé.

La possibilité que nous ayons été programmé pour exclure les songes de notre conscience constitue un autre obstacle psychologique susceptible de nous empêcher de nous les remémorer. Le mécanisme de défense inhérent à notre esprit, le refoulement, est spécifiquement conçu pour atténuer les aspects trop troublants ou trop blessants de tout souvenir, tout désir ou toute peur qui risqueraient de ne pas être acceptés par notre conscience.

Ces matériaux sont souvent associés à des traumatismes de l'enfance et de l'adolescence, ou encore à des pensées et actions que nous savions mauvaises ou susceptibles de projeter une mauvaise image de nous. Ils peuvent faire référence au sexe ou à des ambitions irréalistes que nous avons chéries mais dont nous avons admis l'impossibilité.

Voilà le genre de sujets intimes qui peuvent surgir en rêve et qui seront rejetés ou emprisonnés par l'esprit dès le réveil. Si nous parvenons à faire

Exercer sa mémoire pour se souvenir de ses rêves

Se souvenir des événements de ses rêves et se rappeler ceux de la vie quotidienne sont deux processus totalement différents. Cependant, l'amélioration de la mémoire éveillée peut bonifier celle du sommeil. Voici quelques techniques et exercices qui pourraient vous aider à augmenter vos capacités mnémoniques.

Changer de décor

Observez attentivement chacun des objets présents dans une pièce donnée, puis sortez. Demandez ensuite à un ami d'apporter quelques modifications mineures au décor – déplacer un objet, par exemple, ou introduire un nouvel élément. Retournez dans la pièce et tentez de repérer ce qui a changé. Avec un peu d'entraînement, vous devriez pouvoir noter les plus subtiles modifications.

La maison de la mémoire

Habituez-vous à mémoriser votre liste d'épicerie plutôt que de l'écrire. Une façon d'y parvenir relève de techniques connues depuis la Grèce et la Rome antiques. Admettons que vous ayez à vous souvenir de dix articles : déterminez autant d'étapes dans un parcours précis au sein de votre demeure en commençant par la porte d'entrée. Fixez chacune d'elles dans votre esprit en respectant un ordre logique. Puis retournez à votre liste et associez chacun des articles à une étape en les visualisant positionnés à ces endroits précis. Utilisez des associations surréalistes afin de lier ces objets aux lieux qu'ils occupent. Si la premier article sur votre liste est un tube de dentifrice, par exemple, et qu'il est associé à la porte d'entrée, imaginez-vous nettoyant la poignée avec le contenu du tube. Procédez ainsi tout le long du parcours jusqu'à ce que chaque objet ait trouvé sa place. Plus tard, quand vous serez au magasin et devrez vous souvenir de votre liste, vous n'aurez qu'à reproduire mentalement le trajet parcouru dans votre demeure. À chacune des étapes, vous vous demanderez quel objet y est associé et pourquoi. Les souvenirs devraient tout naturellement affluer à votre esprit.

*

Même si ces exercices et techniques pour améliorer notre mémoire – voir à ce sujet les livres de Dominic O'Brien pour en apprendre de nouveaux – ne peuvent nous être utiles directement pour nous souvenir de nos songes, ils auront des effets bénéfiques. Ils permettront à notre mémoire de conserver force et souplesse et augmenteront sa capacité, au même titre que l'exercice physique accroît celle de nos muscles.

pénétrer ces informations dans la conscience, nous pouvons en apprendre beaucoup. Une bonne partie de ces informations se révéleront bien moins dommageables et plus naturelles que ce que l'on craignait, même si certaines personnes les ont qualifiées de « mauvaises » avant que nous n'ayons l'âge d'avoir forgé notre propre opinion à leur sujet; quant aux autres, elles méritent d'être identifiées avant d'être laissées de côté.

Nous devons être patient et serein afin de mettre la main sur le contenu de nos rêves, à l'instar des meilleurs pêcheurs qui demeurent calmes tout en étant à l'affût et prompts à réagir quand arrive le poisson. Lorsqu'un songe pénètre la conscience, le pêcheur de rêves doit le faire mordre à l'hameçon de la mémoire avant qu'il ne replonge dans les profondeurs troubles de l'inconscient.

Garder en permanence un journal de bord de vos rêves au chevet de votre lit donnera un sérieux coup de main à votre mémoire. Si le souvenir de vos rêves se révèle vif un matin au réveil, tâchez de comprendre pourquoi. Avez-vous changé d'oreiller ? Modifié la température de la pièce ? Votre routine avant le coucher ? Tentez des expériences afin de trouver les conditions idéales pour un sommeil riche en songes.

Comment se fait-il que nos rêves nous échappent si aisément s'ils sont des voies vers une meilleure compréhension de soi ? Le stress et les contraintes de la vie quotidienne qui accablent notre conscience dès notre réveil jouent certainement un rôle non négligeable dans cette amnésie. Les adeptes de l'hindouisme et du bouddhisme qui affirment faire l'expérience d'une conscience totale durant leur sommeil n'ont aucune difficulté à se remémorer l'entièreté de leurs songes. Cette capacité leur viendrait de techniques avancées de concentration méditative. De même, si nous parvenons à débarrasser au maximum notre esprit de ces tensions inutiles, la conscience que nous avons de notre vie intérieure devrait s'en trouver bien plus aiguisée.

Certains avancent la thèse que la façon dont nous nous éveillons nuit au souvenir de nos rêves durant la phase hypnopompique. Ou que nous dormons trop et prenons ainsi les périodes oniriques « en sandwich » entre celles de totale léthargie.

Il semble, cependant, que si nous oublions si facilement nos rêves, c'est surtout parce que nous ne les considérons pas comme dignes d'intérêt. À l'opposé d'autres cultures ou époques, la civilisation occidentale contemporaine ne reconnaît pas la puissance de

Un rêve net et précis ancré dans l'enfance

Les rêves de l'enfance tendent à marquer notre mémoire tant ils sont profonds et troublants. Ils vont parfois en pousser d'autres, moins spectaculaires, vers l'oubli, et ce, jusqu'à ce que nous les ayons « exorcisés » grâce à une interprétation appropriée. Ici, la rêveuse est une athlète très déterminée sur les pistes de course, mais peu habile à gérer ses relations et sa vie sociale.

La rêveuse décrit son songe

« C'était l'été et je me trouvais sur une longue route menant vers l'horizon. Je sentais la chaleur du soleil sur mon cou. Puis, j'ai aperçu au loin quelqu'un qui s'approchait. La personne avait l'air de courir mais se déplaçait au ralenti, un ralenti terrifiant. J'étais figée et tout est devenu d'un froid mortel. Je me suis retrouvée sur le dos d'un cheval qui broutait et refusait d'avancer. J'ai planté mes éperons dans ses flancs. Ils s'y sont enfoncés et quelque chose d'horrible s'en est échappé. Soudain, je me suis retrouvée en train de pourchasser une personne, déterminée à l'attraper et à lui donner une leçon pour me faire vivre de tels cauchemars. S'agissait-il d'une femme ou d'un homme, je n'en sais rien, mais j'ai couru à sa poursuite, le long d'un corridor au plafond élevé et où les fenêtres, poussiéreuses, se trouvaient tout en haut des murs. La personne s'est réfugiée dans une pièce au bout du couloir et je me suis dit : “ Maintenant, je te tiens. Sauf que j'avais à peine pénétré dans la pièce que la porte s'est refermée derrière moi. La créature s'est retournée pour me présenter un visage horrible et a poussé un cri strident de victoire. Je me suis réveillée en sueur et tremblotante. »

L'interprétation

Voilà l'un des cauchemars curieusement « réalistes » dont la rêveuse fait l'expérience depuis l'enfance. Ils débutent en général avec un homme ou une femme qui court au ralenti, ce qui semble menaçant. En tant qu'athlète, la jeune femme résout ses problèmes en courant plus vite que ses adversaires ; en rêve, elle est incapable de s'échapper. Elle-même a vu dans ce rêve l'expression de son incapacité de gérer ses relations avec les autres. Le cheval peut représenter la force des émotions qui l'empêchent de nouer des liens stables : seulement « quelque chose d'horrible s'en est échappé ». Le cheval et le couloir symbolisent ses disjonctions émotionnelles ; les fenêtres hautes l'empêchent d'envisager sa vie dans une perspective plus large ; la finale, horrible et évoquant la claustrophobie, signifie : je provoque mes propres problèmes ; je suis mon pire ennemi.

l'onirisme. Un gardien de troupeaux de rennes en Laponie ou un xhosa d'Afrique du Sud n'affirmeront jamais qu'ils ne rêvent pas ou qu'ils oublient leurs songes. Enfants, ils auront appris tout leur potentiel signifiant et, plus spécifiquement, à quel point ils forment une voie qui les rapproche du monde des esprits. La plupart des Occidentaux sont élevés dans la croyance que les songes ne servent à rien et ne doivent pas être pris au sérieux.

Opérer le transfert d'un contenu issu du monde inconscient des rêves vers le mode conscient est un processus délicat. Il peut en effet être aisément interrompu par notre conscience qui refuse de reconnaître l'utilité d'un tel exercice. Cela dit, la simple volonté de nous souvenir de nos rêves nous place sur le chemin de la réussite.

Une approche détendue, un esprit alerte, attentif au moindre signe de rêve et digne du meilleur des chasseurs, voilà qui peut non seulement inverser le processus d'amnésie onirique, mais aussi favoriser un sommeil plus réparateur, des songes plus calmes et même mener aux rêves lucides (voir pages 55 à 64). Examinez ce que sont pour vous les songes et éliminez toute association négative à leur sujet, comme cette plaie que sont les cauchemars de l'enfance. Une attitude négative envers les rêves peut repousser toute tentative de se les remémorer. Des raisons inconscientes et insondables peuvent expliquer votre amnésie.

Dites-vous que vos rêves sont utiles et vous allez désormais vous en souvenir. Faites l'effort d'accueillir à bras ouverts tout ce qu'ils peuvent vous apprendre sur vous et gardez toujours à l'esprit que les songes vous aident à devenir un être plus accompli et efficace. Juste avant de vous mettre au lit, répétez-vous ces affirmations avec confiance. L'inconscient est au fait du moindre doute présent dans votre esprit et va plus souvent répondre à une incertitude qu'à un message envoyé consciemment. Essayez de dormir sur un matelas plus dur, dans une autre pièce, ou changez la position de votre lit – ces modifications pourraient favoriser une forme de vigilance que le confort et la routine affaiblissent.

Par-dessus tout, recourez à la visualisation créative. Avant de vous allonger, asseyez-vous quelques minutes sur une chaise dans votre chambre. Videz votre esprit des pensées qui l'encombrent. Visualisez-vous ensuite vous réveillant le lendemain matin. Imaginez la scène en détail : la lumière traversant vos paupières, votre premier regard sur la chambre, la sensation des draps sur votre peau – tout ce qui caractérise votre réveil. Insérez au sein de cette image composite le souvenir de vos songes. Dites-vous, répétez-vous que vous allez rêver et que vous vous en souviendrez. Au matin, félicitez votre inconscient de ses efforts. Vous en serez vous-même surpris, l'esprit répond toujours positivement à cette association d'insistance et de félicitations.

Tenir son journal des rêves

Dans le domaine de l'exploration de soi, la tenue d'un journal des rêves est assurément une des voies royales. Plusieurs grands écrivains s'y sont adonnés, recueillant tout des aventures nocturnes de leur inconscient. Ajoutez-y quelques dessins et interprétations, et vous obtiendrez un fascinant livre ouvert sur votre vie intérieure.

Quelque méthode que vous utiliserez afin de vous rappeler vos songes, un journal des rêves est essentiel. Gardez à côté de votre lit un stylo et un petit cahier où vous écrirez dès le réveil. Tentez de bouger le moins possible – le simple fait de vous retourner pourra faire s'évanouir la mémoire de vos rêves. Ne remettez pas vos écrits à plus tard : même les songes les plus précis se fanent ou se déforment rapidement.

Il y a bien des façons de tenir son journal. Certains conseillent de séparer les événements, les personnages, les couleurs et les émotions en quatre colonnes distinctes. Reste que prendre le temps de trier ses souvenirs risque d'accélérer leur oubli. Allez-y plutôt simplement et directement. Préférez un cahier de taille moyenne à un trop petit, afin de limiter vos écrits à une seule double page. Vous aurez une vision plus globale de votre songe et de vos premières réflexions à son sujet. Écrivez la description du rêve sur la page de droite et réservez celle de gauche à vos impressions, interprétations, dessins et analyses ultérieures.

Veillez à inscrire la date et les moindres détails de votre rêve – parfois, les aspects les plus banals d'un rêve se révèlent les plus significatifs avec le temps. Écrivez toujours au présent; revivez votre rêve au moment où vous l'écrivez et prenez bien note de vos émotions. Voici (page suivante) une description type.

Lundi 8 octobre

Des couleurs très vives; je me suis réveillé avec un sentiment de frustration, de rage même.

Je suis dans un magasin de jouets, entouré de jouets d'une autre époque. J'achète une boîte de grands soldats de bois portant des manteaux rouges, mais lorsque j'arrive à la caisse, l'employé me dit qu'ils ne sont pas à vendre. Son visage est dans l'ombre, mais je vois qu'il est habillé de noir avec un col cassé. Plutôt que les soldats, il m'invite à choisir un livre sur des étagères que je n'avais pas remarquées auparavant. Un peu déçu, je prends un livre au hasard et je décide de le feuilleter. Il est rempli d'images et l'une d'elles présente une boîte de soldats de bois. Je suis contrarié, car l'homme s'est moqué de moi et n'a même pas pris la peine de me saluer.

Notes d'interprétation

Ce rêve concerne-t-il mon enfance – voulant toujours plus de jouets que ce que mes parents avaient les moyens de payer ? Pourquoi ce décor désuet à la façon d'un musée de jouets victoriens ? Cela ferait-il référence à mes grands-parents ? Ils voulaient vraiment que j'étudie et m'achetaient toujours un livre pour mon anniversaire ou Noël – qui ne me plaisait pas en général. Ce rêve me renvoie-t-il à Sarah [la femme du rêveur], qui souhaiterait que je lise plus ? Et que représentait l'employé ? Est-ce lié à mon emploi ?

Dessinez vos rêves

Même si vous n'avez aucun talent artistique, un croquis peut souvent mieux rendre l'ambiance générale d'un rêve qu'un écrit. En fait, écrire immédiatement après votre réveil nécessite une gymnastique mentale qui peut s'interposer entre vous et votre rêve. Cela dépend à quel point l'écriture est pour vous une seconde nature ou non – certains disent pouvoir esquisser un croquis sans perdre le contact avec l'expérience onirique.

- Quelques griffonnages rapides dans votre journal vous aideront à vous rappeler et à enregistrer vos songes. Cela dit, pour des représentations plus détaillées, il est utile d'avoir un cahier à dessins supplémentaire.

- Les habiletés artistiques sont inutiles dans ce type de journal : l'important, c'est que vous essayiez de rendre compte le plus sincèrement possible des émotions et de l'ambiance du rêve. Le processus même pourra à l'occasion faire surgir d'autres souvenirs oniriques.

- Gardez vos croquis les plus simples possible. Il sera préférable, par exemple, de dessiner les personnages en « bonshommes allumettes ». Souvent, leurs vêtements – plus aisés à dessiner – sont plus importants que leurs caractéristiques physiques. Vous pouvez faire de même avec les animaux. Des objets comme un arbre ou un train sont faciles à représenter. Les perspectives ne sont pas inutiles, mais les dimensions le sont – une personne pourra être plus grande qu'une autre parce qu'elle est plus importante dans votre vie. Lorsque quelqu'un parle, placez ses mots dans un phylactère de bande dessinée.

- Votre croquis ressemblera probablement à un rêve d'enfant. N'en soyez pas gêné : rappelez-vous que les plus jeunes sont plus près de leur vie intérieure inconsciente que nous ne le sommes, parce qu'ils ont été moins exposés aux interprétations culturelles.

- Vous pouvez aussi choisir de résumer votre rêve sous forme de diagramme. Placez la caractéristique la plus singulière ou importante au centre de la page et organisez les autres éléments symboliques tout autour. Utilisez des flèches pour représenter des actions ou des mouvements. Examiner le diagramme dans sa globalité peut s'avérer un excellent point de départ pour le travail d'interprétation.

Encourager l'apparition des rêves

Chacun de nous a la capacité de rêver de manière imaginative et précise. Si notre vie onirique semble stérile, plusieurs techniques nous permettront de la faire s'épanouir. En faisant quelques ajustements dans notre chambre – changer des meubles de place, modifier la température – et en ayant recours à la visualisation, nous pourrons enrichir notre vie onirique. Avec le temps – et grâce à l'autosuggestion –, nous parviendrons peut-être à guider notre inconscient vers des royaumes que nous aurons nous-même choisis.

Les circonstances dans lesquelles vous vous endormez jouent un rôle prépondérant dans l'apparition des rêves. Évitez l'alcool et tout stimulant avant de vous allonger pour la nuit. Optez plutôt pour une boisson apaisante et un environnement réconfortant – et pourquoi pas décoré de bibelots ou de photographies qui ont une signification personnelle pour vous ? Lorsque les rêves se font fuyants, modifiez cet environnement ou changez de position dans votre lit.

Les songes constituent d'abord et avant tout des expériences visuelles. C'est pourquoi, afin de profiter pleinement de leur potentiel éclairant et enrichissant, il est utile de cultiver l'art de la visualisation. Pour bien des gens, c'est redécouvrir une habileté perdue depuis l'enfance. Nous pensons percevoir le monde avec perspicacité, mais il en est souvent tout autrement : nous avons plutôt tendance à ne le voir qu'en surface et à agir en nous laissant guider par notre routine et nos automatismes.

Un bon exercice d'introduction consiste à observer fixement un objet ou un lieu sans cligner des yeux. Fermez ensuite les yeux en conservant cette image en tête. Rappelez-vous un maximum de détails et voyez comme ils persistent en votre mémoire. Si l'image se fait vague, rouvrez les yeux et faites un nouvel inventaire des détails. De nouveau, fermez les paupières et tentez l'expérience. Si vous trouvez cet exercice difficile, concentrez-vous d'abord sur une chose simple, comme une bougie allumée, avant de passer à des objets de plus en plus complexes. Entraîner notre conscience à ce type de visualisation avant le sommeil permet de mener notre inconscient à rêver de thèmes ou d'images spécifiques qui, dans notre sommeil, nous apparaîtront très nettement et durablement.

Pour faire éclore un songe en particulier, il vous faut bien choisir les « indices » que vous allez visualiser – l'architecture d'une maison, un paysage chargé de sens ou le visage d'un être aimé. Vous pouvez même placer des images ou des symboles près de votre lit. Grâce à ces indices, il vous sera peut-être possible de faire naître un rêve à propos d'une personne qui vit loin de vous – une photo ou une bague, un foulard lui appartenant ou encore un objet qui vous a réunis comme un jeu d'échecs, un appareil photo, un livre ou même un programme de théâtre.

La méditation peut également jouer un rôle important. Cultiver sa concentration et sa réceptivité en ouvrant des espaces aux messages de l'inconscient peut mener à des expériences oniriques plus enrichissantes et révélatrices, en plus de paver la voie à une meilleure mémoire des songes. Maîtriser l'art de la médiation peut même conduire à l'éclosion de rêves lucides (voir pages 55 à 64).

La méditation profonde plonge l'individu dans un état voisin de celui du sommeil. La respiration et le pouls ralentissent, la consommation d'oxygène diminue et les ondes cérébrales se font plus régulières. Ainsi débarrassé de toute stimulation, l'esprit est mûr pour laisser parler la créativité de l'imaginaire. Des images fantastiques et étranges, similaires à celles de l'état hypnagogique (voir pages 50 à 54), pourront apparaître. Au cours du sommeil paradoxal, l'esprit rêve activement alors que le corps est au repos, comme pendant la méditation. À des niveaux très élevés de spiritualité, certaines personnes vont méditer en lieu et place du sommeil.

Se libérer des contingences immédiates, voilà ce que permet, entre autres, la méditation. Si cet exercice vous est étranger, débutez par la méditation respiratoire de base. Asseyez-vous confortablement dans un fauteuil, dans une pièce silencieuse. Détendez votre corps en tendant puis en relâchant vos muscles à tour de rôle, en commençant par les orteils et en remontant petit à petit. Concentrez toute votre attention sur votre respiration et sur votre nombril, en prenant bien soin de ressentir chaque inspiration, chaque expiration. Si votre

esprit se met à errer, mettez-vous à compter « un » lorsque vous inspirez, « deux » quand vous expirez. Ne vous en faites pas si votre cerveau continue de s'égarer. En vous entraînant quotidiennement, il vous sera de plus en plus facile de contrôler votre attention.

D'autres techniques peuvent vous aider à atteindre l'état méditatif. Par exemple, répéter de façon rythmée un mot ou une phrase (mantra) qui n'a aucun lien avec vous. Ou réciter un vers d'un poème, une prière ou visualiser une image. Dans ce dernier cas, une forme géométrique comme celle d'un mandala – qui symbolise la globalité, l'universalité – sera tout indiquée. Cependant, les mandalas authentiques ont une connotation trop ésotérique pour pouvoir être utilisés par quiconque n'est pas un fervent adepte de la méditation ; ce qui ne veut pas dire que vous ne devez pas tenter de méditer sur des formes géométriques, même complexes. Et ne vous souciez pas de la symbolique : laissez votre esprit se saisir de l'image et s'y reposer, tout en gardant les yeux ouverts. Ce processus permettra à votre esprit de s'ouvrir et de se rendre réceptif au monde des rêves.

Si vous décidez de méditer sur une image qui vous est déjà apparue en songe, vous pourrez peut-être déclencher l'apparition de rêves sur sa signification profonde.

Comme nous l'avons vu dans le chapitre « De l'art de se souvenir » (voir pages 126 à 133), une des meilleures façons d'améliorer votre vie onirique est d'utiliser la visualisation créative, fondée sur l'idée que donner des formes imaginaires à nos espoirs et à nos désirs peut les aider à se réaliser. Au cours d'une séance de méditation respiratoire, imaginez que votre conscience s'extirpe de votre corps pour aller s'asseoir sur une chaise en face de vous. À partir de ce moment, visualisez-la pénétrant l'espace de votre inconscient et ouvrant les portes menant à vos rêves qui semblent désormais à votre portée. Pendant tout ce temps, c'est vous qui exercez le contrôle sur cette conscience fantôme. Il est hautement probable que ce contrôle sera assimilé de manière subliminale par votre vie onirique, ce qui vous permettra de choisir en toute conscience – et confiance – d'avoir tel ou tel rêve la nuit suivante.

Les portes de corne et d'ivoire

Les Grecs anciens croyaient que les songes significatifs émergeaient des portes de corne, alors que les plus futiles provenaient des portes d'ivoire. Avant le sommeil, le rêveur demandait à la divinité de son choix de lui envoyer des songes positifs. Vous pouvez vous adonner à un exercice similaire en utilisant les dieux grecs pour incarner vos énergies psychiques. Visualisez dans votre esprit une image des portes de corne et choisissez une divinité – Apollon, dieu des arts, ou Aphrodite, déesse de l'amour, par exemple – et demandez-lui de vous envoyer des rêves de sagesse créatrice, de paix intérieure et de bien-être.

Contacter l'inconscient

Plus vous progresserez dans l'étude des symboles et archétypes oniriques, plus votre inconscient se fera votre compagnon. Il deviendra à la fois l'objet de vos analyses et votre allié. Votre objectif consiste à le convaincre en douceur de vous permettre de profiter de ses perceptions à travers les songes les plus riches et les plus révélateurs.

Vous devez cependant ne jamais oublier qu'il dispose de ses propres modes de fonctionnement, qui diffèrent notablement de ceux de la conscience, laquelle fait en général preuve de logique, de rationalité et de linéarité. La conscience cherche à comprendre les relations et les schèmes de pensée, se développe dans la constance, aime ce qui est prévisible, réfléchit en grande partie avec les mots et est à même de tester ses connaissances à tout moment. L'inconscient, au contraire, suit beaucoup moins de règles. Il a tendance à se montrer obstiné, têtu et fonctionne de façon contradictoire et imprévisible. Parfois, il refuse de coopérer : nous connaissons tous la manière dont notre conscience enterre parfois une angoisse pendant que nos émotions provenant de l'inconscient continuent de nous tarauder.

Il serait ridicule d'espérer que notre inconscient se manifeste à nous sur un mode conformiste.

Même après une longue période de travail acharné, il peut refuser de nous livrer une quelconque perception et même le moindre rêve, pour plus tard nous récompenser au moment où nous nous y attendons le moins. La patience est donc de mise; il faut éviter de croire que l'inconscient va travailler à notre convenance.

Par contre, tout comme la conscience, l'inconscient est sensible aux éloges. Apprivoisez-le en lui répétant à quel point vous le tenez en haute estime. Remerciez-le chaudement pour les rêves qu'il vous envoie et aussi chaque fois que vous constatez une amélioration dans votre vie onirique. Demandez-lui quelle forme d'aide supplémentaire vous pouvez lui accorder et attendez ses réponses dans le silence.

Ce processus n'a rien de fantaisiste. Au contraire, il pourra vous aider à vous percevoir comme formant un tout, en plus de vous apporter toute une gamme de bénéfices psychologiques et d'améliorer votre vie de rêveur.

La simplicité et la répétition constituent vos meilleures armes pour approcher l'inconscient. Donnez-lui des instructions claires et sans ambiguïté comme « je vais me rappeler mes songes », « je vais rêver que je change de carrière » ou même «je vais rêver que je vole ». Répétez ces phrases aussi souvent que possible.

Le soir venu, écoutez la musique qui vous semble la plus appropriée à l'état d'esprit dans lequel vous souhaitez voir votre rêve se dérouler; lisez des poèmes romantiques ou mystiques, visualisez-en les symboles et réfléchissez à leurs puissantes métaphores. Observez la manière dont

Provoquer les rêves créateurs

De nombreux écrivains, peintres et musiciens puisent leur inspiration dans leur vie onirique, un processus donc probablement enrichissant sur le plan personnel. L'excitation créée par un rêve qui « désire » devenir œuvre offre à l'inconscient un sentiment de plénitude, comme s'il venait de se voir donner un nouveau terrain de jeu vers lequel il cherchera inévitablement à retourner.

La pratique du rêve chamanique

Les chamans provoquent leurs songes afin d'obtenir d'importantes perceptions venues du monde des esprits, qu'ils utiliseront ensuite pour soigner, guider les chasseurs vers leur proie et en savoir plus sur la destinée de leur tribu. Dans leurs tentes, leurs huttes ou simplement à l'extérieur, ils s'adonnent à certains rituels pour faciliter leur transport dans un autre monde. Mettre au point votre propre rituel onirique néochamanique est une bonne manière d'approfondir la relation que vous entretenez avec votre inconscient.

- Faire brûler de l'encens constitue un moyen sûr, naturel et agréable de créer une fumée sans danger qui favorise la créativité. Une fois le bâton allumé, tenez-le dans votre main et promenez-le alternativement entre les quatre points cardinaux, dont chacun représente un élément : liez l'est à l'air, le sud au feu, l'ouest à l'eau et le nord à la terre. Pointez ensuite le bâton vers le ciel – dans la coutume chamanique, il représente le père –, puis vers le sol – qui incarne la mère.
- Recourez à votre visualisation personnelle et à vos propres mots pour accompagner chacun de ces mouvements en demandant aux rêves d'émerger de tous ces points.

votre esprit apprend à assimiler les impressions. Résistez surtout à la tentation de les ramener à un niveau de pensée rationnelle et linéaire en les mettant en mots.

L'observation des thèmes archétypaux en littérature, comme l'histoire du désir décrit par John Keats dans son poème *La Belle Dame sans merci*, peut profiter à votre vie onirique.

Le fait de considérer l'inconscient comme la source de votre vie psychologique pourra aussi s'avérer bénéfique. La conscience devient alors une couche qui filtre l'inconscient au fil de l'apprentissage et de l'expérience. Plus notre esprit se fait rigide et inflexible, plus il empêche les forces de l'inconscient d'affleurer à notre conscience.

Vous pouvez également entraîner toutes les zones de votre esprit à fonctionner à l'unisson en utilisant une simple métaphore visuelle. Voyez votre conscience comme un être sage, le gardien puritain qui tient close la porte par laquelle l'inconscient tente en vain d'entrer. Imaginez alors votre conscience ouvrant cette porte et accueillant fraternellement l'inconscient. Observez comment ces deux parties admettent avoir beaucoup à apprendre l'une de l'autre. Convainquez-vous qu'elles travailleront désormais en harmonie.

L'inspiration issue des songes peut nous aider à accomplir une tâche essentielle de la créativité :

jouer avec nos idées, les bousculer et les réarranger jusqu'à ce qu'elles prennent un sens global et cohérent.

Rêves en vue : une parabole

Imaginez-vous vous rendant dans un théâtre où l'on vous assigne un fauteuil loin de la scène et derrière une colonne. Votre vue est donc limitée et vous ne pouvez saisir que des fragments de l'action, ce qui vous empêche de comprendre le sens de la pièce. La semaine suivante, vous retournez au même théâtre voir une autre pièce. Vous occupez le même fauteuil et votre perception est faussée de la même manière. Vous tentez l'expérience une troisième fois – vous n'avez peut-être pas eu de chance les deux autres soirs –, mais votre soirée est encore gâchée pour la même raison. La tentation est grande de ne plus jamais vous rendre dans ce théâtre. Les autres spectateurs, par contre, avaient une meilleure vue de la scène que vous et insistent sur la qualité des représentations auxquelles ils ont assisté. Si vous avez assimilé les conseils de ce chapitre et les mettez en pratique, soyez certain que vous disposerez du meilleur des fauteuils dans le théâtre du sommeil. Vous voici prêt à partir à la découverte de vous-même.

Dissoudre le mur mental

Pendant le sommeil, le rêveur en vous voyage sans peine dans les méandres de l'inconscient. Le type de visualisation depuis longtemps éprouvé, décrit ci-dessous et utilisé à la fois dans les traditions occidentales et orientales, est conçu pour ouvrir notre conscience à la créativité sans entrave du monde onirique.

1. Imaginez-vous regardant par la fenêtre d'une tour en pierre. Deux sortes de terrains séparés entre eux par un mur de pierre vous apparaissent. Le premier incarne le domaine familier du quotidien. L'autre représente le monde des rêves, un lieu où les lois de la nature et de la logique sont suspendues.

2. Imaginez maintenant qu'avec la seule force de votre esprit, vous créez une brèche dans le mur – comme si un ouragan l'avait abattu. Par ce trou s'échappent des atomes et des molécules du paysage des rêves pour se retrouver dans celui du quotidien, telle une invasion des énergies oniriques.

3. Imaginez que le mur se dissout. Vous apercevez désormais un paysage débordant de merveilles et de surprises. Vous vivez toujours dans votre tour, mais vous avez un beau paysage devant vous.

Le partage des rêves

Un songe constitue une expérience très personnelle et il faut une certaine audace pour discuter de ce qu'il peut symboliser avec quelqu'un d'autre. Le jeu en vaut cependant la chandelle. Travailler l'interprétation avec un autre peut – par la simple présence de cet interlocuteur – provoquer l'apparition de perceptions surprenantes. Et si la personne est douée, elle pourrait même favoriser l'émergence en terre consciente d'importantes révélations.

Il nous est tous arrivé à l'occasion de décrire un de nos rêves à une autre personne, que ce soit pour choquer, pour divertir ou, parfois, pour obtenir une perspective nouvelle sur le sens à lui donner ou pour confirmer notre interprétation. Ce partage avec autrui peut avoir une autre utilité : nous aider, en racontant un songe, à réellement comprendre ce qui s'y est passé. De fait, en nous donnant la tâche de décrire notre rêve, nous sommes forcé de le revivre aussi précisément que possible.

Toujours grâce à ce partage, nous pouvons en venir à ouvrir tout un monde de perceptions insoupçonnées concernant notre vie intérieure, simplement en nous écoutant « traduire » le rêve en mots. La confrontation entre nos propres réflexions sur sa signification et celles de l'autre peut nous conduire sur des routes imprévisibles à mesure que la discussion évolue. Mieux vaut avoir ces dialogues aussi rapidement que possible après le réveil afin de ressentir encore des sensations et des états d'esprit précis et profonds. Prenez l'habitude de considérer vos rêves comme de récentes informations fraîchement sorties des presses de l'imaginaire – comme ce que vous avez fait la soirée précédente, en plus personnel.

Lorsqu'un de vos proches vous raconte un rêve, n'oubliez jamais qu'il expose peut-être une sensibilité profonde. Même si le rêve vous est livré sur un ton ludique, le mobile véritable est probablement d'ouvrir un dialogue intime ou de vous demander conseil à propos d'un sujet troublant. Inversement, si c'est vous le narrateur, ne déguisez pas la discussion en blague si ce que vous cherchez réellement est une réaction sensible et réfléchie.

Vos songes constituent une partie profondément personnelle de votre vie; il vaut mieux y penser à deux fois avant de les raconter au premier venu. Observant que ses patients « corrigeaient » leurs rêves dans le cadre d'une psychanalyse, Sigmund Freud a baptisé ce processus « l'élaboration secondaire ». Il faisait là référence à la tendance de tout rêveur à corriger ses songes afin de les rendre plus cohérents, en tâchant de soumettre à des règles fallacieuses les épanchements de l'inconscient.

Faites le vœu mutuel d'être aussi honnête que possible avec la personne que vous aurez choisie pour partager vos rêves. Dites clairement que vous allez présenter le rêve dans son désordre intégral, sans arrondir les coins. Empêchez votre conscience de tenter de construire des ponts entre des failles en apparence sans logique.

Commencez par raconter le songe en n'omettant aucun détail encore perceptible. Partagez ensuite vos réactions émotives face au rêve et à son contexte. Vous y êtes-vous comporté comme dans le quotidien ? Si le songe n'a pas eu de conclusion, comment auriez-vous souhaité qu'il prenne fin ? S'il s'est montré non satisfaisant d'une manière ou d'une autre, quelles améliorations auriez-vous souhaité y apporter ? Vous pouvez alors vous lancer dans la création d'associations directes à partir des images et des actions marquantes, et déboucher sur un dialogue permettant d'en comprendre la signification globale.

Lorsque vous êtes à l'écoute d'un autre, votre tâche consiste d'abord à tenter d'aider la personne à ne rien oublier. Utilisez pour ce faire des questions ouvertes telles que « comment te sentais-tu face à ce personnage ou cet événement ? » ou « comment aurais-tu aimé que le rêve se termine ? » afin de l'aider à en saisir les possibles interprétations. Vous pouvez également suggérer des pistes, mais faites-le toujours sous une forme interrogative. Par exemple : « Cela me fait penser à telle ou telle chose, qu'en penses-tu ? » N'oubliez jamais qu'il s'agit de *son* rêve et qu'en bout de ligne, seule cette personne pourra l'interpréter.

Les rencontres oniriques

L'idée d'organiser une rencontre onirique entre vous et un ami peut vous sembler fantaisiste ou surréaliste. Cela dit, une personne dotée d'une profonde conscience de soi et d'un grand contrôle mental devrait pouvoir s'y adonner – si tant est qu'elle est prête à y consacrer les efforts voulus.

Organiser une rencontre onirique avec un ami et partager le même songe est une excellente manière de tester notre capacité à contrôler nos songes. Cela peut vous paraître impossible et pourtant, deux personnes très proches peuvent faire l'expérience de rêves hautement similaires – peut-être parce qu'elles partagent nombre de moments au quotidien qui vont nourrir l'esprit onirique. Parfois, le contenu d'un rêve partagé peut être inattendu, mais il peut être corroboré par la similitude de certains détails.

Des sociétés ésotériques en Occident et les traditions spirituelles orientales encouragent fortement leurs adeptes à partager leurs rêves comme un moyen de découverte de soi. Le corps du rêveur semble errer en général sans direction ni but précis, ce qui ne veut pas dire que cette errance est inévitable. Afin de maîtriser plus efficacement notre corps dans un rêve, il est nécessaire de lui assigner des tâches, comme celle de rencontrer un ami.

Le chercheur et écrivain britannique Oliver Fox a convenu avec deux de ses amis de se rencontrer en rêve dans le pré d'un village voisin. La nuit suivante, il a rencontré seulement l'un d'eux. Le lendemain, l'ami présent en rêve a décrit un songe similaire tandis que l'ami absent ne se rappelait même pas avoir rêvé.

Encore une fois, montrez-vous persévérant si vous avez le désir de partager un rêve. Les premières tentatives seront peut-être vaines, mais lorsque vous réussirez, vous verrez comme il sera fascinant de discuter des différences et des similitudes entre vos deux vécus oniriques.

Règles pour une rencontre onirique

Choisissez un partenaire proche de vous qui souhaite tenter l'expérience et qui croit possible sa réussite. Plus les personnes sont fortement liées entre elles sur le plan émotif, plus elles auront de chances de réussir.

1. Prenez du temps pour planifier et préparer votre rencontre onirique. Faites-le environ une semaine à l'avance afin de permettre à votre inconscient de s'habituer à l'idée, dans l'espoir qu'il tienne le projet pour acquis.

2. Décidez ensemble du lieu où se tiendra la rencontre, un lieu plaisant mais qui n'a que très peu de connotations émotionnelles pour vous et votre partenaire. Prenez le temps de vous écouter, de vous parler de l'endroit, des souvenirs qui y sont rattachés et de ressentir une harmonie entre vous. Ces discussions pourront avoir lieu en tête-à-tête ou au téléphone.

3. Lorsque vous vous sentez prêts, visualisez ensemble le lieu. Décrivez-le à tour de rôle. Pénétrez de manière imaginaire dans le décor, garnissez-le de détails en partageant ce que vous voyez. Mieux vaut réaliser cette étape dans le cadre d'un tête-à-tête détendu.

4. Une fois ces étapes accomplies à quelques reprises, convenez avec grande confiance de vous rencontrer au lieu dit à une heure précise. Détaillez au maximum votre plan et répétez-le intérieurement aussi souvent que possible, particulièrement avant de vous endormir. Si votre partenaire partage votre lit, il est important de vous blottir contre lui et de lui dire : « À tout de suite » et « Bonne nuit ». Si ce n'est pas le cas, transmettez-lui le même message au téléphone tard en soirée.

5. Au matin suivant, racontez-vous vos rêves le plus tôt possible. Comparez-les et soyez à l'affût de toute similitude.

6. Soyez patient et préparez-vous à tenter la chose plusieurs fois. Le défaitisme et le scepticisme seront vos pires ennemis.

L'art de l'interprétation

Le répertoire de symboles contenu dans ce livre (voir pages 158 à 447) est conçu comme un vaste outil pour interpréter les rêves. Avant de l'utiliser, lisez ce chapitre à propos des principes de base de l'interprétation. Aucune règle n'est inflexible, mais il contient des approches qui ont fait leurs preuves chez beaucoup.

« Lorsque lues correctement, les images [oniriques] nous disent ce que nous sommes et non pas ce que nous pensons être. Elles nous parlent de l'impact réel que nous avons sur les autres, pas de celui que nous souhaiterions avoir. »

Montague Ullman

Les songes constituent un dialogue entre les niveaux inconscient et conscient de notre esprit – des niveaux qui parlent des langues différentes. Même si notre conscience pense qu'elle comprend ce que lui dit l'inconscient par les rêves, elle peut – tel un traducteur naïf et inexpérimenté – en fausser complètement le sens.

Bien que le langage des rêves nous apparaisse d'une certaine manière cohérent, nous avons chacun nos particularités, qui rendent inutile l'utilisation de dictionnaires des rêves dogmatiques qui assignent des significations spécifiques aux expériences oniriques sans explorer aucune signification de rechange. Les rêves émanant de l'inconscient personnel (niveau 2) sont particulièrement enclins à utiliser des images et associations liées à la vie personnelle du rêveur et à la subjectivité de son monde intérieur.

Une interprétation réussie de vos songes, qui permettra de dévoiler le sens profond du message envoyé, s'appuiera sur des techniques de base et une étude approfondie de vos rêves. D'autres pourront émettre des suggestions, mais vous êtes seul à pouvoir faire l'expérience de votre moi profond, donc à pouvoir interpréter l'information que vous transmet votre inconscient.

La meilleure façon d'interpréter vos rêves consiste à analyser dans votre journal des songes personnel les thèmes récurrents. Que votre analyse se concentre sur ces thèmes ou sur de puissants rêves en particulier, commencez par en séparer le contenu en différentes catégories : le décor, les objets, les personnages, les événements, les couleurs et les émotions. Ne vous montrez pas trop rigoureux dans ce processus : les catégories peuvent se chevaucher et les souvenirs eux-mêmes peuvent être vagues ou confus. Essayez simplement de ne pas omettre des détails qui vous apparaissent insignifiants ; ils peuvent se révéler à terme comme les plus porteurs de sens.

Commencez par choisir quelque chose dans la catégorie qui vous semble la plus pertinente. Ayez recours à la méthode jungienne d'associations directes. Écrivez le nom de cette chose au centre d'une feuille de papier vierge ou dans votre carnet et conservez-la à l'esprit en

notant toutes les images que vous lui associez et qui vous viennent en tête. Retournez sans cesse à cette chose. Assurez-vous que toute association est spécifique : si le rêve contenait une voiture rouge, il se pourrait que sa couleur soit symboliquement plus importante que tout le reste. Lorsque la source des associations se tarit, placez la feuille de côté, passez au symbole suivant et ainsi de suite jusqu'à ce que toutes les catégories souhaitées aient été couvertes.

Jung estimait que travailler avec les associations directes est plus facile si le rêveur fait comme s'il décrivait chaque élément à une personne qui n'a jamais rien vu de tel. Il disait également être en mesure d'expliquer les associations directes en les liant à toute réaction originelle du rêveur en réponse à l'image en songe.

Si peu d'associations émergent des éléments principaux du rêve, celui-ci est peut-être de niveau 1, n'ayant que bien peu de signification symbolique et ne servant au rêveur que de rappel de la signification

Petites astuces pour l'interprétation des songes

La liste des recommandations ci-dessous n'a rien d'exhaustif et se veut une série de points à observer et d'astuces pour favoriser une interprétation onirique réussie. Appliquez-les si vous êtes débutant ou pour vous libérer des blocages imaginaires qui ne manqueront pas d'apparaître même chez les analystes les plus chevronnés.

Les ressemblances

Si le sens d'un symbole vous échappe, demandez-vous ce à quoi il ressemble le plus. L'exemple par excellence est l'interprétation freudienne du crayon vu comme un pénis et du tunnel comme un vagin. Remarquez à quel point la symbolique du crayon est adroite – ce qui est typique des associations conçues par l'inconscient. Sa forme est appropriée à cette association, mais il contient aussi une mine – une substance créative qui est utilisée lorsque le crayon rencontre une feuille de papier (mâle et femelle). Le tunnel offre lui aussi deux ressemblances importantes : il a la forme d'un vagin et accepte l'entrée d'un visiteur déterminé, le train (pénis). Gardez à l'esprit que les ressemblances oniriques ne sont pas toujours d'ordre sexuel. Le globe terrestre rappelle un ballon de plage ; un ruban, une route ; un cerf-volant, un oiseau.

Les jeux de mots

La plupart de nos activités cognitives impliquent la présence de mots. Il n'est donc pas surprenant de voir apparaître le langage dans les rêves, même si son rôle peut être déguisé. Vous pouvez apercevoir un frêne dans l'un de vos songes, mais il est possible qu'il réfère au verbe « freiner » – particulièrement si vous vous rappelez avoir entendu quelqu'un le prononcer à votre sujet. Lorsqu'un mot vous apparaît, considérez ses différents sens ou prenez-le syllabe par syllabe. Pierre est un prénom mais aussi une roche. Le monde onirique aime les jeux de mots.

Fonction / fonctionnement

Lorsqu'un objet apparaît, considérez sa fonction et son fonctionnement de toutes les manières possibles. Par exemple, une paire de ciseaux possède une charnière et les lames sont toujours unies, ce qui peut évoquer l'équilibre ou l'inséparabilité.

particulière de certains événements de sa vie. Au mieux, il pourra offrir des pistes de solutions à certains problèmes qui tourmentent le rêveur dans sa vie consciente.

Si le songe a une résonance plus profonde aux yeux du rêveur, il est probable qu'il soit un rêve de niveau 2 et qu'il utilise le symbolisme. C'est à ce moment que l'interprétation devient réellement intéressante, puisque nous avons ici affaire à l'inconscient distillant de profonds messages.

Lorsque l'association directe préconisée par Jung se montre impuissante à décoder le songe, celle, libre, défendue par Freud, peut s'avérer utile en permettant à l'esprit du rêveur de suivre toute une chaîne d'images ou de pensées induites par l'image originale, une idée succédant spontanément à une autre. Selon Jung, cette technique conduit le rêveur trop loin du rêve, mais elle permet parfois de révéler certains souvenirs, désirs ou émotions refoulés que l'association directe ne permet pas d'atteindre.

Si un songe vous semble revêtir une mystérieuse importance, n'hésitez pas à effectuer une recherche parmi les symboles archétypaux (voir pages 103 à 107) qui, s'ils sont présents, signifient que vous avez fait un rêve de niveau 3. Pour ces « grands » rêves, Jung suggérait de recourir à l'amplification (voir page 108) pour faire jaillir le sens, ce qui exige de tisser des liens entre les symboles apparus dans le rêve et les archétypes de la mythologie et du folklore.

Jung soutenait que l'analyste ne doit jamais imposer une interprétation du songe de son sujet : le sens ne sera dévoilé que s'il parvient à conduire le rêveur à identifier lui-même les perceptions – bienvenues ou non – qui lui paraissent véridiques. Les interprétations devraient toujours « jouer » pour le rêveur et de nouveau « mettre en scène » son existence.

Résoudre les problèmes

Nous pensons habituellement que la logique et la raison sont tout indiquées dans la résolution d'une énigme. L'expérience nous enseigne cependant qu'une percée capitale dans notre façon de penser peut parfois nous arriver de nulle part, comme tombée du ciel. Les songes peuvent offrir des solutions insoupçonnées à un grand nombre de questions.

La locution « dormir sur un problème » est bien connue. Notre moi a beau être inactif durant le sommeil, d'autres parties de notre cerveau fonctionnent à plein régime, traitant de l'information, emmagasinant des souvenirs et, parfois, parvenant à dénouer les pires nœuds intellectuels, émotifs ou moraux. Débarrassé des conventions de la conscience, l'inconscient a toute latitude pour emprunter une approche non orthodoxe qui peut faire apparaître *la* solution que nous cherchions.

Parfois, les réponses nous sont offertes par le rêve lui-même. Un exemple célèbre à ce titre est celui du chimiste allemand Friedrich Kekulé, à qui la découverte capitale, en 1961, de la structure moléculaire du benzène est venue en songe. Accablé de fatigue alors qu'il travaillait, il s'est endormi et a rêvé de molécules dansant devant ses yeux, formant des motifs pour finalement se lier comme le serpent se mord la queue dans une représentation onirique de cette dite structure.

Afin d'obtenir une preuve de la capacité des rêves de résoudre des problèmes, visualisez une anagramme non décodée ou un problème mathématique juste avant le sommeil. Demander à l'esprit de travailler sur ce casse-tête au moment de s'endormir pourra souvent stimuler l'apparition d'une réponse onirique.

La solution pourra aussi être aperçue directement sans être filtrée par le symbolisme. Après plusieurs vaines tentatives de classer les éléments en fonction de leur masse atomique, le chimiste russe Dmitri Mendeleïev en rêva les valeurs respectives pour

se rendre compte par la suite qu'elles étaient toutes justes sauf une. Cette découverte mena à la publication de son tableau périodique en 1869.

Lorsque les songes présentent des solutions symboliques plutôt que littérales, l'interprétation peut s'avérer complexe. Le scientifique Niels Bohr identifia le modèle de l'atome d'hydrogène à la suite d'un rêve dans lequel il se trouvait debout sur le soleil, les planètes étant attachées à sa surface par de minces fils et tournoyant au-dessus de sa tête. Les solutions numériques en particulier peuvent être transmises de manière symbolique, peut-être par l'utilisation d'associations logées au plus profond de l'inconscient personnel. Le chiffre 3, par exemple, pourra être représenté par un vieux tabouret à trois pattes, un souvenir d'enfance du rêveur.

L'une des plus étonnantes découvertes oniriques fut sans aucun doute celle faite par le professeur H. V. Hilprecht, à l'Université de Pennsylvanie. En 1893, il tentait de déchiffrer des inscriptions sur deux fragments d'agate. Ils avaient été extraits des ruines d'un temple de la ville de Nippur, en Irak. Hilprecht pensait qu'ils provenaient de bagues datant de 1300 av. J.-C. Découragé par ses échecs, le professeur rêva qu'un prêtre de l'ancienne Babylone lui était apparu pour l'informer d'une foule de détails concernant ces fragments, lui expliquant qu'ils n'étaient pas fixés à des bagues mais faisaient partie d'un cylindre que ses collègues avaient découpé afin de confectionner des boucles d'oreille pour une statue. Le prêtre ajouta que s'ils étaient unis de nouveau, il serait aisé de lire l'inscription originale. Hilprecht s'éveilla, vérifia la véracité de son rêve et obtint la preuve ultime lorsqu'il examina les fragments dans un musée d'Istanbul.

Les songes sont aussi d'une grande aide face à des problèmes personnels et intellectuels. Il vous faut garder en tête le problème avant de vous coucher, vous sentir détendu et penser que la solution vous sera transmise durant la nuit : votre esprit endormi fera tout le travail et la réponse vous sera peut-être livrée au matin sous une forme littérale ou camouflée au sein d'un rêve. Au réveil, il se peut simplement que vous « connaissiez » la solution. Si ce n'est pas le cas, fouillez vos souvenirs oniriques à sa recherche en vous demandant où elle apparaît de manière symbolique ou sous la forme d'un calembour visuel ou verbal, ce qui nécessitera de pousser plus avant l'interprétation.

Nous avons vu déjà que travailler avec les rêves et leur symbolisme sur une longue période peut nous permettre d'atteindre des niveaux supérieurs de conscience de soi. Plusieurs des fantômes qui nous hantent peuvent être éliminés sous l'éclairage de la compréhension de soi, et c'est la raison pour laquelle un psychanalyste passera autant de temps à nous aider à creuser dans nos expériences passées. En mettant au jour nos angoisses, nous pouvons nous libérer de leur puissance – ou à tout le moins faire que leurs effets néfastes soient considérablement réduits.

Ces angoisses sont les plus profondes – les problèmes chroniques de notre existence. Souvent, nous ne prenons guère le temps d'y réfléchir consciemment et c'est précisément pourquoi elles sont aussi dangereuses au niveau inconscient pour notre bien-être. Par contre, nombre d'angoisses plus spécifiques et temporaires sont très présentes à notre conscience et nous pouvons passer des heures à les ressasser. Les problèmes en rapport avec l'école de nos enfants, notre équilibre travail-famille, notre prospérité financière et même nos projets de vacances tombent dans cette catégorie. Nos soucis tournent souvent autour d'un dilemme : des arguments favorables aux deux côtés de la médaille coexistent et nous ne parvenons pas à trancher.

De la même manière que nos rêves peuvent apporter des réponses « tombées du ciel » aux énigmes intellectuelles, ils peuvent aussi nous éclairer sur la bonne route à suivre pour résoudre un problème spécifique. Vous trouverez ci-contre quelques astuces pour utiliser le songe comme un sage de bon conseil.

L'oracle des rêves tombés du ciel : le conseiller de votre vie intérieure

Soumettre vos problèmes personnels à la sagesse cachée des rêves vaut la peine d'être tenté. Recherchez par tous les moyens des réponses rapides. Si vous ne les trouvez pas, interprétez le rêve en le considérant comme une étape supplémentaire dans le travail d'exploration de soi que vous avez entamé.

Cernez la question
Exprimez le dilemme le plus clairement possible. Notez-le et jouez avec les mots jusqu'à ce qu'ils vous semblent justes. Essayez ensuite de le convertir en langage symbolique. Ainsi, si vous hésitez entre faire un voyage ou demeurer à la maison (un exemple simple), imaginez un train et un foyer.

Explorez les associations
Durant la journée, réfléchissez à toutes les implications possibles de l'un ou l'autre des choix – tout ce que représentent le foyer et le train à vos yeux. Ne faites cependant pas cet exercice quelques instants avant de vous mettre au lit – cela troublerait votre sommeil et brouillerait toute possibilité de réponse de l'inconscient. En fait, il est même préférable de se livrer à cette étape quelques jours avant de soumettre votre problème à vos songes.

Visualisez la question
Avant de vous endormir, conservez ces deux images en tête et demandez à votre inconscient s'il peut se montrer suffisamment aimable pour vous donner son opinion à ce sujet. Pensez à ces images l'esprit détendu, sans émotion, juste avant de vous mettre au lit ou en attendant le sommeil. Ne pensez pas à votre problème, concentrez-vous seulement sur les images que vous avez choisies pour l'incarner.

Le matin suivant
Lorsque vous vous réveillez, rappelez-vous tout rêve que vous auriez pu faire. Avant de vous livrer à leur interprétation, demandez-vous si une réponse vous a été fournie. L'une de vos images vous est-elle apparue ? Et si oui, votre songe vous incitait-il à l'éviter ou à l'accueillir ? Si les deux étaient présentes, quelle relation entretenaient-elles entre elles ? Si aucune ne vous est apparue, votre rêve a-t-il choisi d'utiliser son propre langage pour vous répondre ?

Gérer les cauchemars

Les mauvais rêves sont une forme d'obsession – le fantôme d'une peur ou d'un traumatisme hantant notre sommeil, faisant naître la terreur et dont les séquelles nous suivent bien après l'éveil. Les cauchemars occasionnels ne devraient pas nous inquiéter, mais ceux qui se répètent nécessitent un travail sérieux qui débute par une analyse des symboles.

Autrefois, les cauchemars étaient vus comme des visites nocturnes des démons : la Mara était une créature monstrueuse descendant dans les âmes endormies pour assouvir ses désirs. Aujourd'hui, la vision la plus commune que nous avons d'eux est qu'ils nous obligent à affronter des événements, des actions ou des réactions qui nous mettent en colère dans la vie de tous les jours.

Les traumatismes vécus durant un cauchemar nous apparaissent terriblement réels. On peut être enfermé et confronté à un meurtrier ou à un animal féroce ; être incapable de sauver un proche d'un danger ; ou même être celui qui commet un acte violent. Ces scénarios amènent notre esprit à vivre en rêve des émotions que nous combattons

ou avons supprimées de notre quotidien. Ils nous permettent d'évacuer les peurs et les frustrations directement et d'une manière qui se révélerait impossible ou du moins difficile au quotidien en raison de la pression sociale.

Lorsqu'un cauchemar apparaît, notre rythme cardiaque et respiratoire peut doubler. Placé face à un grave danger, le rêveur a tendance à se réveiller en utilisant sa conscience comme un moyen de fuir. Souvent, le cauchemar demeure présent à l'esprit et le rêveur reste troublé. Les mauvais rêves peuvent même nous traquer – revenant nuit après nuit jusqu'à nous faire craindre le sommeil ou nous cantonner dans un état hypnagogique, en marge du sommeil.

Cauchemars : une solution rapide

L'angoisse face aux cauchemars peut s'avérer favorable : si nous avons peur de croiser de nouveau un monstre ou de retourner chez le dentiste, nous investissons du temps dans la visualisation – la même qui, dans un contexte positif, est un indice onirique efficace. La réponse à ce problème consiste à ne pas essayer de contrecarrer ce syndrome (en imaginant un paysage paisible avant de dormir, par exemple) ; nous devons accepter que l'image cauchemardesque puisse réapparaître et trouver un moyen de la rendre moins terrifiante le cas échéant.

Métamorphoser le monstre par la visualisation juste avant le sommeil est une des clés de la réussite. Représentez-vous la créature avec précision et dotez-la d'une puissance supérieure de sagesse ou éclairante. Vous pourrez aussi visualiser la sagesse sous une forme humaine, un soutien onirique – que vous ferez apparaître consciemment dans vos songes. Par exemple, représentez-vous Persée, le héros grec qui sauva la vierge Andromède d'un horrible serpent de mer.

Dans certains cauchemars, l'ennemi est invisible, mais vous pourrez bénéficier de cet allié dans vos rêves, qui vous signifiera que la menace n'est pas réelle.

LA SYMBOLIQUE : *les clés*

Les rêves constituent un dialogue intérieur entre l'inconscient et notre conscience. Ils utilisent pour cela un langage symbolique. À la fois auteurs et acteurs de nos songes, nous sommes les mieux placés pour en comprendre le sens. N'oubliez jamais que les interprétations contenues dans ce livre ou offertes par quiconque ne sont valables que si le rêveur lui-même les considère comme authentiques.

Les thèmes

Chacun de nos rêves est pertinent pour nous et nos relations. Nous possédons une personnalité propre durant le jour ; il en est de même dans nos songes et ces aspects de nous-même peuvent être identifiés grâce à l'interprétation des rêves. Cela dit, après avoir collecté et comparé les différentes expériences de multiples rêveurs, il nous est possible dans une large mesure de reconnaître les songes les plus souvent constatés et les événements et actions qu'ils comportent en général. Ces rêves les plus communs semblent émaner de nos préoccupations courantes, la devise universelle de nos rêves.

Identité et destin

Craindre de perdre le contrôle de votre vie peut faire naître des rêves où vous vous retrouvez coincé au milieu d'une brume collante, ou errant dans un décor dénué de vos repères habituels. Si votre parcours onirique est saturé d'anxiété, peut-être n'êtes-vous pas prêt à quitter les confins sécuritaires de votre conscience ; il vous faudra alors emmagasiner plus d'informations avant d'approcher votre moi véritable. Lutter pour trouver une porte de sortie peut vous laisser encore plus désorienté – exemple d'un rêve qui utilise une métaphore évidente. Par contre, si la voie suivie dans le rêve s'éclaircit toujours un peu plus et que vous envisagez l'atteinte du but fixé, sans doute est-il temps pour vous de suivre une nouvelle direction.

Un graphique ou une carte constituent les symboles par excellence d'un sens à suivre sûr et prévisible ; s'ils s'avèrent inintelligibles par contre, la perte « géographique » de votre position sera suivie d'un sentiment de frustration ou de panique. En songe, une carte peut représenter la connaissance de soi, et l'incapacité à la décoder vous alerte du danger de devenir un territoire inconnu de vous-même.

Avoir peur de perdre son identité peut faire émerger des rêves où vous n'arrivez pas à vous rappeler votre nom ou à présenter des pièces d'identité. Une des patientes de Freud souffrant d'une grave crise identitaire rêva qu'un policier l'avait arrêtée alors qu'elle déambulait et lui demanda de lui fournir une pièce d'identité. Lorsqu'elle lui remit, elle fut horrifiée de constater que sa photo y figurait bien, mais qu'en lieu et place de son nom, on pouvait lire le mot « Hystérie ».

Se perdre

La présence d'un labyrinthe dans un rêve réfère à la descente du sujet vers son inconscient. Cela peut représenter les mécanismes complexes de défense utilisés par le moi conscient visant à empêcher les désirs et souhaits inconscients de faire surface. Perdu au milieu d'un dédale d'arbres ou de roseaux gigantesques, vous pourrez avoir l'impression que votre avancée est rendue impossible par des obstacles insurmontables. Tout comme dans le conte d'*Hansel et Gretel*, ce sentiment peut évoquer un besoin profond du confort maternel.

Perte de contrôle

L'angoisse, dans la vie éveillée, de perdre toute orientation peut prendre la forme de rêves où vous perdrez le contrôle d'une voiture ou d'un train. De la même manière, la crainte de perdre son identité personnelle peut conduire le rêveur à une course désespérée pour retrouver son chemin dans une ville étrangère.

Masques et déguisements

Ils incarnent la façon dont nous nous présentons au monde extérieur. Lorsque le rêveur est

incapable de retirer son masque ou que d'autres l'obligent à le porter, cela signifie que le véritable moi devient de plus en plus obscur. Le port d'un voile sur la tête indique la volonté du rêveur de devenir invisible – un désir introverti de disparaître du monde extérieur.

Déformations

Se regarder dans un miroir et y voir apparaître le visage d'un autre constitue l'image onirique classique d'une crise d'identité – l'impression soudaine de ne plus savoir qui vous êtes. Le visage qui apparaît peut donner des indices sur la nature de la crise. Des yeux fermés signifient souvent un désir de ne pas affronter la réalité.

Dérapages

Un radeau à la dérive peut être alarmant en ce qu'il signifie une peur de perdre son orientation et le contrôle de sa vie. D'un autre côté, comme l'affirma autrefois le rabbin Nahman de Bratslav, ne pas savoir où l'on va peut devenir le meilleur moyen de se trouver.

Un radeau peut également être une image positive représentant un moyen de survie et la prise de conscience que vous êtes capable de naviguer sur les eaux troubles plutôt que d'y être submergé.

Changement et transition

Les bouleversements psychologiques et émotifs suivant un profond changement dans notre existence sont souvent ignorés par notre conscience. L'inconscient, par contre, a tendance à les prendre en compte. Certains psychiatres affirment aujourd'hui que dans les deux ans suivant des événements majeurs – même positifs, comme le mariage ou une promotion –, nous sommes davantage sujet à des troubles psychologiques et à des maladies, symptômes de notre trouble.

Si, inconsciemment, vous êtes anxieux et ressentez de l'insécurité face à un changement, vos rêves pourront être faits d'images réconfortantes se rapportant à votre vie plus tranquille d'avant ou à votre environnement familial d'antan. À l'inverse, votre esprit en rêve pourra exposer une angoisse sous-jacente à propos d'une transition en exagérant l'étrangeté de vos songes, les accompagnant parfois d'un sentiment d'effroi. Le rêve peut se concentrer sur le pire scénario imaginable résultant d'un changement à venir. Il est possible de transformer cette impression troublante en expérience positive si tant est que l'on parvient à en décoder le sens : reconnaître les peurs impliquées dans le rêve est la première étape à suivre pour espérer travailler avec elles.

Les songes vont parfois utiliser un langage codé pour mettre en valeur un besoin de changement ou son caractère inévitable. Vous pourrez par exemple rêver que vous retournez des articles usagés ou défectueux au magasin, que vous renouvelez le décor de votre appartement, que vous changez de garde-robe ou que vous achetez de nouveaux livres ou disques afin de remplacer les anciens. Rêver que vous traversez une rue, une rivière ou un pont peut représenter les dangers inhérents au changement à venir ou être le symbole de sa nature inévitable.

La technique jungienne d'amplification peut mettre au jour des associations avec des images mythologiques transitoires, comme celle du héros grec Hercule traversant le Styx : d'un côté se trouve la Terre des vivants, de l'autre, celle des morts, le passage vers les Enfers et les horreurs auxquelles il sera confronté afin d'achever sa quête. Le voyage de Jonas, son naufrage et son séjour dans le ventre de la baleine sur une mer démontée suggèrent le même type d'imagerie archétypale rappelant les dangers de traverser un seuil, celui séparant le passé du futur mystérieux qui nous attend.

Ruine et destruction

Les images de destruction peuvent référer à des changements brutaux en rupture totale avec le passé. Une maison en ruine peut représenter une famille bientôt brisée par un divorce ; des arbres abattus, un déménagement vers une autre ville ou une famille bientôt déracinée par l'émigration.

Pont

Le pont représente la frontière entre un passé confortable et un futur imprévisible. Le traverser marque notre habileté à l'affronter – notre capacité sous-jacente à surmonter le voyage existentiel, surtout face à des défis difficiles comme un déménagement, quitter un partenaire ou perdre un emploi.

Objet animé

Si un objet inanimé prend vie dans l'un de vos songes, cela peut vouloir dire qu'un potentiel intérieur jusqu'alors inconnu de vous est désormais prêt à se développer. Lorsque la métamorphose fait peur, ces énergies intérieures ont peut-être besoin d'être reconnues et canalisées vers des formes plus acceptables.

Transformation

Les songes au cours desquels les saisons changent ou le rêveur se métamorphose – comme lorsqu'un enfant devient vieillard – sont le signe d'une transformation intérieure importante. Un songe pourra utiliser la transformation pour changer un symbole en un autre, mais c'est souvent l'acte lui-même qui se montre signifiant. Un rêve où le protagoniste change de sexe, par exemple, peut incarner l'acceptation de l'aspect masculin ou féminin de sa personnalité. Le loup-garou, profondément ancré dans l'imaginaire populaire grâce aux films et aux légendes folkloriques, apparaît souvent dans nos rêves comme le signe d'angoisses profondes présentes en nous.

Environnement étrange

Dans un environnement inhabituel, le rêveur se sent perdu, craintif ou empli de regrets. L'esprit du rêveur tente peut-être de lui signifier qu'il n'est pas prêt à laisser derrière lui une ancienne façon de vivre : il est trop tôt pour prendre le contrôle d'une nouvelle situation. Par contre, si le songe s'accompagne d'un sentiment d'excitation, cela indique que le sujet est prêt pour le changement et devrait saisir toute opportunité. Rêver d'une maison ou d'un lieu de travail étrange peut représenter une angoisse d'être assigné à un rôle nouveau et inhabituel.

Succès et échec

Notre façon d'appréhender le succès comme l'échec nous en dit long sur le cours futur de notre vie. Ces deux côtés d'une même médaille forment l'une des préoccupations majeures de nos vies onirique et quotidienne. Nous pouvons apprécier le succès et souffrir de l'échec dans notre travail ou en affaires, mais aussi dans le cadre de plus subtils échanges, comme une querelle ou dans nos relations. Un entretien d'embauche, par exemple, est propice à l'apparition de songes à propos du succès et de l'échec. Quelles que soient nos angoisses, nous avons souvent la certitude que l'échec peut être surmonté, mais nous savons surtout que le succès est éphémère.

Alors qu'il combattait les Grecs, le prince perse Xerxès rêva d'une couronne de laurier dont les branches s'étendaient sur l'ensemble du monde pour ensuite s'évanouir soudainement; un juste présage qu'il allait bientôt subir la défaite. De nombreux autres monarques, généraux et hommes d'État eurent aussi des songes prophétiques liés au succès ou à l'échec. Le roi d'Angleterre Richard III rêva d'esprits malins à la veille de sa défaite à la bataille de Bosworth. La nuit précédant la bataille de Waterloo, Napoléon 1er vit en songe une procession de silhouettes portant les symboles de ses victoires passées, procession suivie par une autre portant chaînes et entraves. Le ministre président prussien Otto von Bismarck, quant à lui, rêva du gain de puissance de son pays avant qu'il ne devienne le pilier de l'unité allemande. Précisons, cependant, que la plupart des rêves liés au succès ou à l'échec dépendent davantage de l'état d'esprit du rêveur que des événements réels.

Les rêves d'échecs prennent souvent la forme de situations de ce genre : on sonne ou on frappe à une porte, sans réponse, on se retrouve sans argent pour payer une course ou régler une dette, on perd à un concours ou dans une conversation animée.

Dans les rêves de succès, on peut, par exemple, faire de substantiels gains à la suite d'une transaction, ce qui se traduit par un sentiment de plénitude et parfois d'allégresse. Une clôture ou un obstacle représentent souvent un défi spécifique que le sujet doit affronter dans son quotidien. Sauter par-dessus incarne la possibilité du succès, mais aussi la confiance que le but est accessible – confiance qu'on doit s'efforcer d'acquérir.

Les rêves de niveau 3 (voir pages 65 à 70) sont parfois le reflet d'un succès à des stades plus profonds de croissance personnelle et de transformation.

L'amplification de ces songes peut révéler des associations avec des thèmes classiques comme celui du guerrier grec Bellérophon qui captura le cheval ailé Pégase et le chevaucha jusqu'au mont Olympe pour réclamer sa place parmi les dieux. Pégase le désarçonna et, revenu sur la terre ferme, le guerrier passa le reste de ses jours à vivre dans la marginalité sur les Plaines de l'Errance. Ce type de mythe nous informe des dangers à vouloir dépasser nos limites.

Récompense

Les trophées ont une valeur qui va bien au-delà de l'aspect matériel – tout comme la valeur d'une coupe ne lui est pas intrinsèque mais dépend de son contenu. Dans les rêves, même si la nature de la récompense demeure floue, le sentiment de triomphe est bien présent.

Perte de communication

Ne pas parvenir à se faire entendre ou à nous présenter à autrui indique une forme de mésadaptation. En portant ces sentiments à l'attention du rêveur, le songe alerte ce dernier qu'il devra y faire face dans la vie quotidienne. Être incapable de se faire comprendre au téléphone peut être la marque d'une faiblesse dans les idées du rêveur.

Célébrité

Des songes de célébrité soudaine nourrie des applaudissements des amis, de la famille ou d'inconnus peuvent indiquer un désir d'attention chez le rêveur ou encore un manque de confiance et d'estime de soi.

Gagner une course

C'est le reflet de la reconnaissance d'un potentiel important – de n'importe quel ordre – en nous-même. L'inconscient cherche peut-être à nous pousser à agir avec détermination et confiance. Arriver second ou troisième peut vouloir dire que le rêveur a sous-estimé les difficultés inhérentes à travailler au plus haut niveau.

Peur et angoisse

L'angoisse est sans doute le sentiment le plus courant dans nos songes. Dans la vie éveillée, notre esprit est souvent capable de se distraire des problèmes pénibles, mais durant le sommeil, les doutes, inquiétudes et angoisses – habituellement enfouis au fond de notre esprit – refont surface dans les rêves et demandent à être identifiés en emplissant notre esprit de symboles dérangeants, chargés émotivement d'humeurs troubles et sombres. Ces rêves ne font pas que nous prouver à quel point nos angoisses sont profondément ancrées en nous. Ils nous rappellent la nécessité de les attaquer à la source en se mesurant à un défi externe particulier, ou en apprenant à se montrer moins craintif face aux malheurs de la vie.

Ces angoisses oniriques ne sont pas toujours grandes. Les plus banales feront surface : ai-je replacé le bouchon sur la bouteille de vin ? Vais-je rater mon émission ? Par contre, les images les plus superficielles en apparence peuvent en symboliser de plus profondes.

On reconnaît les rêves d'angoisse à la charge émotionnelle qui leur est inhérente. Le rêveur a généralement l'impression de devoir s'acquitter en simultané de tâches variées ou essayer d'en compléter une sans fin. D'autres songes l'obligent à avancer au milieu d'une boue visqueuse, à se déplacer au ralenti, à ramper dans un tunnel exigu – un symbole souvent interprété comme l'angoisse de la naissance –, à s'étouffer avec de la fumée, à assister, impuissant, à la destruction de biens précieux ou encore à tenter par grand vent de tenir ensemble les morceaux brisés d'un objet qui lui est cher. Si l'angoisse provient d'un sentiment de mésadaptation sociale, les songes peuvent impliquer des situations embarrassantes : renverser un verre, avoir l'air grotesque sur une piste de danse, oublier le nom de personnes que vous souhaitez présenter à d'autres. Il est utile d'examiner avec soin ces rêves afin de voir si cette apparente inaptitude ne contiendrait pas des éléments de défiance exprimant votre frustration face aux obligations opprimantes des conventions sociales. Un rêve classique montre une feuille d'examen impossible à remplir – les traumatismes de l'enfance peuvent

nous suivre longtemps à l'âge adulte –, une image évoquant un sentiment d'infériorité. Si vous vous retrouvez nu ou curieusement attifé dans une occasion spéciale, cherchez-en la source dans un moment embarrassant récent, une gêne générale en société ou toute autre vulnérabilité ressentie dans votre quotidien. Rêver que vous tombez peut aussi être le reflet d'une insécurité.

L'esprit du rêveur n'a pas peur du mélodrame – marcher vers un échafaud, être capturé par des êtres diaboliques ou être forcé de perpétrer un crime horrible, voilà qui renvoie souvent à des problèmes banals. L'objectif de cette forme de terreur est de mener à la conscience du sujet des énergies et des désirs puissants qu'il a refoulés, première étape avant de les affronter.

Peu importe leurs formes, les songes d'angoisse ne sont pas là pour tourmenter le rêveur, mais pour attirer son attention sur l'importance d'identifier et de combattre les sources de ses angoisses, qui pourraient faire des ravages dans l'inconscient si elles étaient ignorées. Ces rêves offrent aussi la possibilité d'exorciser nos peurs grâce à l'interprétation et le dialogue. En analysant les problèmes que nous révèlent nos songes, nous les empêcherons de nous tracasser nuit et jour.

Noyade

Rêver que l'on se noie ou que l'on se débat dans une eau profonde exprime souvent les craintes qu'éprouve le sujet d'être englouti par les forces cachées dans les tréfonds de son inconscient.

Poursuite

Être poursuivi par une invisible mais terrifiante présence indique en général le fait que certains aspects de notre vie intérieure hurlent pour se faire entendre de la conscience et l'intégrer. La peur qui touche le rêveur peut se dissiper s'il accepte de se retourner pour faire face au poursuivant et tenter d'obtenir des indices sur ce que ce symbole représente d'un point de vue conscient.

Embarras social

La clé des songes au cours desquels nous ne sommes pas « compétent » en public réside dans la découverte de l'état d'esprit qui nous anime dans ces moments de gêne aiguë. Que le rêveur soit mal habillé (ou nu), incapable d'accomplir une tâche simple (verser du café dans une tasse) ou de se livrer à des échanges normaux avec d'autres (les présenter par leurs noms), le message sous-jacent est celui d'un inconfort psychologique.

Courir

C'est une des angoisses oniriques les plus communes : on essaie de courir mais une de nos jambes refuse de quitter le sol. D'autres rêves s'y apparentent : se mouvoir dans une boue visqueuse ou au ralenti. Des recherches récentes tendent à prouver qu'il s'agirait là d'un mécanisme de notre cerveau qui nous empêche de « jouer » nos songes, de courir dans nos lits ou de faire des ravages dans la chambre.

Espace étroit

Se retrouver coincé dans un espace clos peut parfois être une manifestation positive reflétant le combat que livrent nos énergies créatrices pour s'exprimer. Cela révèle l'angoisse que quelque chose ou quelqu'un – un travail lassant ou un patron tyrannique – mette le couvercle sur nos énergies.

Optimisme et bien-être

Un rêve empreint d'optimisme ou de bien-être peut surgir, même lorsque nous portons le poids du monde sur nos épaules. Ces rêves peuvent nous laisser une impression d'exaltation et de contentement à propos de nous-même et du monde dans son ensemble. Ils peuvent nous présenter des personnalités supérieures, nous faire voler dans le monde onirique et ouvrir notre esprit à l'infinité du temps et de l'espace.

Parfois, ils contiendront des symboles de chance et de paix – soit des images personnelles comme une pierre chanceuse, une couleur, des symboles culturels de chance comme des chats noirs, des trèfles à quatre feuilles, des colombes ou des branches d'olivier. Certains les interpréteront comme une prémonition d'un succès à venir; d'autres comprendront que le chemin vers l'épanouissement a commencé, sans garantie, cependant, qu'ils parviendront à son terme.

Ces rêves impliquant la chance ou le bien-être contiennent souvent des configurations évoquant les chiffres chanceux du rêveur. Si le vôtre est le trois, vous aurez peut-être à choisir entre trois routes ou vous recevrez trois cadeaux. Plus forts encore sont les songes où apparaît un arc-en-ciel, le symbole archétypal de l'espoir et de la réconciliation. Vous pourrez par exemple en voir un se former au-dessus de votre maison – un symbole du moi – ou emplissant de lumière le ciel au loin – un symbole d'accomplissement. Dans les songes de niveau 3 (voir pages 65 à 70), le rêveur peut même être baigné par la lumière de l'arc-en-ciel, indiquant l'entrée dans une nouvelle phase de croissance et du développement de soi.

Tout comme dans la vie éveillée, les couleurs peuvent incarner des états

d'émotivité ou de spiritualité, comme elles peuvent représenter les eaux contemplatives de l'inconscient; le rouge peut exprimer la colère ou – selon le contexte – la passion et la puissance du feu.

Lorsqu'ils sont soumis à la technique de l'amplification (voir page 108), les rêves de bien-être et d'optimisme peuvent être associés aux Champs Élysées, le paradis de la mythologie classique. Le symbolisme chrétien regorge de références à un des âges d'or paradisiaques, du jardin d'Éden à la Jérusalem céleste, ère de bien-être spirituel qui durera 1000 ans.

Miel et abeilles

Les Israélites croyaient que la Terre promise regorgeait de miel et de lait ; pour les Grecs et les Romains, le miel était la nourriture des dieux. On attribuait une sagesse toute spéciale aux abeilles, dont la présence dans un rêve peut être vue comme un bon présage, avec des connotations pacifiques et de prospérité.

Le jardin d'Éden

Tout comme le « pays où coulent le lait et le miel », le jardin d'Éden est un paysage mythique antique de béatitude et de contentement – en tant que paradis perdu, il peut aussi nous mettre en garde contre la complaisance. Même si nous nous en voyons chassé – à l'instar d'Adam et Ève –, la vastitude inexplorée qui nous est alors offerte peut s'avérer la source excitante de nouveaux défis à relever et d'occasions à saisir.

Lumière

Selon Jung, l'apparition de la lumière en songe « renvoie toujours à la conscience ». Ces rêves confirment que de profondes perceptions éclairent la conscience du sujet comme s'il allait « voir la lumière ».

Autorité et responsabilité

Les personnes en position de grande autorité et de responsabilité font souvent des rêves portant sur leur statut. Ces rêves peuvent présenter des événements tels qu'affronter des situations d'urgence, être assis à un bureau et recevoir de toutes parts des demandes d'instructions ou encore contenir des symboles du travail, comme une chaîne hiérarchique.

À l'occasion, ils vont se fondre en des rêves d'angoisse : le rêveur donne des ordres auxquels personne n'obéit, vit un rejet soudain par les urnes ou de ses supérieurs. Ces images attirent l'attention sur les sentiments d'insécurité vécus par le rêveur et sur la nécessité pour lui d'intégrer plus pleinement son rôle public. Ces songes peuvent aussi révéler des frustrations et du ressentiment face à la trop grande dépendance des autres à l'égard du rêveur : dans ce cas, ils remplissent deux objectifs en permettant l'expression sans danger de ces sentiments et en mettant au jour le rôle exagéré auquel est astreint le rêveur dans sa vie éveillée.

Soumis à l'amplification, ces songes peuvent révéler l'existence de liens classiques ; des associations avec le rôle du héros Énée dans l'*Énéide*. Fuyant la ville de Troie en flammes, Énée assuma

ses responsabilités familiales en plaçant à l'abri son père et son fils, une tâche difficile lorsqu'on sait qu'il dut porter son vieux père Anchise sur son dos, tout en guidant par la main le petit Ascagne.

Un archétype classique comme celui-ci peut rappeler au rêveur l'importance de faire preuve de courage face à ses tâches et responsabilités quotidiennes, et d'exercer son autorité au bénéfice des autres.

Pile de papier

Rêver d'une pile de papier entassé sans fin sur un bureau est un songe d'angoisse commun chez ceux qui occupent un poste d'autorité, en référence à la quasi-impossibilité de maîtriser les demandes grandissantes et le stress qui surgit avec l'accroissement des responsabilités.

Porter un chapeau haut-de-forme

Les couronnes et les chapeaux haut-de-forme sont des symboles traditionnels de l'autorité, transportant celui qui les porte au-dessus de la masse. Se les faire retirer de la tête peut indiquer une angoisse chez le rêveur de perdre son rôle ou de ne pas être capable de le remplir.

Figure royale ou présidentielle

Elles évoquent en général l'autorité parentale. Freud interprétait le rêve de dîner ou d'avoir des relations sexuelles avec un roi ou une reine comme la marque du besoin d'assouvir un désir à l'égard

du père ou de la mère. Si un chef d'État ou de gouvernement vous apparaît sous les traits d'un ami cherchant conseil, le rêve peut être l'expression du besoin d'avoir une relation plus intime et de confiance avec un parent ou une autre figure importante de l'autorité, ou encore d'un désir de se voir confier des responsabilités supplémentaires.

Parlement ou assemblée

Les sièges du gouvernement comme les assemblées nationales marquent peut-être un désir d'asseoir notre autorité sur ceux qui nous entourent. Des scènes désordonnées et chaotiques se déroulant dans l'hémicycle peuvent souligner une perte d'autorité personnelle au travail ou un tourment qui s'empare de nous lorsque nous devons choisir entre différentes options.

Prise de contrôle

Rêver que nous prenons les choses en main lorsque tout le monde autour de nous est en état de panique exprime sans doute une volonté d'exercer davantage de responsabilités au travail comme dans notre vie quotidienne. Nous pourrons aussi ressentir que nos qualités de leader ne sont pas reconnues à leur juste valeur.

Juge

Être un juge en songe signifie que notre jugement est apprécié – peut-être devrions-nous suivre notre instinct dans une situation qui nous préoccupe. Si, au contraire, le rêveur se trouve devant un juge en tant qu'accusé sans savoir pourquoi, sans doute se sent-il persécuté par les forces de l'autorité civique ou morale.

Relations

Lorsque nous sommes en relation avec d'autres personnes au cours d'un rêve, il faut toujours garder à l'esprit que notre monde onirique ne cherche pas à imiter la réalité, mais plutôt à la commenter. Par conséquent, l'inconscient va se servir de personnages comme d'autant de symboles plutôt que de tenter de les décrire de manière factuelle et tels que le rêveur les connaît lorsqu'il est éveillé.

Comme l'ont révélé plusieurs expériences d'associations directes, un étranger peut être l'incarnation d'une épouse ou d'un mari alors que le partenaire peut représenter un aspect de la personnalité du rêveur. Le songe véhicule avant tout un message; son but n'est pas de peindre les gens tels qu'ils sont. Le rêveur pense consciemment certaines choses d'une personne et le rôle du songe consiste à attirer son attention sur des aspects moins évidents et à lui fournir un écran sur lequel ses sentiments véritables seront révélés.

Ainsi, dans le cadre de l'analyse d'un rêve, si un ami vous apparaît dans la peau d'un étranger, peut-être cela révèle-t-il chez vous des sentiments ambivalents à l'égard de l'amitié elle-même. Le rejet soudain d'un être aimé peut signifier que le rêveur rejette certains aspects de sa propre nature. Être séparé d'un enfant peut représenter une perte d'idéaux ou l'échec d'ambitions personnelles.

Parfois, les personnages se présentent à vous tels qu'ils sont afin d'attirer votre attention sur un aspect particulier de votre relation. Rêver souvent des membres de votre famille peut être le révélateur d'une trop grande dépendance à l'égard de vos proches – un besoin excessif de protection émotive ou financière ou une incapacité à briser les liens familiaux, par exemple.

Les nouveaux parents font souvent des rêves d'anxiété – oublier leur enfant dans un magasin, le perdre dans une foule. Cela ne fait pas d'eux de mauvais parents; au contraire, ces rêves montrent leurs préoccupations et la conscience des grandes responsabilités qu'ils doivent à présent assumer.

Les objets inanimés peuvent aussi incarner des relations dans vos songes. Une patiente de Freud rêva qu'elle empruntait un peigne, ce qui fut interprété comme de l'anxiété face à un mariage mixte.

Ne pas parvenir à établir une communication téléphonique peut représenter une perte d'intimité au sein d'une relation, alors que des rêves de grande chaleur ou de froid intense indiqueront sans doute une passion brûlante ou une indifférence à l'endroit du partenaire.

Durant l'amplification, les symboles d'un rêve de niveau 3 peuvent offrir des associations avec des thèmes mythiques comme l'amour vécu par les divinités égyptiennes Isis et Osiris. La légende racontait qu'Isis, symbole de la maternité dans l'Égypte ancienne, avait toujours aimé son frère et mari, y compris dans le ventre de sa mère. Cette même puissance de l'amour unissait Orphée à Eurydice dans la mythologie grecque. Orphée était un merveilleux joueur de lyre protégé par les dieux Dionysos et Apollon; par sa musique, il charmait les bêtes sauvages, apaisait les rivières et les orages et réussit même à amadouer les gardiens de la mort qui le laissèrent récupérer son épouse des Enfers. Seule condition : il ne devait absolument pas la regarder jusqu'à ce qu'ils soient revenus dans le monde des vivants. Il ne put cependant résister à la tentation, se retourna vers elle et la perdit pour l'éternité.

Même après avoir été tué et démembré par les ménades parce qu'il refusait dorénavant d'honorer Dionysos, Orphée, ou plutôt sa tête, du fond de son tombeau, continua de chanter son amour perdu. Un autre archétype est celui de la sorcière, symbole du rôle terrifiant, dévorant et punitif de la Grande Mère, une figure rendue populaire à travers les mythes et les contes de fées. Le folklore russe, par exemple, nous parle d'une vieille femme appelée Baba Yaga, qui kidnappait les enfants pour en faire ses esclaves et qui habitait une cabane en bois juchée sur des pattes de poulet.

De temps en temps, la Grande Mère peut devenir guide – même si dans le folklore, on affirme que seules les âmes pures peuvent en bénéficier.

Tout comme la sorcière symbolise l'aspect destructeur de la mère, l'ogre et le géant jouent ce rôle pour le père. Encore une fois, les contes folkloriques et les légendes mettant en scène des géants abondent, depuis l'Ancien Testament et son Goliath jusqu'au malveillant Ravana présent dans le *Ramayana* hindou, en passant par Fionn mac Cumhail, chef des Fianna, guerriers irlandais.

Les songes mettant en scène des géants malveillants sont souvent une réaction à une figure d'autorité envahissante, un patron ou un membre de la famille. Ils peuvent aussi être l'expression d'une relation trouble avec un partenaire. Peut-être avons-nous l'impression que nos besoins ne sont pas pris au sérieux au sein d'une relation ou que nous n'avons aucune influence sur des décisions importantes. Si tel est le cas, c'est le temps de se lever et de s'affirmer.

Toile d'araignée

L'araignée emprisonnant ses proies innocentes avant de les dévorer incarne bien souvent la mère avide qui dévore ses enfants par sa possessivité et son pouvoir de faire naître en eux un sentiment de culpabilité. La toile elle-même est parfois présente dans les rêves et peut incarner une peur de l'engagement ainsi qu'une forme d'insécurité face aux relations à long terme en général. Elle peut aussi exprimer une vision du piège où nous sommes enfermé dans une relation et notre désir de nous en sortir à tout prix avant que notre partenaire ne nous « dévore ».

Hôtel

Dans les rêves, les hôtels représentent le changement et le côté temporaire des choses. Il peut s'agir d'un point de transition dans une relation ou encore d'une perte. Quelques fois, cette image peut suggérer un nouveau départ.

Réparer

Réparer un poste de radio ou un réfrigérateur symbolise souvent la nécessité de travailler une relation avant qu'elle ne se détériore. Un appareil électroménager brisé ou démantelé peut exprimer le même sentiment.

Plumes

Les plumes, qu'elles apparaissent sur un oiseau ou non – évoquant souvent un cadeau – incarnent généralement un besoin d'offrir de la tendresse ou de la chaleur à un être cher. Elles peuvent avoir une connotation phallique, mais les plumes s'éparpillant au cours d'un rêve représentent avant tout la chaleur et la tendresse, un geste de paix ou d'affection.

Oiseaux

Nous attribuons aux oiseaux aperçus en rêve les mêmes qualités que nous leur accordons dans la réalité : un oiseau de proie, un coucou pilleur de nids ou une pie voleuse peuvent incarner une peur adultérine, alors que le doux roucoulement d'une colombe vous guidera vers la réconciliation ou le besoin d'améliorer une relation trouble.

Feu

Voilà un symbole onirique puissant et ambivalent. Le feu est destructeur, mais il peut aussi purifier et nettoyer. En songe, il signifiera un nouveau départ ou des émotions perturbantes – les flammes de la passion ou du désir.

Couple mal assorti

Vous – ou un ami – pouvez vous retrouver au sein d'un couple disparate et cela peut s'exprimer en songe par l'association improbable de deux objets – un lapin sur une bicyclette, un homme portant une cage en guise de chapeau.

De l'eau sur une main tendue

Courir vers un nécessiteux avec les mains pleines d'eau peut représenter la fin d'une profonde amitié et le désespoir qui l'accompagne. Un sens similaire pourrait être évoqué par de la poussière d'or s'échappant de vos doigts.

Entraide

Venir en aide à une personne en détresse, même étrangère, représente souvent l'affection que nous éprouvons à l'égard d'un proche. Inversement, si vous êtes celui qui reçoit, cela exprime peut-être un besoin d'affection. Certains détails ou l'association directe peuvent nous mener à la personne concernée.

Querelle familiale

Souvent, ce type de rêve n'a rien à voir avec un problème relationnel réel. Des enfants s'enfuyant en courant de la maison peuvent signifier une perte d'ambition professionnelle.

Se tromper de numéro

Se tromper de numéro de téléphone ou tomber sans cesse sur un répondeur peut représenter une rupture avec quelqu'un d'important dans votre vie.

Sexualité

Selon Freud, la sexualité latente influence beaucoup notre vie consciente, et l'imaginaire sexuel constitue la matrice du symbolisme des rêves. Pour lui, les actes violents, particulièrement ceux impliquant des couteaux ou des coups de feu, seraient associés au viol, le lien principal étant l'intrusion violentée dans le corps. Il interpréta les problèmes liés aux parties asexuées du corps comme des désirs d'activités sexuelles hors normes. Les freudiens assimilent la mutilation à des

envies de castration et le fait de se frapper comme frapper les autres – surtout des enfants – à la masturbation. Pour Freud, chevaucher un animal ou une bicyclette, ou encore participer à une activité rythmée évoquerait l'acte sexuel.

Un sens similaire peut être attribué aux vagues se brisant sur la plage, aux voyages en train ou à l'insertion de n'importe quel objet dans un autre, comme une clé dans une serrure. Toute action de déflation – un ballon qui se dégonfle – est reliée à l'impuissance; des fenêtres ou des portes verrouillées représentent la frigidité.

Jung, pour sa part, proposa une autre vision en faisant appel aux archétypes de la fertilité et de la créativité. Même si, encore aujourd'hui, les psychologues accordent une large place à la sexualité dans la vie onirique, très peu sont ceux qui se réclament de la symbolique sexuelle freudienne. Beaucoup préfèrent l'approche jungienne, qui amplifie la sexualité au travers d'un vaste schéma mythologique universel.

Jung a découvert, par exemple, que les scènes érotiques représentées dans l'architecture hindoue, loin d'être de simples représentations de désirs bestiaux, constituaient une célébration de l'union entre le ciel et la terre, entre le mortel et le divin, entre le concret et le spirituel. Elles représentent une globalité où l'homme et la femme forment une seule et parfaite entité.

L'érotisme émanant de nos rêves sexués provient sans doute du contexte, de l'humeur ou des couleurs présentes dans le décor de nos songes. Lorsque l'acte sexuel est représenté explicitement, Jung affirme que cela est dû autant au besoin du rêveur de vivre une relation amoureuse pacifique et agréable qu'à son besoin de libérer des tensions animales. Plusieurs symboles sexuels ont un sens différent selon les interprétations freudienne et jungienne; leur signification réelle émane peut-être de la combinaison des deux. Alors que Freud voyait dans un escalier à gravir ou à descendre la représentation de l'acte sexuel, par exemple, Jung l'interprétait comme le lien entre le spirituel et le concret.

Gardez toujours en tête la possibilité d'une interprétation autre que sexuelle : gravir des marches peut exprimer l'ambition ou la reconnaissance d'une forme de croissance personnelle; y tomber, par contre, peut signifier que vous surestimez vos capacités.

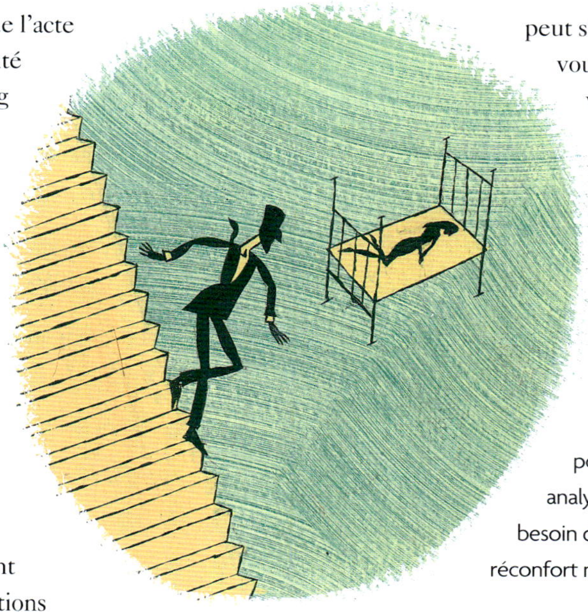

Velours et mousse

Dans l'analyse freudienne des rêves, le velours et la mousse représentent les poils pubiens. D'autres analystes n'y voient qu'un besoin de tendresse et de réconfort naturel.

Fouet

Symbole souvent caractérisé par une charge négative de soumission sexuelle, le fouet traduit parfois la conscience du rêveur d'être au sein d'une relation de pouvoir, d'obéissance et de soumission.

Plume d'oie et bougie

Symboles par excellence du pénis, elles sont souvent la représentation de l'animus (voir page 103) et de la masculinité.

Tasse

Voilà un symbole classique de la sexualité féminine puisque, selon l'interprétation freudienne, boire dans une tasse renvoie à une relation sexuelle orale avec une femme. Même dans la vision jungienne, la tasse est associée au Saint-Graal et donc au gardien de la virginité et à la féminité.

Corne d'abondance

Une image sexuelle ambiguë : si elle projette vers l'avant ses richesses, elle est masculine ; si nous plongeons en son sein, elle est féminine.

Chaussures

Plusieurs rêveurs associent la présence de chaussures dans leurs songes à la sexualité, puisqu'elles peuvent être pénétrées. Les chaussures féminines sont parfois vues comme les marques d'une sexualité dominée par la femme, ce qui pourrait provenir d'un souvenir d'enfance des pieds de la mère. Les chaussures sont aussi la marque de la domination et de l'autorité – rappelez-vous lorsque vos parents décidaient de mettre le holà.

Sac à main

Symbole sexuel féminin, le sac à main peut à la fois représenter les parties génitales féminines et l'utérus porteur de l'enfant. Puisque cet objet peut être ouvert ou fermé, il représente le pouvoir de la femme d'offrir ou non ses faveurs.

Chapeau et gants

Chapeau, casquette, bonnet et gants sont souvent la représentation de l'organe sexuel féminin, simplement parce qu'ils permettent l'intrusion d'autres membres du corps.

Explosion

Les explosions symbolisent l'orgasme ; les feux d'artifice, la plénitude sexuelle. Des explosions peuvent exprimer des désirs sexuels non assouvis. Les ravages créés par une explosion illustrent les dommages que nous causerions si nous laissions libre cours à nos pulsions sexuelles.

une anxiété face à un déplacement aérien à venir.

Domination

Un songe où un partenaire domine l'autre n'est pas forcément lié à la sexualité, même s'il peut en être connoté. Si nous y sommes le dominant, il est probable que nous ressentions de l'insécurité, que nous manquions de contrôle au sein d'une relation. À l'inverse, peut-être tentons-nous de masquer une incapacité sexuelle. Lorsqu'un rêve exprime de façon explicite des actes sadomasochistes, on peut y voir le signe d'un attrait pour les jeux de pouvoir ou d'une crainte que de tels comportements déplaisent à notre partenaire. Aux yeux de Freud, ce type de rêves exprime un désir incestueux à l'endroit de l'un ou l'autre des parents.

Crash aérien

Des études démontrent que les femmes associent ce type d'événements à un viol ou à la peur du viol. Chez l'homme, ils peuvent être liés à la crainte de l'impuissance. Voyager en avion est bien sûr une peur répandue et le rêve peut aussi exprimer

Église

Lorsqu'une église apparaît dans un songe, on a affaire à une puissante combinaison de symbolisme religieux et sexuel. La tour d'un clocher – un puissant symbole phallique – représente souvent la masculinité ou l'autorité du père. Rêver d'une église peut aussi avoir de fortes connotations spirituelles. Si nous ne pouvons entrer dans l'édifice, peut-être avons-nous croisé un obstacle sur le chemin de la spiritualité. Si nous rêvons d'une église dont la flèche pointe haut vers le ciel et dont le portail forme une arche, la symbolique est à la fois masculine et féminine – reflétant sans doute un lien intime avec un partenaire ou un conflit intérieur entre nos pulsions animales et notre foi.

Faire l'amour

Rêver de faire l'amour avec quelqu'un qui nous attire est un cas typique de l'assouvissement d'un désir dans le langage freudien ; surtout si notre désir a quelque chose d'illicite. Pour la plupart des jungiens, faire l'amour en rêve n'a parfois rien de sexuel, mais indique plutôt un désir intense d'expression

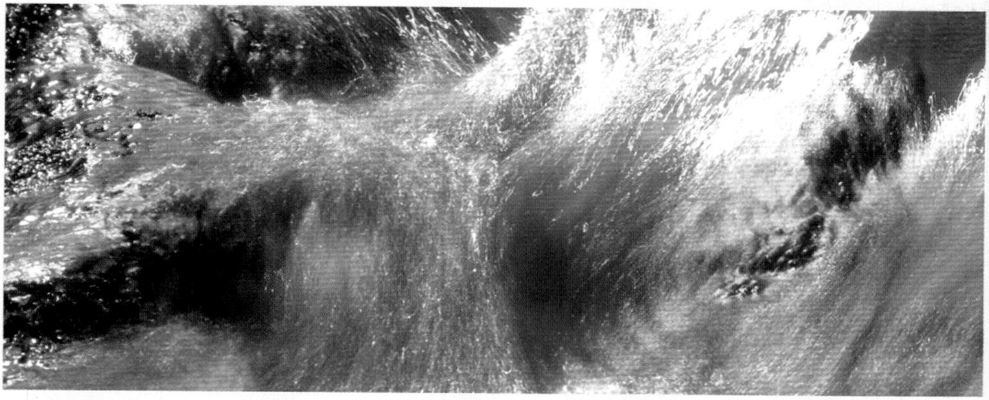

créatrice ou le besoin de mieux intégrer différents aspects de nous-même.

Embrasser

Les jungiens affirment que l'image du baiser a « bien plus à voir avec l'acte de se nourrir qu'avec la sexualité ». En ce sens, le plaisir éprouvé lors du baiser nous rappelle notre prime enfance, quand nous tétions encore notre mère.

Rose rouge

Les roses sont un symbole classique de l'amour romantique. Pour Freud, la couleur rouge des fleurs représenterait l'organe génital féminin ou le sang des menstruations.

Jaillissement d'eau

Tout objet d'où jaillit de l'eau – un robinet qui coule, une bouteille de champagne tout juste ouverte – est souvent un symbole de l'éjaculation, mais il peut aussi exprimer une éruption de créativité.

Lit

Le lit est souvent le théâtre d'ébats sexuels et peut constituer un symbole fort lorsqu'il apparaît en songe. S'il est défait, cela veut peut-être révéler un certain égoïsme dans notre comportement sexuel. S'il est impeccablement fait, nous nous sentons peut-être coincé par les conventions. Être à la recherche d'un lit veut parfois dire que nous avons de la difficulté à accepter notre sexualité.

Émotions

Chacun de nos rêves est marqué par une humeur différente qui peut se révéler plus mémorable et significative que son contenu. Étonnamment, cette humeur ne correspondra pas au sujet du songe. Prenons l'exemple d'un homme qui rêve qu'une femme qu'il aime éperdument sans retour le supplie de l'embrasser. Enfin, il pourra assouvir son désir. Pourtant, dans ce songe empreint d'appréhension, il ne parvient pas à poser ses lèvres sur les siennes. À l'instar de la musique d'un film qui peut jouer sur les émotions d'un spectateur plus que l'histoire elle-même, cette appréhension a contrôlé les actes du rêveur.

Les humeurs ressenties dans les rêves peuvent être si envahissantes qu'elles tendent à nous rester quelque temps après le réveil, et ce, même si le contenu lui-même disparaît progressivement ou s'est déjà dissipé. À la suite d'un songe troublant, nous nous éveillons parfois avec une « gueule de bois » onirique, une sorte d'anxiété vaguement flottante. Inversement, un rêve agréable peut élever notre esprit et nous faire commencer la journée avec un profond sentiment de bien-être.

Une interprétation onirique de qualité implique que nous sachions identifier les émotions qui nous font vibrer de l'intérieur en période d'éveil, puisque celles-ci nous poussent souvent vers des directions contraires à la logique et à la morale. Les tensions générées par ces conflits peuvent être extrêmes

tout en étant ignorées de la conscience. En ce sens, les songes peuvent s'avérer très utiles en attirant notre attention sur ce qui nous atteint profondément sur le plan émotionnel.

Nous sommes tous conscients de l'irrationalité de nos émotions. Savoir que notre tendre moitié déjeunera avec un collègue attirant peut suffire à nous rendre fou de jalousie. Il arrive alors que nous conservions ce sentiment jusqu'au soir, lorsque nous revoyons enfin notre partenaire et sommes rassuré de savoir que rien de fâcheux ne s'est passé.

Même ces angoisses banales peuvent surgir dans nos rêves, peut-être parce que ces émotions se renforcent l'une l'autre : la jalousie et la peur. La colère, quant à elle, est souvent la complice de la frustration. Nous projetons certaines émotions sur les autres ou sur des situations extérieures, alors que nous en intériorisons d'autres – comme la honte ou la gêne. Toutes ces émotions risquent de nous consumer.

Colère et frustration

La colère est une émotion très puissante que, souvent, nous nions, refoulons ou ne comprenons pas en état d'éveil ; elle nous apparaît donc souvent en songe. Elle n'est pas toujours négative. La colère peut être un des aspects constituants de certains traits de caractère valorisés comme le courage, la détermination, le leadership et l'affirmation de soi. Elle est également associée à l'effet purificateur d'une saine indignation. Ses côtés négatifs sont parfois précieux lorsqu'elle surgit dans nos rêves parce que leur absurdité et leur destructivité s'y font souvent plus apparentes. Qui plus est, les songes nous indiquent fréquemment vers où ou vers qui devrait se diriger notre colère.

Sa proche voisine, la frustration, est aussi très présente dans les rêves. Vous pouvez par exemple rater un train ou un rendez-vous, chercher en vain un parking ou un endroit pour déposer un bagage ou encore vous montrer incapable de déchiffrer un message important ou de convaincre quelqu'un de la véracité d'un argument. Dans tous ces cas, le rêve tente probablement de vous rappeler la nécessité de trouver d'où vient votre frustration ou comment la tempérer si ses causes sont connues.

Lorsque soumis à l'amplification, les rêves de frustration peuvent offrir des liens avec certains archétypes comme celui de Sisyphe, ce mortel que les dieux grecs punirent en l'obligeant à pousser – pour l'éternité, jusqu'en haut d'une colline – un énorme rocher : chaque fois qu'il parvenait au sommet, le rocher dévalait la pente, le forçant à sans cesse recommencer. Ce genre d'archétypes mythiques peut permettre au rêveur de composer avec ses frustrations ou lui faire comprendre qu'il est inutile de se rebeller contre les dieux de l'inconscient.

Jalousie et envie

Ces émotions, parmi les plus destructrices, peuvent ruiner le plus parfait des moments, comme en font foi les nombreuses métaphores s'y rapportant, telles que « rongé par l'envie » ou « crever de jalousie ». Nos songes nous les envoient souvent pour exprimer notre difficulté à accepter les succès d'un autre.

Émotions refoulées

Un songe peut attirer l'attention sur une colère ou une frustration refoulées en produisant des images d'un gaz ou d'un liquide volatil prisonniers d'une bouteille, ou encore d'un incendie hors de contrôle. Une colère inconnue à l'endroit de personnes spécifiques peut surgir en songe lorsque le rêveur leur prépare un poison ou déchire une de leurs photos. Rêver de décapiter quelqu'un qui nous est cher n'est pas un fait rare lorsque l'incompréhension compromet la relation ; on ne doit pas y voir un désir de meurtre, mais plutôt une façon symbolique de retirer la source du problème.

Quête inutile

Plusieurs traditions spirituelles importantes vont frustrer délibérément leurs adeptes en les obligeant à accomplir des tâches inutiles et sans fin pour éliminer le fier et tenace contrôle que le moi exerce sur la conscience. Dans les songes, ces quêtes inutiles – comme fabriquer un château de cartes – peuvent être du même ressort ou rappeler au rêveur que la capacité de vivre avec ces émotions inévitables que sont les frustrations est un signe de maturité.

Explosion d'un barrage

Toute image montrant une force perdant le contrôle et s'effaçant devant des énergies violentes issues de l'intérieur peut incarner la présence d'une frustration ou d'une colère trop contenue. Une inondation bloquant un passage familier représente souvent la frustration du rêveur face à quelque chose qu'il devrait peut-être songer à éviter ou à contourner. C'est une manière de rappeler au rêveur qu'il existe plusieurs façons de composer avec la frustration.

Perte et séparation

Lorsqu'on traverse un deuil, on doit faire face à l'inéluctable de la vie. On a parfois l'impression, lors de la perte d'un être cher, que le temps manque pour vivre notre peine. Dans ces moments, nos rêves peuvent la vivre à notre place. Les images oniriques de cette perte, aussi dures soient-elles, nous hantent durant le jour et font partie du processus de guérison.

Perdre quelque chose qui nous est cher peut également nous laisser une impression de deuil, et nos songes décident de mettre l'accent sur ce sentiment. Rappelez-vous que les rêves utilisent les émotions les plus extrêmes dans le but de mettre au jour des troubles de la psyché. Même si la perte du plus précieux des objets est rendue insignifiante par le décès d'un proche, nos rêves n'hésitent pas à utiliser les mêmes symboles et thèmes dans les deux cas.

Bien que la mort soit la plus terrible des pertes, nous pouvons être séparé de personnes qui nous sont chères pour un tas d'autres raisons. Lorsqu'une relation très importante se termine – par un divorce ou une séparation –, les émotions que nous ressentons sont en fait très similaires à celles qui accompagnent un deuil.

Nous pouvons également vivre un sentiment similaire lorsqu'un ami très proche déménage au loin ou qu'une relation bat de l'aile en raison de divergences d'opinions ou d'une incompréhension.

Peu importe le genre de perte, elle pourra s'incarner en rêve par un besoin pressant de trouver un visage connu au milieu d'une foule ou par des symboles comme les cendres ou la poussière. Les songes peuvent être empreints de nostalgie, offrir des images poignantes d'une vie ou d'une occupation antérieure. Une part de l'inconscient se doit de répéter ces expériences encore et encore – à la manière d'une soupape de sûreté émotive – jusqu'à ce que finisse par être acceptée la réalité.

Parfois, les songes au sujet d'un deuil concerneront l'avenir plutôt que le passé. Le rêveur verra l'être cher vivant des moments heureux ou pourra recevoir sa visite rassurante. Ces songes peuvent nous laisser avec un sentiment de bien-être – même d'allégresse – et dans plusieurs cas ils se font si réalistes que le rêveur en ressort convaincu de l'existence d'une vie après la mort.

L'amplification (voir page 108) peut encore une fois lier ces rêves avec des histoires classiques, comme celle de la solitude de la nymphe Écho qui, appelant l'amour, ne reçut pour toute réponse que l'écho de sa propre voix. Le rêveur trouvera parfois du réconfort dans des récits archétypaux de ce genre.

Porte-monnaie vide

La découverte soudaine d'un porte-monnaie ou d'une poche vide peut représenter la perte d'un être cher – décès, divorce ou séparation –, mais aussi l'affection, le confort et la sécurité qu'il nous apportait.

Un être cher s'éloigne

Les songes utilisent souvent des images d'éloignement en cas de deuil. Un être cher pourra partir au loin, faire un signe de la main du haut d'une colline éloignée ou encore traverser une porte. Le sentiment de peine qui accompagne ces images est souvent mêlé de ressentiment – surtout si la personne nous ignore alors que nous tentons d'attirer son attention. Inversement, si la personne disparue nous salue avec joie avant de disparaître à l'horizon, cela peut vouloir montrer que notre peine s'atténue, que nous nous habituons à son absence.

Maison sans lumière

La maison représente souvent le rêveur ou ce qui donne de la stabilité et un sens à sa vie. L'aspect lugubre de vitres vides ou sombres indique la perte de l'être cher, mais aussi celle d'aspects vitaux de la pensée consciente du rêveur.

Cendres et poussière

Souvent, elles sont associées à la disparition d'une personne ou d'un objet, ou à la fin d'une période. Rappelant des mots prononcés dans le cadre de funérailles chrétiennes, les cendres sont un symbole fort du crématorium et de la tombe. Tout comme les funérailles sont organisées autant pour aider les survivants à traverser leur peine que pour se souvenir de la personne décédée, un songe impliquant de la cendre peut symboliser l'enterrement d'une mauvaise expérience.

Perdu dans la foule

Perdre de vue une personne qui nous est chère dans une foule est un songe souvent associé au deuil. Nous pouvons nous rendre compte qu'elle n'est plus avec nous ou avoir la traumatisante expérience de la perdre dans la cohue. Il est fréquent qu'une impression de perte s'accompagne d'une réaction de ressentiment ou d'un sentiment d'abandon.

Enfermé dehors

Se retrouver devant une porte sans pouvoir entrer ni mettre la main sur la clé peut représenter la barrière apparemment infranchissable du chagrin. Le simple fait qu'il nous soit montré en rêve que ces obstacles existent marque le début du processus de guérison. À partir de cet instant,

il devient possible d'entrouvrir les voies menant à un avenir au-delà de notre peine.

Émotions incongrues

Se sentir intensément triste ou en colère au cours d'un événement censé être joyeux – un anniversaire, par exemple – peut nous indiquer que nous avons besoin de nous retirer afin de vivre notre chagrin. Si nous ressentons une joie profonde durant un événement triste, voilà qui peut être l'indication d'une forme de déni – un refus inconscient de faire face à la perte. Ressentir de l'allégresse pendant des funérailles peut aussi être la marque d'un état d'esprit très positif – la croyance en une vie après le trépas, ou l'acceptation de la fatalité de la mort. À l'inverse, ce peut aussi être le signe d'un déni – afin de nous protéger émotivement contre la douleur de la perte, en refusant inconsciemment la réalité de la mort.

Perdre un objet

Rêver qu'on perd un bien précieux peut exprimer le sentiment qui nous habite lorsqu'un être cher disparaît. Cela peut aussi être un rêve d'angoisse à propos d'un objet que nous avons effectivement perdu ou encore au sujet d'une partie de nous-même qui a changé.

Foi et spiritualité

Nombre de songes peuvent être essentiellement spirituels. Les sens de notre corps étant sourds aux stimulations extérieures, l'esprit profite d'une liberté similaire à celle de l'âme quittant le corps lors d'une extase religieuse.

Carl Jung fut le premier à analyser les manières dont les songes peuvent se livrer à une quête spirituelle. Il considérait la recherche d'une vérité spirituelle et religieuse, au-delà de nos vies matérielles, comme une des plus puissantes énergies de notre psyché émanant directement de l'inconscient collectif – ce vaste entrepôt génétique des mythes et symboles qui projette dans notre conscience les images archétypales, particulièrement lorsque nous rêvons.

Davantage que tout autre grand thème, la religion et la spiritualité s'expriment dans les grands rêves de niveau 3. Le message est souvent transmis par des révélations oniriques qui vont jeter subitement une lumière éclatante sur le passé ou illuminer la voie à suivre pour le rêveur. L'esprit onirique peut croiser des images archétypales qui vont lui communiquer des messages profonds quant à ses besoins spirituels. Jung qualifia l'un de ces esprits archétypaux d'« envers de la matière » : celui-ci peut prendre la forme d'un fantôme ou, de manière plus abstraite, créer une impression d'infinitude et de vastes espaces. Le Vieux Sage peut aussi apparaître dans un songe spirituel tel un guide vers la spiritualité ou un maître de la vérité. Les autres archétypes prennent la forme de symboles ou d'icônes religieuses. Des expériences transcendantales peuvent se produire et laisseront le sujet avec des sentiments d'exaltation et de paix intérieure.

Les songes des niveaux 1 et 2 vont dépeindre le monde spirituel de manière beaucoup plus directe et immédiate. Les rêves où sont présents des prêtres ou d'autres officiants religieux représentent souvent l'autorité établie de l'Église, alors que les prophètes de l'Ancien Testament, les saints chrétiens, les avatars hindous ou les bodhisattvas bouddhistes vont plutôt symboliser des aspects de la vie ou des aspirations spirituelles du rêveur, ou encore son attitude à l'endroit des institutions spirituelles.

Les rêves que nous sommes tenté d'interpréter sous l'angle de la sexualité – gravir une montagne ou grimper à un arbre – peuvent être l'image d'un progrès spirituel. La flèche d'une église, vue par Freud comme un symbole phallique, peut aussi représenter le moi purifié ou la richesse et le mystère des enseignements spirituels. Le vol plané d'un aigle peut incarner une aspiration spirituelle, alors qu'une chute au sol signifiera les dangers de la fierté spirituelle.

L'amplification de songes spirituels se concentre généralement autour des histoires de la création ou de l'incarnation, et parfois d'une quête vers la lumière. L'histoire de Siddharta Gautama – qui deviendra le Bouddha ou « l'éveillé » – nous rappelle comment il grandit en tant que prince à l'abri de toute souffrance pour un jour tout quitter et chercher la lumière. Autre exemple, celui, norvégien, d'Odin, qui donna son œil droit afin de s'abreuver à la fontaine de la sagesse et de guider le monde au travers des tourments de Ragnarok, l'ultime bataille à la fin des temps.

Grâce aux rêves spirituels, nous pouvons régénérer notre sens du merveilleux et regagner celui de la potentialité profonde qui repose sous la surface de toute chose.

Bouddha

Le Bouddha enseigna que la vérité se trouve à l'intérieur. Son apparition dans un songe sert souvent à rappeler au rêveur qu'il doit trouver la paix en lui.

Divinités hindoues

L'hindouisme, religion polythéiste, est empreint d'un symbolisme complexe à plusieurs couches. Brahma est la source du cosmos, Vishnu est son protecteur et Shiva est destructeur de démons et créateur de la vie. Leur apparition accompagne de profondes passions, mais aussi le grand amour, la créativité et les énergies libératrices.

Shiva

Les religions orientales ont imprégné la culture occidentale et peuvent donc nous apparaître en rêve. La divinité hindi Shiva Nataraja, par exemple, dieu de la danse, peut incarner la dualité du divin : il est destructeur et créateur, paradoxalement terrifiant et aimable, dansant au centre d'un cercle de feu purificateur et libérateur.

Être de lumière

Il occupe une position centrale dans l'interprétation jungienne des songes et constitue une figure archétypale englobant un principe spirituel universel dont la pertinence se retrouve dans toutes les cultures et religions. Souvent, une silhouette sera baignée de lumière ou entourée d'un brillant halo – un symbole universel de l'énergie divine acceptable d'emblée par le moi conscient.

La Vierge Marie

Elle incarne le principe féminin du divin que l'on retrouve dans toutes les religions comme un symbole de pureté. En songe, elle représente souvent l'amour ou la compassion suprême et désintéressée, ou encore le pouvoir qui gouverne les cieux par la grâce et la sainteté plutôt que par la force et l'autorité.

Prêtre

Un prêtre, un rabbin, un pasteur ou toute autre personne sacrée représente souvent l'autorité de l'Église. Un tel personnage peut aussi incarner un parent enseignant la sagesse spirituelle et morale à un enfant – peut-être le rêveur est-il en quête de certitudes morales.

Jésus-Christ

Rêver de Jésus se produit souvent à des moments cruciaux de notre vie, près de la mort ou au moment où les problèmes spirituels et personnels occupent une grande place. Une image très puissante, celle du Christ en croix, constitue un symbole à multiples facettes de la mort, de la vie, de la résurrection, du sacrifice et du salut.

Paradis

Il peut nous apparaître sous la forme d'un paysage idéalisé ou comme dans les représentations religieuses – des cieux embrasés par la lumière divine avec Dieu entouré d'anges et de chérubins. Une autre incarnation possible est celle du jardin merveilleux. Cela peut représenter un rêve intense d'assouvir un désir ou un message rassurant en période de deuil.

Anges

Dans la tradition chrétienne, les anges sont les messagers de Dieu portant ses mots aux humains. Un rêve à propos de l'Annonciation, lorsque l'archange Gabriel apprit à Marie qu'elle porterait le Christ en son sein, peut survenir au moment où nous sommes à l'orée d'une transition spirituelle. Par ailleurs, l'archange Michel conduisant les armées célestes contre Satan est un symbole de la lumière surgissant des ténèbres, possible référence à un démon intérieur que nous devons vaincre.

Prophètes et saints

Les figures sacrées représentent nos aspirations religieuses. Dans nos rêves, elles suggèrent des voies ou nous encouragent dans notre quête vers la lumière ou l'épanouissement.

Jugement dernier

Un rêve où vous vous tenez devant Dieu peut être une image du Jugement dernier. Sans doute devez-vous composer avec un aspect négatif de votre psyché avant de partir en quête spirituelle.

Aigle en vol

Un aigle, un balbuzard ou un condor majestueux planant dans les cieux sont des symboles oniriques communs des aspirations spirituelles, mais leur chute soudaine peut nous avertir des dangers de nous enorgueillir d'une fierté contreproductive dans notre progression spirituelle.

XC

Soi et les autres

Les symboles nous renvoyant à nous-même et à nos interactions avec les autres sont fréquents dans nos songes. Les symboles corporels, entre autres, sont souvent utilisés par l'inconscient pour souligner une signification métaphorique sous-jacente évidente. Quant aux organes physiques, leur sens peut être lié à leurs formes (comme dans l'approche freudienne) ou à leurs fonctions – la langue, par exemple, est essentielle à une articulation claire des idées et des émotions. De la même manière, lorsqu'une personne apparaît dans un songe, il se peut que les associations symboliques offrent des indices plus utiles pour l'interprétation que sa véritable identité.

Le corps et ses fonctions

Dans l'Égypte, la Grèce, la Rome antiques et le Moyen Âge occidental, le corps était la métaphore du monde spirituel, une réflexion exprimée par le dieu philosophe Hermès : « En haut, comme en bas », à l'instar de l'idée biblique selon laquelle Dieu créa l'homme à son image. Les songes peuvent également lier le corps au domaine spirituel. L'état corporel du rêveur ou d'autres personnages oniriques peut incarner des traits de sa psyché ou des progrès psychologiques ou spirituels.

Plus directement, les songes font parfois allusion au corps pour signifier des problèmes de santé ou moraux, ou encore émettre des commentaires à propos d'un régime. Artémidore de Daldis écrivit en 170 av. J.-C. qu'un songe où un homme se voit avec la barbe parfaitement taillée peut indiquer une « honte soudaine et des problèmes moraux ».

Des songes à propos du corps peuvent aussi révéler des aspects du futur. L'interprète des rêves britannique du XIXe siècle Thomas Tryon affirma que si vous voyez votre ventre plus gros qu'il ne l'est réellement, cela veut généralement dire qu'un accroissement de la famille ou de la propriété est à prévoir. Voir son dos annonce plutôt de la malchance ou – peut-être – le passage vers la vieillesse.

Freud associait le fait de faire sa toilette ou de produire des excréments à la phase anale du développement psychosexuel. Les enfants en bas âge éprouvent une satisfaction érogène lors de cette phase et de cette expérience ; si elle est mal gérée par les parents, cela pourra laisser chez l'individu des sentiments de honte, de dégoût et d'anxiété permanents à l'égard de ses fonctions naturelles.

Droite et gauche

Pour les jungiens, mettre l'accent sur la droite fait référence à la vie consciente, alors que la gauche représente l'inconscient. Le côté gauche est associé à la malchance et à la méfiance (« sinistre » provient de *sinister*, gauche en latin) et les rêves qui se concentrent sur la main ou le côté gauche de notre corps peuvent marquer notre réserve par rapport à un individu ou à une entreprise. Inversement, la droite est associée à la confiance (d'où l'expression « être le bras droit de quelqu'un ») et à la chance, et les rêves à son propos peuvent prendre racine dans un sentiment d'optimisme.

Os

Les os représentent l'essence des choses. Se faire étriper ou couper jusqu'à l'os peut signifier l'apparition d'une perception soudaine, mais aussi une attaque violente contre la personnalité du rêveur. Des os cassés signifient une faiblesse, alors qu'un squelette est en général associé à la mort.

Œil

Les yeux sont le miroir de l'âme et offrent des indices sur l'état d'esprit et la santé spirituelle du rêveur. Des yeux brillants indiquent une vie intérieure saine. Lorsqu'ils sont ternes ou fermés, cela peut exprimer de l'angoisse, des blocages émotionnels ou un manque de communication.

Cœur

Selon sa signification archétypale, le cœur est le centre de notre vie émotionnelle et le symbole de l'amour. Il peut représenter une puissante énergie vitale, alors que le sang qui coule incarne le sacrifice et la perte. Le cœur en rêve exprime parfois notre besoin d'un amour inconditionnel, de nourriture intellectuelle ou de sécurité émotive. S'il est brisé ou de forme imparfaite, il incarne probablement une insécurité à l'endroit d'une personne proche.

Visage

Nous ne percevons pas notre visage comme le voient les autres : sur des photos, la lumière peut être imparfaite et dans le miroir, l'image est inversée. Voir notre visage peut donc nous alerter sur un besoin de reconsidérer ce que nous sommes et de changer la manière dont nous nous présentons aux autres. L'image d'une face peut aussi être un jeu de mots – peut-être devez-vous « faire face » à une situation complexe ? Ou peut-être avez-vous affaire à un « visage à deux faces » ?

Tête

Elle peut être le symbole d'une figure d'autorité comme le père. Vue de dos, elle évoquera l'image d'un père distant ou, s'il est mort, une sensation de perte. La tête peut également représenter notre intellect et nos capacités à réfléchir rationnellement – peut-être n'agissons-nous pas logiquement dans une certaine situation ?

Bouche

Selon Freud, rêver d'une bouche peut signifier que vous êtes bloqué à un niveau inférieur de votre développement psychosexuel qui se traduit par des comportements immatures comme la naïveté ou l'agression verbale. Elle est aussi un symbole de communication et d'expression de soi, et son apparition dans un songe peut signifier une créativité non explorée ou des émotions tues.

Dent

Artémidore considérait la bouche comme la maison, les dents de droite étant ses occupants masculins et celles de gauche, ses habitants féminins. Les dents qui tombent ou qui sont brisées forment l'épicentre de plusieurs rêves où l'angoisse règne de façon très prononcée. Rêver de perdre ses dents peut signifier que nous avons peur de perdre notre jeunesse ou notre vitalité et notre vigueur sexuelle. Perdre des dents de bébé peut être un symbole d'optimisme devant une transition vers une nouvelle étape de notre vie.

Dos

Rêver de quelqu'un qui nous tourne le dos peut vouloir dire que nous nous sentons abandonné ou négligé. S'il s'agit du dos d'un parent, nous ressentons probablement qu'il ne nous a pas offert suffisamment de soutien ou de nourriture intellectuelle. Si un groupe de personnes nous tourne le dos, le rêve peut être une réponse à une exclusion.

Sang

Fondamentalement, il est le symbole de la vie. Sa signification est cependant plus complexe et comporte plusieurs facettes. Si le sang se met soudain à couler, cela peut représenter de violentes émotions ou signifier que quelque chose draine notre énergie. Peut-être nous démenons-nous au sein d'une relation ou au travail et nos efforts ne sont-ils pas appréciés. Le sang qui coule est aussi un symbole de souffrance, de douleur et de blessure, qu'elles soient physiques ou émotionnelles. Une tache de sang incarne une culpabilité profonde. Le sang peut être associé aux menstruations et de ce fait à un renouveau et à la sexualité féminine. Chez un homme, il peut traduire la peur du corps de la femme et même d'une agression sexuelle.

Nez

Un nez proéminent est un symbole phallique pour les freudiens. Le songe de Pinocchio, qui voit son nez s'allonger à cause d'un mensonge, est traditionnellement associé à une culpabilité en rapport avec un comportement peu honnête, surtout sur le plan sexuel. Un nez très présent en rêve nous indique qu'il faut nous fier à notre nez, à nos instincts.

Oreilles

Sans doute est-il urgent de porter davantage attention au monde qui nous entoure. Parfois, nous sommes si enfermé dans notre vie intérieure que nous ne remarquons pas les mots et les gestes de nos proches – ils sont peut-être en train d'essayer de nous dire quelque chose d'important.

Cheveux

Ils ont de multiples significations. Souvent symbole de vanité, ils peuvent exprimer la féminité chez une femme ou encore la force et la détermination chez les deux sexes. Dans l'histoire biblique de Dalila et Samson, ce dernier perd toute sa puissance lorsque ses cheveux sont tondus. Pour plusieurs, perdre ses cheveux est un signe que la jeunesse s'envole. Par ailleurs, cela peut aussi avoir

des connotations positives – se raser la tête est la marque d'un nouveau départ ou de la renonciation aux biens matériels : une tête rasée est souvent associée aux moines.

Peau

La peau incarne l'image que nous offrons au monde. Douce, sans tache, elle peut être la marque d'un désir impossible de perfection, alors que les cicatrices et imperfections signifient souvent la présence d'expériences émotionnelles douloureuses ; notre attitude face à ces expériences peut être révélée par un rêve – selon que nous tentions de les dissimuler ou que nous les portions avec fierté.

Mains

Elles représentent l'action, bonne ou mauvaise. Se laver les mains suggère le refus des responsabilités et évoque l'image de Ponce Pilate se lavant les mains pour signifier son innocence dans la mort du Christ. Se montrer incapable de laver une tache sur nos mains peut exprimer un sentiment de culpabilité non résolu. Une main ouverte et tendue symbolise la générosité ou l'amitié, là où un poing fermé marque la colère, l'agressivité ou la force.

Bras

À la fois instruments de punition et lieu de réconfort, les bras peuvent être croisés en signe de défense ou ouverts aux opportunités. Un bras levé suggère l'autorité ou le conflit, et peut-être une arme. Si vous rêvez de bras ouverts, peut-être avez-vous besoin de réconfort ou de contacts physiques. Des bras qui vous enserrent peuvent représenter un désir d'être consolé.

Ongles

Rêver que nous griffons le visage de quelqu'un ne veut pas nécessairement dire que nous lui voulons du mal. Cela veut plutôt dire que nous souhaiterions voir ce qui se cache sous le vernis

de son apparence, afin de découvrir sa vraie personnalité.

Jambes

Elles sont nos fondations, que nous nous sentions fort et bien entouré ou que nous ayons « les jambes coupées ». Elles peuvent indiquer l'urgence d'avancer dans une relation ou une carrière.

Ventre

Depuis l'Antiquité, un ventre rond représente la fertilité féminine pour des raisons évidentes. Pour les femmes, le ventre peut symboliser des sentiments maternels, alors que pour les deux sexes, il indique parfois un désir de retourner à la chaleur protectrice de l'utérus. L'abdomen incarne aussi nos instincts viscéraux et notre intuition.

Poitrine

Les seins peuvent représenter l'amour inconditionnel d'une mère et donc exprimer le désir d'être nourri ou de nourrir. Source de toute nourriture et donc de la vie lors des premiers mois de l'enfant, les seins sont vus par les jungiens comme un besoin de renouveau spirituel et de

régénération. Rêver de seins peut aussi représenter l'assouvissement d'un désir sexuel.

Fesses

De grosses fesses font référence à la sexualité féminine ou aux désirs sexuels frustrés.

Fonctions corporelles

En général, les excréments incarnent l'angoisse publique ou la honte du rêveur, et parfois un besoin urgent de s'exprimer créativement ou pour des raisons cathartiques. Les menstruations peuvent véhiculer les mêmes symboles et sont souvent associées à une décharge soudaine d'énergie créative. Rêver que nous cherchons en vain les toilettes indique parfois un conflit entre le besoin et la peur de s'exprimer en public ; trouver des toilettes occupées est la marque d'une jalousie à l'égard de la créativité ou du statut d'un autre. Faire déborder une cuvette indique notre peur de perdre le contrôle de nos émotions ou l'incapacité de canaliser notre énergie créative.

Se laver et prendre son bain

C'est un symbole majeur de purification et de renouveau. Plusieurs religions possèdent leur rituel de purification par l'eau, du rite chrétien du baptême au lavement des pieds avant d'entrer dans un temple. Les jungiens affirment que rêver qu'on

se lave représente un acte de purification ou de rajeunissement que l'on accomplit avant d'entamer une nouvelle étape de notre vie ou d'atteindre un plus haut niveau de conscience. Plus prosaïquement, un rêve qui se concentre sur le fait de se laver les cheveux peut signifier que nous souhaitons nous débarrasser d'un partenaire, d'un ami ou d'un collègue. Se laver le corps vigoureusement indique un besoin obsessif de nous débarrasser de nos responsabilités face à une action qui nous semble honteuse ou moralement mauvaise.

Se frotter avec une serviette

C'est d'abord un symbole de masturbation qui peut être la marque d'une frustration sexuelle. La masturbation est aussi associée à la honte ou à la culpabilité si nos parents n'ont pas su gérer notre sexualité avec sensibilité.

Manque d'intimité

Si un rêveur craint qu'une toilette manque d'intimité, cela peut représenter une peur du public ou un besoin de s'exprimer davantage. En termes freudiens, le sujet peut éprouver la frustration de ne pas trouver le théâtre ou le moment propice pour s'exprimer. D'un autre côté, un rêveur qui exhibe sans gêne ses fonctions excrétoires indique une tendance à l'exhibitionnisme ou exprime la colère de ne pas recevoir plus d'estime des autres ou de rétributions pour ses efforts professionnels.

Naissance et résurrection

Expériences universelles par excellence, la naissance, la mort et le vieillissement apparaissent très souvent en songe. Nous faisons tous partie de ce grand cycle continu qui embrasse non seulement l'évolution de notre propre vie et du monde qui nous entoure, mais aussi les cycles qui marquent notre existence : le début et la fin des relations, le changement de saison et les phases de la lune. Dans la conception jungienne de l'inconscient collectif, il n'y a ni début ni fin, mais un cycle de changement perpétuel. Dans nos rêves comme dans les mythes, la mort peut représenter autre chose que la finitude; elle peut faire partie d'un processus global de croissance et de transformation. Tout comme la naissance est issue de la mort – plusieurs religions du monde célèbrent la fin et le début de l'année –, nos énergies spirituelles

et psychologiques se recréent sans cesse. En étant lié à l'existence sous toutes ses formes, l'inconscient collectif constitue une sorte de canal au travers duquel les énergies mentales et spirituelles renouvelées passent pour atteindre le monde conscient.

Les songes vont souvent incarner le renouveau en ramenant le sujet vers l'enfance. Rêver que nous sommes de nouveau enfant peut donc être le reflet de préoccupations d'adulte (comme le besoin d'un nouveau départ ou d'une inspiration nouvelle) plutôt que l'expression d'un désir de retrouver sa jeunesse. Si nous rêvons que nous sommes plus vieux que dans la réalité, cela peut représenter la sagesse ou être un symbole de rigidité intellectuelle ou d'infirmité physique. Si quelqu'un d'autre nous apparaît plus âgé ou plus jeune en songe, ce rêve peut indiquer que nous envions cette personne pour sa vitalité ou sa vaste expérience.

La résurrection – le retour à la vie de personnes, d'animaux ou de végétaux – est un rêve archétypal classique souvent associé à une nouvelle vie qui naîtrait sur de vieilles idées pour les recouvrir. Elle peut également être la marque du retour de certains problèmes que nous n'avons pas réglés.

Œuf

Dans plusieurs traditions mythologiques, l'œuf est considéré comme la source du cosmos et de toute vie. Apercevoir un œuf, un nouveau-né, un oisillon ou toute autre forme de naissance peut être le signe de l'émergence de nouvelles orientations ainsi que de la nécessité d'une saine alimentation.

Naissance

La naissance est très souvent associée à de nouvelles idées et solutions, à un besoin d'épanouissement, mais aussi parfois au fait que de nouvelles possibilités s'offrent à nous. La naissance peut être la marque d'un éveil spirituel chez le rêveur. On doit garder à l'esprit, cependant, qu'un nouveau-né est vulnérable et dépendant des autres.

Graines

Des songes impliquant des graines ou des bulbes peuvent être le signe de l'émergence de nouvelles idées ou d'un nouveau départ. De grandes choses peuvent découler de petits changements, tant qu'ils se déroulent dans le bon environnement.

Nudité et vêtements

La tradition occidentale offre deux interprétations de la nudité : d'une part, l'innocence de l'enfance et de l'autre, un attachement vulgaire et illicite aux plaisirs de la chair. Après être tombés en disgrâce, Adam et Ève couvrirent leur nudité ; la honte avait pénétré leur conscience et le monde s'en trouva changé pour l'éternité.

Dans les songes de niveau 3, la nudité peut incarner la nature spirituelle du rêveur ou le moi véritable. Aux niveaux 1 et 2, elle peut représenter une vaste gamme de sens tels que la vulnérabilité, le désir de baisser sa garde, l'absence de toute honte ou un amour de la vérité. Une angoisse excessive face à la nudité peut être synonyme d'une peur de la sincérité et de l'ouverture au sein de relations, ou l'incapacité à accepter et à intégrer ses propres pulsions sexuelles. Aux yeux de Freud, la nudité pouvait incarner une envie de retrouver son innocence d'enfant, ou être l'expression de l'exhibitionnisme sexuel refoulé du rêveur, probablement causé par une attitude parentale répressive dans l'enfance.

Les vêtements ont également une signification ambivalente. Ils peuvent prendre la forme des brillants habits de lumière revêtus par les dieux, les saints et les anges, ou incarner une vanité, un désir de tromper par l'apparence ou de camoufler la honte ou les imperfections.

Bien qu'ils servent à couvrir le corps, les vêtements, de par leur forme, leur ligne ou leur coupe, peuvent attirer l'attention d'autrui sur ce qu'ils cachent. Rêver de soutien-gorge ou de pantalons peut donc faire référence à des pensées à propos des seins ou des parties génitales, à la masculinité, à la féminité ou à la sexualité.

Les vêtements – surtout s'ils sont de couleur agréable – peuvent représenter des aspects positifs du développement spirituel et psychologique du rêveur, mais lorsqu'ils sont trop élaborés, ils peuvent être la marque d'une faiblesse à s'exposer publiquement. Les vêtements peuvent faire paraître une personne plus grande et plus mince qu'elle ne l'est réellement. En ce sens, ils peuvent incarner une gêne face à notre propre hypocrisie : un gilet tape-à-l'œil, par exemple, peut vouloir dire que nous savons que nous trompons les autres en nous créant une fausse personnalité.

Nudité féminine

Vénus, comme toutes les autres déesses, est souvent représentée nue ou quasiment nue. Cette nudité divine symbolise l'amour et la beauté sacrée ou, dans le cas des neuf muses, la vérité divine des arts. La nudité d'une femme puissante, comme celle de Diane, la déesse romaine de la chasse, peut suggérer l'animus, soit le principe actif de la féminité. Chez les freudiens, la nudité féminine exprime le désir sexuel. Chez la femme, elle peut signifier la présence de tendances lesbiennes ou exhibitionnistes.

Nudité

Les songes où la nudité est présente – la nôtre comme celle des autres – peuvent avoir plusieurs significations. Afin de les interpréter, il est important de s'attarder aux humeurs et au contexte dans lesquels apparaît la nudité. En règle générale, la nudité incarne un désir de retrouver l'innocence perdue – le manque enfantin d'une certaine conscience de soi qui renvoie à Adam et Ève au Paradis. Elle peut aussi évoquer l'ouverture et l'honnêteté, une acceptation de soi ou une volonté d'affronter les faits tels qu'ils se présentent. Dans le cas d'un songe d'angoisse, cette ouverture se transformera en vulnérabilité.

Accepter la nudité

Voilà une marque d'appréciation de la liberté et de la nature. Même si les freudiens y voient le signe de l'assouvissement d'un désir, cela peut également représenter une capacité à percer les mécanismes de défense des autres et à les accepter tels qu'ils sont. Si nous accueillons avec enthousiasme la nudité des personnes que nous rencontrons en songe, peut-être éprouvons-nous de la frustration face aux comportements prétentieux et artificiels de gens que nous côtoyons.

Nudité enfantine

Elle représente souvent l'innocence, même si elle est aussi associée à l'image de l'enfant divin (voir page 106). Si le rêveur tente de se couvrir, cela peut être le reflet d'un certain puritanisme, d'un artifice ou d'une difficulté à s'exprimer.

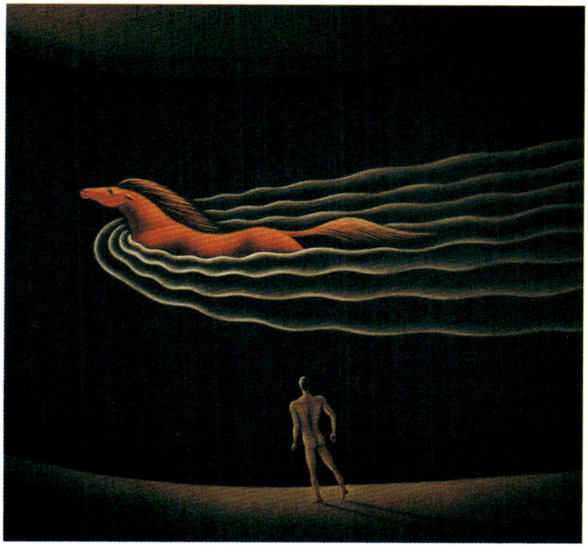

Dégoût de la nudité d'autrui

Cette émotion indique de l'angoisse, de la déception ou une aversion lorsque nous découvrons la véritable nature des autres sous le vernis de leur apparence. Même s'il n'a rien à voir avec le corps lui-même, le songe peut représenter notre refus à laisser les autres être ce qu'ils sont. Être dégoûté par la nudité d'autrui peut aussi signifier notre prudence ou notre hésitation à nous engager émotivement ou physiquement auprès de quelqu'un.

Impassibilité d'autrui face à notre nudité

Être nu en public et ne susciter que l'impassibilité ou l'insouciance peut vouloir dire que vous êtes imperméable à ce que les autres pensent de vous. Ce type de rêve peut aussi représenter la nécessité d'écarter la peur d'être rejeté – que ce soit physiquement, psychologiquement ou spirituellement. Peut-être devrions-nous nous accepter davantage comme nous sommes ou nous ouvrir à des traumatismes émotionnels du passé.

Nudité masculine

Pour les freudiens, il n'existe guère de différence dans l'interprétation entre la nudité masculine et féminine, les deux indiquant un désir hétérosexuel ou homosexuel et, si le rêveur est un homme, un penchant inavoué pour l'exhibitionnisme. Pour les jungiens, la représentation idéalisée d'un nu masculin est associée aux images classiques des dieux grecs et romains et peut être l'expression d'un profond amour de la culture, de la beauté et des arts, ou une aspiration vers des objectifs spirituels plus élevés.

Vêtements trop serrés ou trop lâches

Des vêtements trop serrés (surtout les tenues de soirée comme les costumes) indiquent en général que le rêveur est inhibé ou restreint par son rôle public ou professionnel. Plus rarement, ils révèlent que le sujet vise trop haut ou que ses objectifs sont inatteignables dans les circonstances présentes. L'interprétation freudienne s'arrête aux caractéristiques révélatrices de ces vêtements et les envisage comme la représentation de préoccupations à propos des seins ou des fesses, selon ce qu'ils révèlent. Inversement, des vêtements trop lâches peuvent être la marque d'un désir de s'affranchir des contraintes et inhibitions imposées par la morale et les conventions sociales. L'absence de formes peut également suggérer que le rêveur tente de dissimuler sa silhouette réelle et, par extension, sa véritable nature.

Cape

Voilà un symbole onirique ambivalent. La cape peut représenter une dissimulation illicite, le secret, le mystère et l'occultisme, ou encore une chaleur réconfortante et l'amour. La psychologie freudienne associe généralement la cape à la sexualité enveloppante de la femme.

Kimono

On l'identifie à l'Orient, plus spécifiquement au Japon. Le rêveur se sent peut-être interpellé par l'Extrême-Orient ou, si le kimono lui semble un accoutrement incongru, son rêve peut représenter une partie de lui-même qui lui paraît étrangère.

Pull-over effiloché

Rêver d'un vêtement de laine qui s'effiloche peut attirer notre attention sur un sentiment de désillusion grandissant à l'endroit d'une personne ou d'un idéal. L'association directe jungienne peut conduire à l'identification de ce que ce chandail ou ce pull-over signifie pour nous.

Chapeau

Les chapeaux véhiculent nombre de significations : Jung affirmait qu'ils étaient le symbole de la pensée et que leur forme onirique était donc très porteuse de sens. Si nous changeons de chapeau ou en achetons un, il est probable que nous soyons à une étape de notre développement personnel qui nous permet de nous ouvrir à de nouvelles idées et d'écarter des croyances maintenant dépassées.

Ceinture

Les ceintures font tenir nos pantalons et, en ce sens, peuvent représenter la propriété sociale et le besoin de conserver la cohérence de notre personnalité. Les rêves d'angoisse vont présenter des ceintures qui ne fonctionnent pas, reflet de notre crainte de ne pas maintenir notre image sociale et de dépasser les bornes de la bienséance. Les ceintures sont aussi des objets contraignants : rêver qu'on les desserre peut exprimer un désir d'échapper au confinement de nos inhibitions ou de celles qui nous sont imposées par la morale et les conventions sociales.

Turban

Aux yeux des musulmans et des sikhs, il représente le statut et l'appartenance à une communauté en particulier. Il exprime la dignité et l'autorité masculine dominante. Pour ceux qui n'appartiennent pas à une communauté religieuse ou ethnique qui préconise le port du turban, cet accessoire peut être associé à l'inconnu et à l'exotique. Le rêveur aspire dans ce cas à la découverte de nouveaux horizons ou à vivre des expériences inédites.

Bottes

« Ces bottes sont faites pour marcher », disait la chanson. En fonction du contexte, lorsque les bottes jouent un rôle prédominant dans un songe, cela veut souvent signifier qu'il est grand temps de « faire le ménage », d'écarter une mauvaise influence de notre vie ou que d'importants changements ou revers de fortune s'annoncent. Des bottes de cuir à talons hauts ou lacées de bas en haut peuvent aussi être la marque d'un rapport de domination sur le plan sexuel, alors que des bottes de randonnée qui protègent nos pieds en plus de nous offrir stabilité et emprise sur des terrains escarpés, nous rappellent que nos pieds doivent demeurer bien d'aplomb sur le sol durant les périodes de grands défis.

Fourrure

Porter de la fourrure en songe peut signifier une grande désillusion ou une nostalgie de notre gloire passée. L'hermine blanche de la royauté et de la toge des juges est un symbole classique de l'innocence et de la pureté ou de l'aspiration vers un rôle de responsabilité sociale ou morale. Aux yeux des freudiens, la fourrure symbolise les poils pubiens ou, lorsqu'elle nous emmitoufle, un désir de retrouver le confort de l'utérus.

Armure

Rêver que nous portons des vêtements lourds ou une armure indique à quel point nous sommes toujours sur la défensive. Si nous étions plus ouvert, plus confiant et à l'aise socialement, nous n'aurions plus à nous soucier autant des dangers.

Sous-vêtements

Leur présence en rêve représente souvent des attitudes et des préjugés inconscients qui nous habitent et que nous préférons garder sous silence. Les couleurs et l'état des sous-vêtements peuvent donner des indices importants sur les traits qu'ils incarnent. Ressentir de la gêne à se montrer dans cette tenue légère en songe traduit le refus de montrer ces attitudes inconscientes en public.

Robes ou jupes

En Occident, les femmes portent de plus en plus de pantalons. Ainsi, la présence d'une robe ou d'une jupe en songe indique, aussi bien pour l'homme que pour la femme, un besoin d'intégration de la féminité dans la psyché. La forme du vêtement aura son importance. Une robe de bal nous encouragera par exemple à utiliser et à présenter nos plus belles qualités personnelles.

Bague

Symbole matrimonial par excellence, elle pourra incarner l'engagement et l'épanouissement. C'est aussi une métaphore du cycle continu de la vie, de l'éternité.

Shorts

Ils sont souvent la représentation de la jeunesse et de l'inexpérience, et signifient parfois que le rêveur n'est pas prêt à relever un défi.

Les personnes

Au cours d'une vie, nous croiserons beaucoup de gens dans nos rêves. Certains sont des représentations directes de personnes que nous connaissons et avec qui nous entretenons des relations, ce qui signifie souvent que le songe nous envoie un message à leur propos ; d'autres incarnent d'une manière plus abstraite des qualités, des souhaits ou des thèmes archétypaux spécifiques ; d'autres encore réfèrent à des aspects de la personnalité du rêveur lui-même. Parfois, un seul et même personnage remplira toutes ces fonctions dans le cadre du même songe.

Une analyse détaillée est souvent nécessaire avant de comprendre la fonction d'un personnage onirique, mais, tout comme c'est le cas pour les autres domaines, certaines tendances générales sont évidentes.

Jung affirmait que lorsqu'un personnage se présente sous plusieurs formes dans le même songe, c'est qu'il incarne des aspects de la vie du rêveur. En réfléchissant aux différents comportements du personnage en fonction de notre vie éveillée, plusieurs perceptions de nous-même et de la manière dont nous nous présentons aux autres peuvent surgir.

Inversement, Jung déclarait que si un personnage onirique rassemble tout ce que nous ne voudrions pas être, c'est qu'il incarne l'archétype de l'ombre – la face cachée et refoulée du moi (voir page 105). Cependant, tout n'est pas négatif dans l'ombre : l'identifier, c'est reconnaître et intégrer à la conscience ces aspects ; l'ignorer conduira notre côté sombre à apparaître et à réapparaître sans cesse dans nos songes, sous des apparences de plus en plus destructrices.

Lorsque des individus magnifiques et puissants se présentent à nous, ils sont souvent l'incarnation de l'anima ou de l'animus (voir page 103), les principes féminin et masculin qui coexistent en chacun de nous dans l'inconscient collectif. De tels personnages nous suggèrent de développer l'un ou l'autre de ces principes, selon celui qui est le plus faible, pour en tirer la force qu'il recèle.

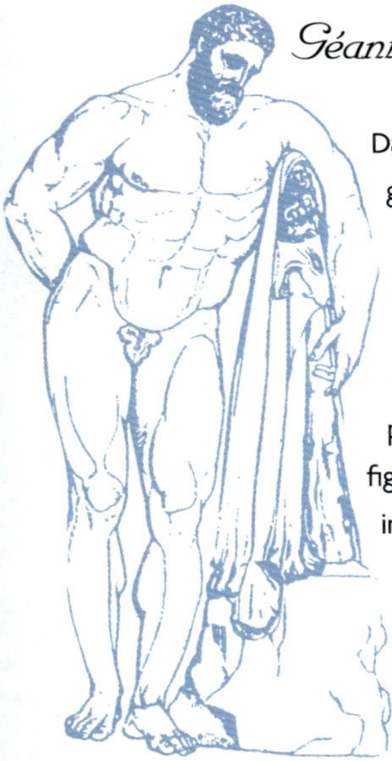

Géant

Dans les songes d'adulte, les géants peuvent rappeler l'enfance, quand les adultes nous dépassaient en taille. Pour les enfants, ils incarnent des préoccupations comme la figure effrayante du père. S'ils inspirent la terreur, les songes à propos des géants ne sont pas tous inamicaux. Certains symbolisent la protection que les plus forts peuvent offrir aux plus faibles. Si vous vous voyez comme un géant dans le style Gulliver, entouré de petites personnes, cela peut référer à une très haute estime de soi ou à un sens élevé de conscience de soi. Peut-être aussi exagérez-vous radicalement votre sentiment d'insécurité.

Vieillard

Un homme âgé est souvent la représentation de l'archétype du Vieux Sage (voir pages 103 et 104). Ce peut être un guide qui indiquera par exemple la voie à suivre face à une situation difficile. S'il nous apparaît par contre en mauvaise santé ou infirme, il peut incarner la peur de vieillir ou de mourir et, chez l'homme, une angoisse face à l'impuissance.

Vieille sorcière

La vieille sorcière apparaît dans les légendes et les mythes du monde entier. Intimement liée à l'archétype jungien de la Grande Mère dévorante (voir page 106), elle est tantôt une figure utile, tantôt hostile, mais dans chaque cas elle incarne notre sagesse intérieure latente. Les freudiens voient en elle un symbole de la castration, de l'angoisse ou des problèmes non résolus avec la mère.

Mendiant

Il peut nous apparaître pour nous rappeler le caractère illusoire de nos aspirations matérielles ou renvoyer à un manque d'estime de soi. Le mendiant se trouve tout au bas de l'échelle sociale et dépend entièrement des autres pour sa survie ; d'un autre côté, son existence n'est assujettie à aucune forme de routine professionnelle ou d'obligation en rapport avec un logis. En rêve, il peut exprimer un besoin d'échapper aux corvées et au confinement du quotidien.

Témoin silencieux

Un personnage qui refuse de parler ou qui s'en montre incapable représente souvent un déséquilibre entre l'émotif et l'intellect, l'un contrôlant l'autre au point de le museler.

Voyou

Rejetant les règles de la société, le jeune voyou peut incarner notre désir de nous débarrasser des vieilles conventions ou des inhibitions qui freinent notre développement personnel. Inversement, il peut être le symbole de notre potentiel destructeur et, en termes jungiens, exprimer certains désirs ardents de la partie sombre de notre personnalité : l'ombre.

Veuve

Comme la veuve a perdu son mari, et donc l'énergie masculine de sa vie, les freudiens y voient le symbole de l'angoisse de castration chez l'homme. De manière plus générale, elle incarne la mort ou une grande perte.

Enfant

Les songes où nous nous voyons à l'âge de l'enfance renvoient à la perte de l'innocence de nos jeunes années et à l'amour inconditionnel de nos parents. L'enfant peut aussi représenter des aspects du rêveur – une vulnérabilité ou une personnalité ludique qu'il n'exprime que rarement, ou encore un besoin de repartir de zéro après de mauvaises décisions.

Famille

Si toute notre famille nous apparaît, c'est que nous ressentons peut-être le besoin de retrouver la chaleur du foyer familial. Si nous voyons notre famille au complet, mais que nous n'en faisons pas partie, cela peut exprimer un sentiment de séparation.

Mère

La mère est un symbole onirique complexe doté de plusieurs couches de sens. Sur le plan universel et archétypal, mère Nature incarne la renaissance, la fertilité et la continuité. Nourricière, elle donne la vie, mais elle représente aussi la mort

et le retour à la terre nécessaire à l'éclosion d'une nouvelle vie. Les jungiens considèrent que l'archétype de la Grande Mère (voir page 106) a une profonde influence sur notre croissance psychologique. Dans l'interprétation freudienne, par contre, la mère peut représenter un désir inconscient ou l'angoisse de castration. Un songe à propos de notre propre mère peut être sujet à interprétation ou être un portrait direct de notre relation avec elle. La manière dont nous interagissons en rêve avec elle peut nous donner des indices sur notre relation actuelle et sur des problèmes issus de notre éducation.

Père

Comme dans le cas de la mère, un songe dans lequel notre père joue un rôle prédominant peut simplement nous renseigner sur notre relation avec lui. Les émotions du rêveur – colère, ressentiment, plaisir, etc. – sont d'une extrême importance dans l'interprétation. Aux yeux des freudiens, ces rêves sont de nature explicitement sexuelle – exprimant une insécurité sexuelle ou un désir incestueux, selon qu'il s'agit d'un homme ou d'une femme. Les jungiens considèrent ces rêves comme une représentation de l'archétype du Vieux Sage.

Jumeaux

Ils représentent souvent différents aspects de la personnalité du rêveur. Lorsqu'ils sont joyeux, cela indique que ces derniers sont intégrés et en harmonie. S'ils sont en conflit, ils sont la marque de tourments intérieurs.

Frère et sœur

Ils peuvent impliquer le souvenir de rivalités ou de jalousies passées. Si l'intensité de la compétition qu'ils suscitent vous semble étonnante, elle peut trouver sa source uniquement dans les souvenirs et cela ne veut en rien dire qu'elle ait persisté jusqu'à l'âge adulte.

Oncle et tante

Notre esprit onirique les utilise souvent en lieu et place de nos parents pour exprimer des sentiments inconscients que nous éprouvons à leur égard. Les jungiens voient souvent en l'oncle la figure de l'animus chez une rêveuse, alors que la tante représentera l'anima chez l'homme (voir page 103).

Grands-parents

Ils peuvent incarner les archétypes jungiens de la Grande Mère ou du Vieux Sage, ou symboliser la sécurité, l'amour et le soutien familiaux. Souvent, nos relations avec eux sont moins tendues qu'avec nos parents, et leur présence en songe indiquera le désir d'une relation similaire, calme et sans tension.

Amis

Un rêve dans lequel nos amis ne nous reconnaissent pas ou prétendent ne pas nous connaître exprime souvent un manque de confiance en soi. Cela peut aussi vouloir dire que nous éprouvons des doutes face à une relation ou encore que notre esprit rêveur nous rappelle gentiment la nature éphémère de la popularité.

Public

Si vous rêvez qu'une foule en liesse vous accueille, il est probable que vous ayez accompli une percée dans votre vie éveillée. Peut-être avez-vous enfin reçu toute la reconnaissance que vous aviez l'impression de mériter. Si, par contre, vous êtes raillé par une foule en colère, sans doute êtes-vous sujet à la paranoïa ou avez-vous une piètre estime de vous-même.

Compagnie, rassemblement

Rêver que vous êtes accueilli à une fête ou à un rassemblement peut être le signe d'une volonté

d'attirer l'attention ou de recevoir de l'affection de vos amis. Un tel songe peut aussi exprimer le désir de reprendre contact avec des amis ou des membres de votre famille que vous pensez avoir négligés. Si une personne qui ne fait plus partie de votre cercle – une ancienne relation ou un parent décédé – se présente au rassemblement, le songe met sans doute l'accent sur cette perte.

Patron

Rêver de notre patron peut bien sûr révéler des angoisses liées au lieu de travail, mais le patron peut aussi nous renvoyer à notre relation avec nos parents. Demander une augmentation de salaire dans un rêve peut exprimer le besoin qu'ils nous donnent plus d'attention ou nous montrent davantage leur amour. Si, au contraire, on se fait licencier, le songe réfère peut-être à un sentiment de rejet de la part des parents. Rêver que l'on est le patron peut représenter une envie de domination sexuelle.

Étrangers

Un groupe d'étrangers parlant une langue inintelligible peut représenter certains aspects de nous-même que nous trouvons difficiles à comprendre ou à accepter. Ce type de rêve peut aussi indiquer que nous éprouvons de la difficulté à communiquer en général ou avec une personne, ou dans une situation en particulier.

Propriétaire

En songe, une maison représente souvent le soi. Si quelqu'un d'autre en est le propriétaire, cela indique que nous ne sentons pas avoir le contrôle de notre vie. Peut-être qu'un parent ou un partenaire est ultra-dominant, ou que nos actes sont dictés par les événements plutôt que par notre volonté.

Métiers

Les professions sont très présentes en songe. Qu'il s'agisse du vôtre ou de celui d'autres personnages de vos rêves, le métier renvoie presque toujours à certains aspects de votre personnalité. Le lieu de travail offre une vaste gamme de métaphores incluant aussi bien les objets que les actes. Les rêves les utilisent librement pour faire passer leurs messages.

Un rendez-vous chez l'opticien, par exemple, sera la marque d'une approche à courte vue des relations ou des problèmes personnels ou professionnels d'autrui.

Tenter de vendre des journaux à des passants qui vous ignorent pourra signifier que vous éprouvez des difficultés à attirer l'attention des autres sur des informations importantes et que vous devriez peut-être considérer une nouvelle stratégie. La même signification se dégagera d'un songe dans lequel vous postulez pour différents emplois, mais ce rêve mettra surtout l'accent sur le fait que vous pourriez éprouver d'énormes frustrations si vous ne clarifiez pas le sens que prend votre vie.

Si nous rêvons souvent d'un rôle ou d'un projet en cours, cela suggère en général que le songe réfère à des domaines d'activité où nous nous sentons improductif, craignons de faire mauvais usage de notre potentiel ou de laisser filer des occasions.

Même les songes qui ne semblent que reproduire littéralement des actes de la journée de travail précédente nous donnent des indices sur les raisons pour lesquelles les choses se sont bien ou mal passées, ou sur la façon dont nous devrions composer avec elles dans le futur.

Fonctionnaire

Rêver de bureaucratie est souvent le signe d'une absence d'émotions chez le rêveur ou chez ceux avec qui il est en contact. Ce type de songe insiste sans doute sur la nécessité de nous engager davantage et, plus personnellement, dans nos relations. Il peut aussi exprimer l'impuissance du sujet à comprendre des problèmes complexes ou indiquer qu'il devrait porter plus d'attention aux détails. Plus généralement, le bureaucrate symbolise l'organisation impersonnelle d'un monde qui nous empêche de réussir au travail ou dans nos projets créatifs, ou même de résoudre les petits problèmes du quotidien.

Dentiste

Rien de surprenant à savoir qu'un songe qui met en scène un dentiste est souvent causé par un mal de dents. Lorsque ce n'est pas le cas, selon l'interprétation freudienne, rêver qu'il nous arrache une dent est symbole d'une angoisse de castration. De son côté, Jung estime qu'un songe où une femme se rend chez le dentiste représente la naissance – l'esprit rêveur transforme la sage-femme ou le gynécologue en dentiste.

Ingénieur

Il peut être vu comme une sorte de rédempteur, capable de réparer les rouages du monde en période trouble. S'il travaille à la cave, dans les profondeurs de notre inconscient, il empêchera les pulsions destructrices de se manifester dans notre vie consciente. Il sera un bon ami, un parent aimé ou un conseiller très avisé.

Ouvrier du bâtiment

La maison étant souvent le symbole du soi, elle pourra être l'incarnation du père ou de quelqu'un qui a eu une influence similaire sur notre vie. Si la maison n'est pas encore achevée, le songe sera le reflet de la relation de dépendance par rapport à nos parents que nous avons connue dans l'enfance.

Chef d'orchestre

Selon l'humeur et le contexte, rêver que l'on conduit un orchestre peut signifier que nous souhaitons diriger les actions d'autrui ou mieux contrôler nos pulsions créatives. S'il associe musique et religion, le rêve peut exprimer le besoin d'être dirigé spirituellement.

Mécanicien

S'il est entouré d'une multitude de pièces mécaniques, il incarne sans doute notre frustration face à la tâche de garder notre vie en ordre. Le travail quasi impossible de réassembler un moteur déconstruit ou l'incapacité à trouver le bon outil pour réparer un problème renvoient aux défis que nous posent les événements chaotiques du quotidien.

Mineur

Toute référence au sous-sol renvoie à notre inconscient ; le mineur, en travaillant profondément sous terre, incarne souvent un processus de découverte de soi. À l'instar du minerai brut que l'on rapporte à la surface pour le transformer en pierres précieuses, la sagesse que nous parvenons à découvrir en notre inconscient doit être soumise à l'examen de notre conscience, afin qu'en soit révélée toute la portée significative.

Marin

En raison de leur rapport à la mer – et donc à l'inconscient –, les marins incarnent en général la facette aventureuse du rêveur et son désir d'explorer les terres inconnues de son inconscient.

Chimiste

Jung lia la pratique ancienne de l'alchimie aux transformations intérieures. Son équivalent moderne, la chimie, peut être le symbole d'un besoin d'épanouissement spirituel.

Docteur

Rêver d'être le patient d'un médecin transforme ce dernier en un objet, selon un phénomène que les psychanalystes appellent le transfert. Par exemple, nous redirigeons vers le docteur les émotions entourant notre relation passée ou présente avec nos parents.

Amiral, capitaine de bateau

Pour les freudiens, les navires sont des symboles phalliques. En ce sens, rêver que nous conduisons un bateau peut indiquer le besoin d'un contrôle accru au sein d'une relation, ou peut-être un désir de dominer notre partenaire sexuellement.

Plombier

Les tuyaux et les valves de notre maison peuvent incarner nos organes internes de même que les rouages les plus intimes de nos émotions et de notre esprit. Lorsqu'un plombier apparaît de manière significative, cela peut représenter des inquiétudes à l'égard de notre santé, ou référer à un processus d'exploration et de guérison psychologique ou émotionnelle.

Infirmière

Être pris en charge par une infirmière indique un besoin d'être materné ; l'inverse est la marque de nos instincts maternels.

Mortalité

L'inconscient collectif travaille à long terme, associant la mort à un changement et non à une finitude. Sur le plan individuel, cependant, la mort a toujours affecté, terrifié ou fasciné l'être humain. Les rêves des niveaux 1 et 2 (voir pages 65 à 70) qui ne s'éloignent pas trop de notre esprit conscient peuvent être empreints d'angoisse face à notre propre disparition ou à celle de nos proches.

Les rêves effrayants concernant notre décès indiquent un besoin de nous réconcilier consciemment avec notre inévitable destin. Rêver de la mort des autres, par contre, peut exprimer des peurs plus générales – par exemple, une inquiétude en rapport avec

l'annihilation de la personnalité ou de soi, la crainte d'un jugement divin, des Enfers ou de la manière dont nous mourrons.

En rêve, la mort est souvent porteuse de prémonitions. Abraham Lincoln rêva de sa propre mort : quelques jours seulement avant son assassinat, il aperçut son corps vêtu d'habits funéraires, reposant dans une pièce de la Maison-Blanche. Cependant, nombre de songes ayant la mort comme thème n'ont rien à voir avec celle-ci. Certains sont liés à des aspects de la vie psychologique du rêveur ou à des changements de contexte de vie. Les symboles mortuaires peuvent aussi attirer notre attention sur des événements inévitables comme la retraite, la perte d'un emploi, un déménagement ou la fin d'une étroite relation.

Lire l'avis de décès de quelqu'un, voir sa pierre tombale ou assister à son enterrement peut signifier le renvoi de cette personne d'un travail, la perte de notre affection pour elle ou toute autre forme de disgrâce dont elle est maintenant l'objet.

Les images référant au décès du rêveur peuvent véhiculer des significations similaires, même si *The Golden Dreamer*, un ouvrage traitant des rêves paru en 1840, y voyait, pour le rêveur, le signe d'un mariage rapide ou le succès de tous ses projets.

Enterrement

Cette image représente parfois un terme – comme la fin d'une relation – plutôt que la mort elle-même. L'enterrement d'un inconnu est souvent la marque du passage du temps, de la nature irrécupérable du passé ou de l'importance de ne pas s'impliquer émotionnellement à tous vents.

Symboles de la mort

Les cimetières moyenâgeux regorgent de *memento mori* (rappels des morts) et les savants de l'époque conservaient souvent un crâne sur leurs bureaux en guise d'outil de réflexion. Les sabliers et la figure de la faucheuse sont aussi d'importants symboles. Rêver de ces images peut rappeler au rêveur que la vie ne lui offre qu'un temps limité pour réaliser ses projets, ou peut annoncer des accomplis-sements futurs, comme un mariage.

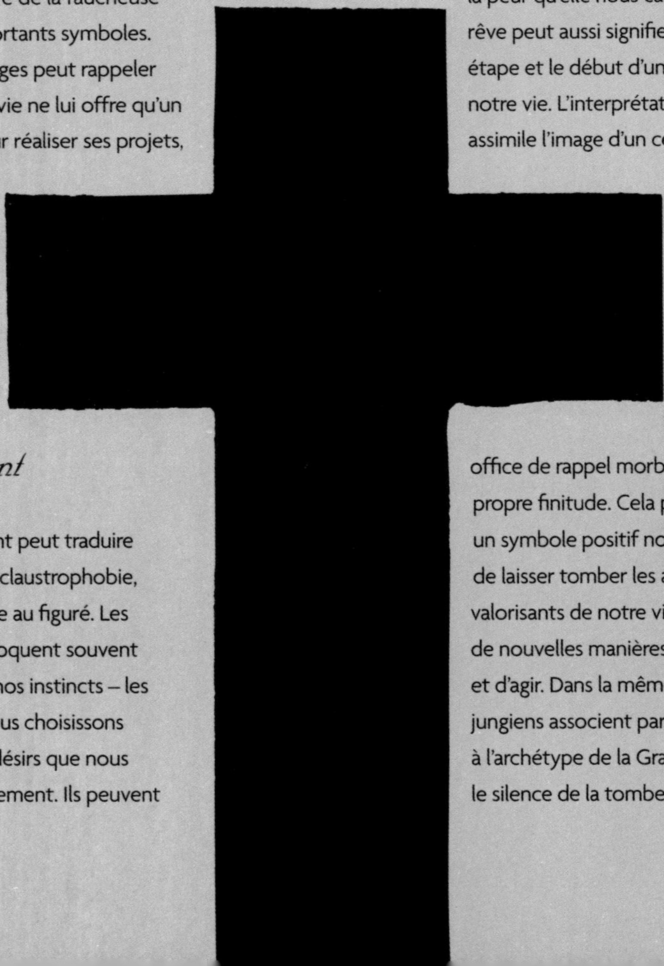

Enterrement

Être enterré vivant peut traduire un sentiment de claustrophobie, au propre comme au figuré. Les enterrements évoquent souvent la répression de nos instincts – les angoisses que nous choisissons d'ignorer ou les désirs que nous taisons volontairement. Ils peuvent aussi être le symbole de la fin d'une expérience émotionnelle douloureuse.

Cercueil

Cette image peut bien sûr représenter la mort ou la peur qu'elle nous cause. Ce type de rêve peut aussi signifier la fin d'une étape et le début d'une nouvelle dans notre vie. L'interprétation freudienne assimile l'image d'un cercueil béant à la sexualité féminine.

Tombe

Une tombe ouverte peut faire office de rappel morbide de notre propre finitude. Cela peut aussi être un symbole positif nous suggérant de laisser tomber les aspects non valorisants de notre vie et d'adopter de nouvelles manières de penser et d'agir. Dans la même veine, les jungiens associent parfois les tombes à l'archétype de la Grande Mère – le silence de la tombe offrant un endroit propice au repos, à la régénération et à la renaissance.

Cimetière

Il ne s'agit pas seulement d'un endroit où pleurer et enterrer nos morts, mais aussi d'un lieu de souvenir. En songe, il peut représenter l'unité familiale et réaffirmer la continuité entre les générations passées et présentes.

Avis de décès

Lire son propre avis de décès est un songe relativement courant. Il peut indiquer une peur relative au statut social ou à l'emploi. Lire l'avis de décès de quelqu'un que l'on connaît peut être la marque d'un certain ressentiment à son égard.

Pendaison

Freud voyait dans l'exécution par pendaison ou par un autre moyen – la décapitation, par exemple – le symbole de l'angoisse face à la castration masculine. Il la liait donc à la peur de l'impuissance et de la perte de la virilité sexuelle. Ces images peuvent renvoyer à une culpabilité à propos d'un crime réel ou imaginaire.

Les objets

La vie onirique est peuplée de toutes sortes d'objets, certains familiers, d'autres étranges et impossibles à identifier. Tous peuvent avoir une signification, mais il est fréquent que les plus obscurs soient les plus chargés de sens. Néanmoins, les associations sont parfois directes et certaines offrent des liens symboliques évidents avec le quotidien. Ainsi, un appareil photo représente souvent un désir de préserver le passé et de s'y cramponner, alors que cacher des objets dans des lieux sombres peut signifier que l'on veut se dissimuler soi-même. La fonction de l'objet est habituellement l'aspect le plus important même si sa forme, sa couleur et sa texture peuvent être porteuses de sens.

Outils

Les outils sont souvent synonymes de performance. Ils peuvent être la marque de nos capacités ou attirer notre attention sur des talents inexploités.

Clous

Ils peuvent évoquer la crucifixion pour les chrétiens, ou être le symbole de la souffrance et du sacrifice. Dans certaines cultures, on leur confère des qualités protectrices – les Romains plantaient un clou dans les murs du temple de Jupiter chaque mois de septembre, pour éloigner les catastrophes.

Marteau

Il sert à enfoncer un piquet dans le sol, un clou dans un mur ou dans un morceau de bois. Il représente la force de la volonté, de la détermination dans un jugement moral ou éthique.

Boulons et écrous

Ils représentent les aspects pratiques d'une tâche en particulier, et leur présence nous enjoint à voir plus loin que les considérations théoriques de cette tâche. Les freudiens s'attardent à la connotation sexuelle de leurs formes.

Appareils

Notre monde est rempli d'appareils ingénieux – des horloges mécaniques à la dernière trouvaille informatique. Tous peuvent figurer dans nos songes, que nous les utilisions régulièrement ou pas.

Parapluie

La pluie qui tombe peut nous sembler désagréable, mais nous la savons essentielle à la fertilité de la terre et à la vie en général. S'abriter sous un parapluie en songe peut indiquer que le rêveur se refuse l'accès aux sources d'une croissance physique et spirituelle. La symbolique sexuelle d'un parapluie dépend de sa position ouverte (féminin) ou fermée (masculin).

Téléphone

Généralement, il représente la communication ou sa rupture. Si nous ne parvenons pas à nous faire entendre, cela peut signifier une faiblesse dans la façon dont nous transmettons à autrui nos pensées, idées ou sentiments.

Horloge ou montre

Le tic-tac d'une horloge rappelle les battements du cœur. Ainsi, une horloge débridée peut être le symbole d'émotions puissantes ; arrêtée, d'un manque d'émotions. Elle peut aussi représenter la nature éphémère de la vie.

Ordinateur

Pour les freudiens, les claviers, les lecteurs de disques et les ports USB sont des symboles de la sexualité féminine. Les jungiens préfèrent envisager les ordinateurs à la lumière d'un partage de sagesse. Ils peuvent aussi incarner des angoisses liées au travail – une boîte de réception de courrier électronique qui déborde ou un bureau en désordre exprimeront des inquiétudes face à votre charge de travail.

Machinerie

Une certaine aptitude à faire fonctionner de la machinerie peut signifier une augmentation du pouvoir personnel. Si vous devenez une machine, il faut peut-être y voir une perte de sensibilité.

Lampe de poche ou torche

Utilisée pour éclairer la pénombre, une lampe de poche dans nos songes incarnera la recherche de la vérité et de l'intégrité au sein d'un monde souvent dominé par les forces de la corruption, de la cupidité et de l'ignorance. Si l'un des ces objets s'éteint, il y aura là le symbole d'une perte d'espoir ou de la disparition d'un idéal longtemps chéri.

Poste de radio

Voilà un symbole onirique puissant puisque, bien davantage que la télévision ou les journaux, il requiert de notre part une grande imagination pour visualiser ce qu'il nous offre. En ce sens, un poste de radio peut représenter notre voix intérieure. La présence d'interférences peut signifier que nous refusons d'entendre nos pensées les plus profondes.

Téléviseur

Apparaître à la télévision peut vouloir dire que nous avons de la difficulté à communiquer à autrui des émotions ou des idées que nous aimerions pourtant partager. Cela peut aussi être le signe d'un besoin d'attention de la part d'un être cher ou d'un public plus large, ou encore d'une aspiration à la célébrité.

Appareil photo

Il permet d'immortaliser des souvenirs qui nous auraient échappé. Lorsque la vie va trop vite ou que nous nous trouvons en période de changement, il nous arrive de rêver que nous photographions des personnes, des lieux ou des situations que nous pourrions oublier ou que nous souhaitons fixer en notre mémoire.

Articles et objets ménagers

Nous utilisons ces appareils ou dispositifs sans y penser. Puis, bizarrement, ils nous apparaissent en rêve. L'inconscient sait bien les faire parler !

Allumettes

Elles sont associées au feu et à la lumière. Allumer un feu à l'aide d'une allumette peut être la marque que vous souhaitez mettre en valeur l'une des idées liées à ces symboles élémentaires – purification, passion ou épanouissement spirituel, par exemple. Un feu qui s'éteint ou une allumette qui refuse de s'embraser traduisent souvent une perte de foi.

Livres

Ils représentent la sagesse, l'intellect ou le compte rendu de la vie du rêveur. Une incapacité à lire les mots dans un livre indique que le sujet a besoin de développer une plus grande capacité de concentration et une conscience plus fine.

Poubelles

Elles évoquent des souvenirs, des tâches ou des aspects de soi que l'on souhaiterait oublier. Elles peuvent exprimer le désir d'un nouveau départ.

Miroir

Apercevoir un visage étrange dans un miroir représente souvent une crise d'identité. Si le visage est effrayant, il peut incarner l'ombre, l'archétype de la face sombre du rêveur. Une personne qui sort du miroir peut être l'indice que de nouveaux aspects émergent de l'inconscient. Un miroir vide peut symboliser l'esprit vierge du rêveur avant que le moi ne s'en empare de nouveau.

Verre

Tout comme la tasse, le verre est un symbole sexuel féminin. Un verre brisé peut incarner la perte de la virginité – la tradition veut que l'on brise un verre de vin lors d'un mariage juif. Les jungiens y voient l'équivalent du Saint-Graal et l'associent donc à l'amour et à la vérité.

Panier

Rempli de fruits et de légumes, il sera symbole de fertilité et d'abondance. Sa forme peut représenter la sexualité féminine. En fonction de l'état de son contenu, la sexualité ainsi symbolisée peut passer de l'exubérance de la jeunesse à la maturité avancée.

Savon

Signe évident de purification, le savon exprimera un sentiment de culpabilité dont vous tentez de vous débarrasser ou le désir de faire le vide des énergies négatives qui peuplent votre vie. La menace de vous faire laver la bouche avec du savon qui vient de l'enfance peut resurgir dans vos rêves comme un avertissement contre l'obscénité ou la médisance.

Aiguilles

Elles ont en général une connotation sexuelle ; enfiler un fil dans le chas d'une aiguille ou l'acte de coudre peuvent être l'expression d'un désir sexuel.

Balai

Comme il sert à éliminer la poussière, son apparition peut accompagner un processus de nettoyage des idées ou des habitudes, afin de paver la voie à une approche nouvelle. Le balai peut avoir des connotations d'intolérance ou d'autoritarisme, comme si nous cherchions à éliminer les voix discordantes ou à purger une organisation de ses éléments opposés.

Épingle à cheveux

L'interprétation freudienne met l'accent sur sa forme courbe pour en faire un symbole de la sexualité féminine. Une femme retirant une épingle à cheveux d'une coiffure élaborée et libérant sa chevelure est une image classique de séduction féminine.

Brouette

Une brouette ne peut se mouvoir sans que nous la prenions en main ; elle véhicule des images d'action et d'énergie. Nous pouvons l'utiliser pour vider notre jardin des pousses indésirables ou pour charrier des débris qui bloquent une route ou une vue. C'est un symbole associé au changement, donc au déblayage de certains aspects de notre vie ou du soi qui gêneraient notre développement personnel ou spirituel.

Sac

Il peut représenter nos espoirs pour le futur. Si le rêveur se sent épuisé et incapable de le soulever, peut-être est-il écrasé sous le poids de ses responsabilités. Si le sac est vide, cela peut évoquer un sentiment d'inutilité ou encore le désir de se fixer de nouveaux buts.

Coussin

Il peut être associé à une personne qui est là pour nous protéger des coups durs ou pour nous intimer à composer avec les difficultés par nos propres moyens.

Chaise

Image de la sexualité féminine, la chaise peut symboliser la fin d'une relation sexuelle si elle est brisée ou s'effondre sous notre poids. Pour une femme, trouver en rêve une chaise peu ou très confortable renverra à ses propres rapports avec sa sexualité et pour un homme, à ses sentiments véritables envers un partenaire sexuel.

Jouets et jeux

Bien que leur relation symbolique à l'enfance soit évidente et qu'ils représentent parfois un désir de retour en arrière nostalgique, ils peuvent aussi avoir d'autres connotations. Les poupées et les trains électriques constituent des univers que nous pouvons contrôler, et lorsqu'ils nous apparaissent en songe, il se peut que nous éprouvions des difficultés à maîtriser le monde des adultes. Des jouets personnels peuvent avoir diverses significations, tout comme différents types de jeux. Dans les songes d'adultes, les jeux incarnent souvent des aspects de la vie du rêveur.

Train

Un songe à propos d'un train miniature peut exprimer notre désir d'exercer un plus grand contrôle sur notre vie, et ce, même si cela implique qu'elle devienne plus prévisible et routinière. Il peut aussi référer à un besoin de retourner en enfance, un lieu où d'autres ont la responsabilité de notre bien-être.

Marionnette

Si la présence de jouets dans nos rêves nous renvoie au contrôle de nos problèmes, celle de marionnettes a trait au contrôle sur les autres. Par définition, les marionnettes suggèrent la manipulation et l'absence de libre arbitre. Le rêveur comprendra que la marionnette est le symbole d'un désir de contrôle sur autrui ou d'un manque de maîtrise sur sa propre vie, référence à la métaphore selon laquelle « quelqu'un d'autre tire les ficelles ».

Toupie

Son mouvement hypnotique rappelle l'état de transe, résultat d'une méditation profonde. C'est l'un des jouets les plus anciens au monde et il peut nous apparaître en songe lorsque nous plongeons dans notre inconscient.

Poupée

Elle représentera l'anima ou l'animus, les qualités du sexe opposé en nous. Jung reliait les poupées à un manque de communication entre l'inconscient et le conscient.

Peluches

Elles représentent souvent la sécurité, le confort ou un soutien moral inconditionnel que le rêveur recherche peut-être chez les autres, des réminiscences des relations de l'enfance. Le songe peut également refléter un déni de la réalité ou encore un besoin de contacts plus naturels ou plus physiques avec les gens aimés.

Balançoire

Les freudiens associent son mouvement rythmé aux ébats sexuels. D'autres y voient la représentation du caractère excitant, imprévisible et diversifié de la vie.

Dé

Symbole du hasard, il peut être l'expression du sentiment que des facteurs arbitraires et aléatoires gouvernent nos progrès personnels ou professionnels davantage que nos talents ou nos efforts.

Jeu de société

Il symbolise souvent le cheminement du rêveur avec ses hauts et ses bas. Il peut aussi évoquer la satisfaction d'un désir lorsque le rêveur joue et gagne, ou encore la peur de la compétition. Certains jeux auront leur propre symbolisme : le péché et la sexualité avec le jeu des serpents et des échelles, ou les conflits entre le conscient et l'inconscient dans le cas du backgammon.

Armes

Elles sont à la fois un symbole d'autorité et de masculinité. Si les freudiens n'hésitent jamais à mettre l'accent sur leur sens sexuel, il existe d'autres interprétations : signe de frustration, d'agressivité et de la puissance de notre désir de changement. Elles peuvent aussi incarner la force en nous de lutter contre la répression, ou un moyen de nous faire entendre.

Couteaux et poignards

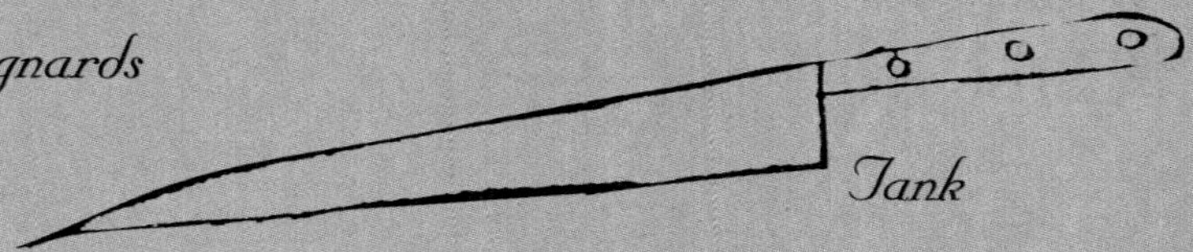

Le couteau est de loin le plus commun des symboles de la sexualité masculine. Il peut représenter le pénis avec son pouvoir pénétrant et incarner la violence associée à la masculinité. Il peut aussi être « l'épée de la vérité » qui met en pièces le mensonge et l'ignorance, ou notre vœu d'en finir avec les désirs factices. Parties intégrantes d'une tenue vestimentaire, le poignard écossais ou le kirpan des sikhs sont le symbole traditionnel de l'autorité masculine et de la capacité à protéger. Le poignard est aussi l'arme associée à l'assassinat furtif ; il peut révéler des sentiments d'animosité enfouis.

Arme inefficace

Toute arme qui échoue à protéger le rêveur suggère l'absence de pouvoir : le songe indique qu'il faut mieux nous armer pour affronter les défis de la vie. Aux yeux de Freud, un couteau inopérant ou une arme à feu qui ne fonctionne pas réfère à l'impuissance sexuelle, à la crainte qu'elle nous inspire ou à la perte de tout autre pouvoir.

Tank

Un tank aplatit tout sur son passage et sa présence onirique peut indiquer que nous refusons d'écouter l'opinion des autres. Sa tourelle et son canon proéminent en font l'un des symboles phalliques les plus agressifs, qui peut se révéler très instructif dans l'interprétation. Si sa présence s'accompagne d'un sentiment de panique, peut-être est-ce la marque d'angoisses sexuelles sous-jacentes, alors que l'excitation peut suggérer le désir d'une expérience sexuelle plus tumultueuse, voire même violente.

Torpille

De forme phallique, elle est un autre symbole de la sexualité masculine. Voyageant avec célérité sous l'eau, elle peut incarner un désir de relations sexuelles illicites.

Artillerie

Des missiles, canons ou armes à feu puissantes sont des symboles phalliques. Ils peuvent incarner les obstacles qui semblent bloquer notre route. Cette interprétation vaut pour les femmes pratiquant des métiers traditionnellement exercés par des hommes, qui sont les « canons » qui les empêchent de réussir.

Arc et flèche

L'image onirique de l'arme traditionnelle du chérubin peut symboliser la tension que nous ressentons en tentant de maîtriser

nos pulsions inconscientes et socialement inacceptables.

Hache

Cette arme offre un potentiel plus créatif que destructeur en taillant en pièces les développements non désirés, afin de créer de l'espace pour une vie nouvelle. Elle peut signifier que le rêveur est prêt à faire table rase du passé ou sa détermination à se sortir d'une impasse. Parfois, elle sera la hache servant à l'exécution : est-ce là le signe d'une mauvaise conscience que nous devons apaiser, ou cherchons-nous à punir autrui ?

Massue

Arme de cérémonie plutôt que symbole d'agressivité, la massue, souvent sertie de métaux précieux et de bijoux, incarne l'autorité. Sa présence peut exprimer un désir de responsabilités et de statut social plus élevé.

Ornements

Les objets qui n'ont pas ou peu d'utilité pratique, mais que nous chérissons pour leur esthétisme ou leurs valeurs intrinsèques sont des symboles intéressants. Des bijoux ornés de diamants feront référence au moi véritable alors que les rubis seront symbole de passion. D'autres, comme les coquillages ou les vases, revêtiront un sens en fonction de leur forme ou de leur fonction décorative.

Coquillage

C'est un symbole spirituel très profond qui représente souvent l'inconscient et – grâce à son lien étroit avec la mer – l'imagination. Il incarne également la divinité féminine : Vénus serait née d'un coquillage au large des côtes de Chypre.

Bijoux

Ils représentent souvent un aspect apprécié du rêveur ou d'autrui. Le diamant (voir page 256) symbolise en général le moi véritable et incorruptible. Le rubis évoque la passion, le saphir, la vérité et l'émeraude, la fertilité. Les bijoux peuvent aussi symboliser des trésors enfouis, selon l'archétype de la sagesse divine tapie dans les profondeurs de l'inconscient.

Turquoise

Sa couleur d'un bleu vif l'associe souvent aux cieux, et son image onirique peut incarner nos aspirations les plus hautes. On lui confère des qualités protectrices : en Europe comme en Asie, elle est utilisée pour chasser le mauvais œil.

Perle

Elle est associée à l'eau, à la lune et aux coquillages, tous des symboles féminins. Elle représente la femme, l'amour et le mariage, et elle est très estimée. Aux yeux des freudiens, elle incarne la sexualité féminine, surtout lorsqu'elle se trouve dans une huître (une image du vagin) ou si elle orne le cou ou les oreilles d'une femme. Elle a aussi des connotations de pureté et est vue par les jungiens comme une aspiration à se cultiver spirituellement et à transcender le monde matériel. En Chine, elle symbolise le génie dans l'ombre, en référence au fait qu'elle se cache dans une huître.

Diamant

Le diamant naît dans le charbon qui a subi une pression intense. Son image onirique peut suggérer inconsciemment que d'une situation stressante éclora peut-être quelque chose de brillant. L'idée du diamant encore dans la roche brute peut signifier qu'il faudrait juger un individu au-delà de sa rudesse pour en découvrir la véritable nature. Le diamant symbolise aussi la clarté, l'éternité et la pureté.

Jade

En Chine, on le considère comme le sperme du dragon céleste, vitrifié en tombant sur terre. Il représente une union puissante entre la terre et le ciel, et symbolise la fertilité et les énergies cosmiques.

Fleur en plastique

Les fleurs symbolisent souvent la sexualité. Celles qui sont fausses peuvent indiquer qu'un partenaire sexuel n'est pas totalement

honnête émotivement ou dans son comportement sexuel.

Éventail

Il fut un temps imprégné d'une riche symbolique et utilisé comme un moyen de communication, transmettant des messages brefs, généralement amoureux. Même si ce n'est plus le cas aujourd'hui, l'éventail continue d'être associé à la séduction et à représenter la sexualité féminine. Un éventail qui semble refroidir les ardeurs du rêveur est peut-être en train de souffler sur les flammes de la passion.

Fer à cheval

La présence onirique de ce porte-bonheur annonce souvent un succès. Sa forme de coupe lui donne une connotation sexuelle qui devient explicite dans le jeu où nous le lançons sur un piquet de fer.

Vase

Le fait qu'il soit creux et la souplesse de ses lignes en font un symbole de la sexualité féminine. Sa forme peut aussi signifier qu'il représente le cœur et les émotions.

Aliments et boissons

Les aliments représentent la nourriture, qu'elle soit physique, mentale, émotionnelle ou spirituelle. Ils ont des sens très variés. Une pomme rouge et brillante, par exemple, devrait être interprétée différemment qu'un bifteck saignant. De plus, ils peuvent être associés de manière très personnelle. Que vous aimiez ou haïssiez certains aliments, que l'on vous ait forcé à en manger dans l'enfance ou que vous leur confériez une très riche valeur nutritive, tout cela aura un impact sur le sens qu'ils prendront en rêve.

Jambon ou bacon

Pour certains, le bacon fait partie d'un petit-déjeuner complet, là où le jambon évoque des souvenirs de dîners en famille. Les deux sont associés à un sentiment de satiété et d'épanouissement. Les juifs et les musulmans n'en consomment cependant jamais ; leur présence en songe peut incarner les contraintes de la morale religieuse ou un sentiment de non-appartenance ou d'exclusion.

Huître

Les freudiens la voient – avec ou sans perle – comme la représentation des organes génitaux féminins. Elle peut aussi évoquer le savoir ésotérique.

Spaghettis

Symbole érotique très puissant, ils évoquent les poils pubiens et les organes génitaux des deux sexes. Rêver de nager dans les pâtes ou que les cheveux en sont faits indique souvent un besoin d'épanouissement sexuel.

Anguille

Sa forme en fait un symbole phallique ; notre réaction face à l'anguille peut traduire notre rapport à la sexualité. Son image onirique peut aussi renvoyer à l'expression « glisser comme une anguille », indiquant qu'une personne autour de nous n'est peut-être pas digne de confiance.

Concombre

En tant que grand fumeur, Freud disait que « parfois, un cigare n'est qu'un cigare » – voulant dire qu'un objet de forme allongée n'est pas toujours phallique. Il n'aurait probablement pas dit la même chose à propos du concombre. Ainsi, sa taille dans un songe renverra souvent à l'énergie sexuelle.

Raisin

Il incarne une sensualité somptueuse. Ce fruit à partager, notamment avec notre partenaire, évoque la sexualité orale. Il est aussi associé au vin, symbole de l'ivresse, de l'abandon et de la capacité de transcender le matérialisme du quotidien. Pour les chrétiens, le vin symbolise le sang du Christ et acquiert des connotations de sacrifice et de renaissance.

Figue

Elle symbolise parfois les testicules ou les organes génitaux féminins, selon qu'elle apparaît entière ou coupée en deux. Dans chacun des cas, ce fruit somptueux regorgeant de graines incarne la fertilité et le désir sexuel. Adam et Ève sont généralement représentés avec des feuilles de figuier pour cacher leur nudité.

Pêche

L'iconographie chinoise la présente comme un symbole de pureté et d'immortalité – des branches de pêcher étaient traditionnellement étendues autour de la maison au Nouvel An. En Occident, elle incarne plus souvent la lascivité.

Chocolat

Comme tout aliment de luxe, il représente l'art de se faire plaisir ou de se valoriser. Il peut suggérer la culpabilité et, par extension, des expériences ou des petites tentations auxquelles le rêveur croit devoir résister.

Gruau ou Porridge

Pour les Anglo-Saxons, cet aliment réconfortant est associé aux années d'enfance, quand les parents offraient sécurité et amour inconditionnel. Sa texture collante et gluante peut aussi signifier la présence d'une impasse émotionnelle ou des sentiments d'apathie ou de stagnation.

Pain

C'est un puissant symbole de vie, d'abondance et de fertilité. La forme de la miche détermine s'il représente la sexualité féminine ou masculine – une baguette possède des connotations phalliques évidentes, alors qu'une miche ronde peut évoquer le ventre d'une femme enceinte.

Pain grillé

Il peut être un rappel nostalgique de la vie de famille lorsque nous étions enfant, ou nous encourager à profiter davantage des petits plaisirs du quotidien. Trop grillé ou brûlé, il peut exprimer notre détresse si nous vivons une relation difficile avec notre partenaire ou des membres de notre famille.

Confiture

Son apparition signifie que le rêveur est englué dans une situation dont il doit s'extraire. Comme les autres substances rouges, les confitures de fraises ou de framboises peuvent représenter le sang et donc la colère ou la violence. Dans un autre ordre d'idées, il peut y avoir là le signe d'une angoisse liée à la sexualité féminine et à ses manifestations – comme la virginité ou les règles.

Corn flakes ou céréales

La publicité en a fait un compagnon des petits matins en famille. En songe, ils reflètent souvent un désir d'harmonie domestique.

Carotte

Symbole phallique s'il en est un, elle est aussi associée à une bonne vue. Sa présence onirique suggère d'apporter une attention minutieuse aux événements afin d'y déceler la vérité.

Sel

C'est un agent de conservation et un purifiant remarquable. Sa présence en rêve devrait nous suggérer d'être méfiant face à la corruption. Nous le considérons comme un condiment banal mais autrefois, dans la Chine et la Rome antiques, il avait une si grande valeur qu'il servait de monnaie d'échange. Notre inconscient souhaite peut-être attirer notre attention sur quelqu'un ou quelque chose qui nous échappe.

Purée de pommes de terre

Si nous rêvons que nous mangeons de la purée crémeuse, ce songe exprime peut-être une nostalgie du confort de l'enfance. Une purée grumeleuse et sans saveur peut évoquer des souvenirs d'enfance désagréables à l'école ou pendant la période trouble de l'adolescence.

Gâteau de mariage

Il peut représenter de nouveaux départs remplis de potentiel. Si le rêveur est « éclipsé » par le gâteau, qu'il regarde vers le haut pour découvrir ses différents étages, peut-être est-il dépassé par un engagement – marital ou autre – qu'il a pris. S'il se voit comme l'une des petites figurines situées au sommet, sans doute est-il satisfait de ses accomplissements.

Café et thé

Éléments du quotidien pour beaucoup, ces boissons connotent la routine et le rajeunissement. Les deux sont des aliments sociaux et indiquent peut-être un besoin de passer davantage de temps avec nos amis. La forte teneur en caféine du café peut renvoyer à un besoin de stimulation. Le thé, souvent lié à l'image de la maison, signifiera qu'il nous ferait grand bien de passer plus de temps chez nous ou de cultiver nos relations familiales.

Banane

C'est un symbole phallique évident. Un songe où nous mangeons ou épluchons une banane est souvent sexuellement très chargé. Ce fruit peut cependant avoir une symbolique non sexuelle : une peau de banane sur notre chemin peut révéler des doutes quant à une action à poursuivre qui comporte des risques.

Beurre

Autrefois, il était utilisé dans la préparation des viandes sacrificielles. Il peut donc être associé à la prière, à la renonciation et à l'énergie sacrée. Le songe peut aussi renvoyer à la notion de gras et donner au beurre un sens flagorneur comme dans l'expression « graisser la patte » : peut-être une personne autour de nous nous flatte-t-elle dans son propre intérêt.

Pomme

L'histoire d'Adam et Ève a donné à la pomme une symbolique riche et variée. En tant que fruit défendu de l'arbre de la connaissance, elle peut représenter la tentation, la connaissance de soi ou le paradis perdu. De fortes connotations sexuelles s'ajoutent également ; ainsi, rêver que l'on vole une pomme peut exprimer le désir d'une relation sexuelle illicite.

Dessert glacé

Une glace est un petit plaisir sucré qui doit être consommé sur-le-champ. Si nous attendons, elle fondra et nous ne pourrons plus en profiter. En ce sens, sa présence en songe peut signifier que nous devons profiter de la vie et de ses bons moments sans tarder et sans trop réfléchir aux déceptions passées ou futures.

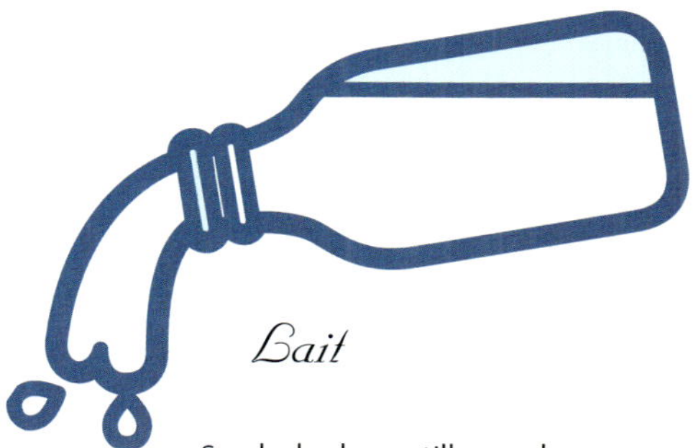

Lait

Symbole de gentillesse, de subsistance et de nourriture, il est souvent associé à l'amour maternel. Les freudiens y voient parfois une représentation du sperme.

Activités et états d'âme

Nos songes sont peuplés d'une foule d'activités ; certaines sont banales, comme manger et nous rendre au travail, alors que d'autres nous paraissent totalement étranges. Un songe où nous volons, par exemple, peut sembler impossible et absurde, mais il symbolise souvent d'importants aspects de la vie personnelle ou professionnelle, en plus de faire naître un sentiment d'euphorie. D'autres actions comme grimper, tomber, voyager ou s'évader sont très courantes dans les rêves. Elles ont toutes leurs connotations spécifiques et doivent être interprétées attentivement, à la lumière de l'état d'esprit qui animait le rêveur et de ses propres intuitions et expériences.

Captivité et liberté

Nos songes nous renvoient souvent au conflit que nous vivons entre les restrictions que la vie fait peser sur nous et notre désir de liberté. Autre thème commun, celui de notre besoin de dominer les autres en les tenant captifs, en les possédant ou en les assujettissant d'une manière ou d'une autre à nos besoins. Un désir en apparence désintéressé de protéger ou de nourrir nos proches peut même trouver sa source dans une volonté inconsciente de nous valoriser. Rendre service devient dans ce cas une forme de domination. Ce n'est pas toujours le cas, bien sûr, mais il arrive que notre désir de mettre autrui à l'abri du danger émane de notre besoin de nous assurer sa dépendance et sa gratitude. Ces motivations peuvent apparaître de manière encore plus évidente lorsque nous tentons de retenir l'autre, de le couver ou de lui refuser une clé ou un moyen de s'échapper.

Le désir de liberté du rêveur peut s'exprimer de façon similaire, ce dernier tenant le rôle de la victime qui lutte pour s'affranchir des contraintes de l'extérieur.

Être en attente de sa propre exécution est la forme la plus extrême de la perte de liberté, mais en songe, cela peut tout aussi bien exprimer de l'appréhension à l'égard d'événements positifs comme un mariage ou une naissance. La liberté et la captivité peuvent aussi être le symbole d'aspects psychologiques que le rêveur contrôle exagérément ou qui ont été refoulés dans l'inconscient et qui hurlent pour se faire entendre. Des talents potentiels que le rêveur se refuse à reconnaître sont aussi parfois représentés par des scènes de captivité, tout comme des idéaux niés ou le besoin de trouver une voie spirituelle.

Être attaché

Ce type de rêve peut exprimer un besoin de liberté, mais il était vu par Freud comme le reflet d'une sexualité réprimée – souvent la marque d'une volonté de s'adonner à des pratiques sexuelles asservissantes ou sadomasochistes. Selon lui, ces songes peuvent remonter à la prime enfance et être liés à une domination sexuelle parentale ou à un désir de soumettre sexuellement le parent du sexe opposé.

Domination

La domination peut avoir des connotations sexuelles évidentes et refléter un vif désir inconscient. Dans un contexte non sexuel, elle peut aussi représenter des aspirations spirituelles réprimées.

Rendre la liberté

Ce geste peut exprimer le désir altruiste du rêveur de libérer un être d'une forme de domination psychologique. Libérer un animal renvoie souvent à la volonté du rêveur de délivrer ses propres émotions ou ses énergies primaires.

Détention

Au quotidien, ce qui nous confine est bien plus souvent d'ordre pratique ou psychologique que purement physique. En songe, être détenu en prison représente souvent une relation ou un emploi au sein desquels le rêveur se sent enfermé ou frustré. Le rêve peut aussi évoquer un ensemble de croyances ou d'idées établies, un point de vue moral qui empêche notre développement personnel et un réel changement.

Libération

Se libérer d'une attache marque souvent notre volonté d'échapper à une situation ou à une relation qui ne nous satisfait plus. Si la religion tient – ou a tenu – une place dans votre vie, il est possible que vous trouviez les exigences physiques, morales et spirituelles de votre croyance plus contraignantes qu'enrichissantes.

S'évader de prison

Faire le mur – surtout s'il est haut – représente souvent le besoin d'une expressivité sans censure, qu'elle soit émotionnelle ou créative. Ce rêve peut exprimer un désir de reprendre le contrôle de notre destin et la conscience que nous avons de devoir créer notre propre voie dans l'existence. L'interprétation pourrait être teintée d'une symbolique bien plus sombre – un désir de délivrance ultime, d'échapper à la vie elle-même. Si vous vous sentez déprimé ou perturbé, ce type de songe pourrait être l'expression de la nécessité d'aller chercher de l'aide, d'en discuter avec un professionnel de la santé ou un ami proche.

Sortir de prison

Ce songe pourra s'accompagner d'un sentiment d'allégresse, auquel cas il s'agira d'une réponse

positive à l'aube d'une nouvelle étape de votre vie et à l'idée d'un changement. Lorsque des sentiments d'angoisse émanent du rêve, ce sera souvent l'expression d'inquiétudes devant les défis posés par la liberté – lorsque nous quittons la maison parentale ou prenons notre retraite.

Serrure et clé

Des songes impliquant ces deux éléments sont souvent connotés sexuellement et peuvent être lourds de symboles. Ouvrir une boîte à l'aide d'une clé peut exprimer une libération sexuelle ; si elle refuse de s'ouvrir, ce sera souvent la marque d'une frustration sexuelle.

Piège

Les animaux incarnent les aspects créatifs ou destructifs désinhibés de la personne. Rêver qu'un animal tombe dans un piège – une souris dans une souricière, par exemple – peut suggérer que vos énergies créatives sont étouffées.

Être arrêté

Cela révèle des sentiments de culpabilité, surtout si des objets volés ou des antécédents criminels sont par la suite découverts.

Grimper et tomber

La logique voudrait que les rêves d'ascension indiquent le succès et ceux de chute, l'échec, mais d'autres interprétations suggèrent des niveaux de signification plus profonds. Aux yeux des freudiens, grimper évoque un besoin d'épanouissement sexuel, alors que pour d'autres, cela symbolise des aspirations dans d'autres domaines. Chuter peut évoquer l'échec ou une fierté injustifiée, comme dans la légende d'Icare, qui s'approcha trop du soleil; cela peut aussi représenter une chute abrupte et troublante dans l'inconscient.

Rêver que l'on trébuche et chute – ce qui se produit plus souvent en état hypnagogique (voir pages 50 à 54) – indique souvent les dangers de surintellectualiser les choses, de vivre dans sa tête en oubliant les aspects émotionnels de la vie. Le rêveur ressentira rarement de la détresse en tombant : il se réveille à temps ou trouve le sol souple et accueillant. Ces songes nous rappellent que les désastres apparents n'ont bien souvent que peu de conséquences à long terme.

Tomber d'un toit ou d'une haute fenêtre est parfois la marque d'une insécurité à l'égard d'une ambition publique, d'un emploi ou d'un environnement social.

Tomber d'un immeuble en flammes peut indiquer que le rêveur est soumis à d'insupportables tensions émotionnelles à cause d'une de ses aspirations.

En amplifiant les symboles de ces songes, nous pouvons souvent créer des liens avec des archétypes mythologiques, comme celui de Jacob, personnage biblique qui vit des anges montant et descendant le long d'une échelle dressée entre la Terre et le Paradis. À la Renaissance, l'échelle de Jacob devint un important symbole rosicrucien et alchimiste généralement représenté avec sept échelons – les sept marches vers le Paradis – et incarnant le lien entre le moi physique et spirituel.

Échelles

Selon que nous les escaladons ou les descendons, elles peuvent être le symbole de l'atteinte d'une meilleure connaissance de soi ou une descente vers l'inconscient. Elles seront liées de la même manière à notre bonne ou mauvaise fortune.

Ascenseurs

Tout comme les échelles et les escaliers, ils peuvent représenter la connexion entre la vie spirituelle et matérielle ou être le reflet onirique de notre progression personnelle ou professionnelle. Les ascenseurs, cependant, impliquent que notre destin dépend moins de nos propres actions que de celles d'autrui et du hasard. Ils peuvent aussi suggérer le surgissement de pensées émanant de l'inconscient ou une descente vers cet inconscient, à la recherche de nouvelles idées ou inspirations. Un ascenseur – ou sa cage – a aussi les mêmes connotations sexuelles qu'un train ou un tunnel.

Escalader une montagne

Les montagnes incarnent l'aspect masculin ou un niveau élevé du soi. Elles évoquent la détermination nécessaire à l'atteinte d'un sommet, mais aussi les dangers et la raréfaction de la nature dans l'environnement. Pour les freudiens, elles symbolisent les seins et notre besoin de confort maternel.

Vertige

Cette impression d'étourdissement qui s'empare de nous lorsque nous sommes en hauteur est un symbole d'anxiété. Il représente le malaise qui accompagne un lourd fardeau de responsabilités ou de travail à la maison ou au bureau. Le songe nous intime peut-être d'en parler à notre partenaire ou à nos supérieurs.

Trébucher

Rêver que nous trébuchons ou commettons un faux pas peut être l'indication que nous appréhendons la vie de manière trop intellectuelle en nous fiant davantage à la logique qu'à nos intuitions pour résoudre des problèmes. Un faux pas renvoie souvent à des difficultés émotionnelles ou psychologiques en nous prévenant des dangers de n'écouter que notre esprit et non notre cœur. Trébucher peut aussi être la métaphore d'une certaine gaucherie en société.

Marches

Monter des marches est une image onirique commune représentant notre croissance personnelle ou notre ascension professionnelle. Trébucher et dévaler des marches indique souvent que nous avons accepté davantage de tâches que ce que nous pouvions raisonnablement réaliser, ou encore que nous surestimons nos capacités. Monter ou descendre des marches peut aussi être connoté psychologiquement. Les jungiens affirment que les marches offrent la même signification archétypale que l'échelle de Jacob (voir page 269), soit la représentation du lien unissant le spirituel et le matériel. Descendre des marches peut aussi être le signe d'une plongée dans l'inconscient ; la facilité ou la difficulté du voyage et ce que nous trouvons au bas de l'escalier seront de puissantes indications de notre état psychologique.

Les freudiens ont une tout autre approche : monter et descendre des marches est un symbole des ébats sexuels. Ainsi, un escalier sans fin peut représenter les organes génitaux féminins alors qu'un autre, orné d'une balustrade et d'une rampe, sera l'incarnation du phallus.

Pente glissante

Rêver que nous tentons de monter dans un escalier mécanique en sens inverse ou à une échelle graisseuse, ou encore que nous cherchons à gravir une pente glissante est relativement commun. Ce type de songe indique un échec à progresser dans un domaine et nous sert d'avertissement en nous suggérant soit d'abandonner, soit de trouver d'autres moyens. Vous avez peut-être accepté trop de responsabilités et risquez de compromettre le projet ainsi que votre propre bien-être.

Voyage et mouvement

Selon Freud, tout songe impliquant un voyage ou le mouvement représente l'assouvissement d'un désir sexuel déguisé, les détails du rêve reflétant les goûts du rêveur en la matière. Cela dit, il peut aussi être l'expression de bien d'autres aspects de la vie et, plus spécifiquement, de notre progression vers l'atteinte d'objectifs personnels et professionnels.

La destination d'un voyage onirique peut contenir des associations mythiques ou métaphoriques : aller vers l'ouest peut signifier avancer vers le vieillissement, alors que se déplacer vers l'est suggère le rajeunissement. Se rendre à Rome – référence au proverbe qui veut que tous les chemins y mènent – peut être la marque de pensées sur le destin, l'amour ou la mort. Le voyage onirique peut renvoyer à la mort, le rêveur étant souvent préoccupé de savoir s'il conserve un bagage ou s'en débarrasse.

Jung avait noté la présence dans les grands rêves (niveau 3) de la quête archétypale de sens et d'épanouissement, les rêves portant sur les préparatifs étant bien plus fréquents que ceux où nous arrivons à destination.

L'esprit du rêveur insiste sur la nécessité de progresser, mais indique aussi que le choix des objectifs doit se faire aux niveaux conscient et inconscient : lorsque les décisions conscientes sont prises, elles se reflètent dans l'inconscient et donc dans les songes.

Certaines images oniriques portant sur le voyage révèlent leur signification sans difficulté. La nature du chemin qui s'offre à nous transmet souvent le sens. Une route ouverte suggère de nouvelles possibilités de croissance, alors qu'une autre, cahoteuse, est l'expression de la présence d'obstacles.

Le décor dans lequel s'effectue le déplacement est aussi très révélateur de certains aspects de notre vie intérieure. Un voyage dans le désert, par exemple, peut être une marque de solitude, d'aridité ou d'un manque de créativité. D'autres indices et perceptions émanent du moyen de transport choisi : Jung affirmait qu'utiliser un transport en commun voulait souvent dire que le rêveur suit le troupeau plutôt que de trouver sa propre route pour aller de l'avant.

Départ

Laisser notre quotidien pour entamer un voyage peut être le symbole d'un nouveau départ ou le commencement d'une quête pour donner un sens plus grand à notre existence. Si nous rêvons que nous laissons nos bagages derrière nous, cela peut signifier que nous sommes prêt à abandonner des schèmes de pensée et de comportement enracinés en nous.

En mouvement

Très lié au symbole onirique du départ, le voyage est souvent le signe d'un progrès vers un objectif personnel, spirituel ou professionnel. Les freudiens associent ces rêves au rythme du mouvement et donc à un désir sexuel.

Marcher

C'est une image classique du penseur solitaire et rêver que nous marchons peut suggérer qu'il est temps de se livrer à une réflexion concertée. Le paysage qui nous entoure constitue parfois une représentation imagée de nos problèmes.

Voiture

Aux yeux de Freud, le doux roulement d'une voiture suggérait une progression dans la psychanalyse plutôt qu'un symbole d'assouvissement d'un désir sexuel. D'un autre côté, la voiture peut représenter le libre arbitre du rêveur ou renvoyer à des actes qu'il a délibérément commis.

Taxi

Prendre un taxi, c'est aussi s'asseoir sur la banquette arrière de la vie et laisser aux autres le soin de conduire plutôt que de prendre les choses en main. Par contre, si vous êtes au volant du taxi, cela peut vouloir dire que vous souhaitez guider les autres sur leur route.

Gare

Elle suggère une décision consciente. Les choix offerts dans une gare sont analogues à ceux que nous propose la vie – partir ou rester, aller loin ou pas, un voyage coûteux ou bon marché. Attendre dans une gare implique des sentiments d'espoir qui déboucheront sur une déception ou une surprise heureuse selon le contexte du rêve.

Train

De par ses bruits et son mouvement répétitif, c'est un symbole sexuel masculin aux yeux des freudiens – en particulier lorsqu'il entre dans un tunnel. Un voyage en train peut aussi symboliser notre parcours dans la vie. Les rails fixés au sol peuvent suggérer que l'on se sent enfermé dans une certaine voie et que l'on ne maîtrise plus son destin. Rater son train ou découvrir que l'on n'a pas pris le bon peut évoquer des occasions ratées, alors qu'un train en panne ou qui a déraillé peut représenter un bienfait déguisé – ce qui semble catastrophique au premier abord sera en fait le signe que nous devrions changer nos plans et emprunter notre propre route plutôt que celle offerte par les rails.

Voyage en mer

Pour les jungiens, il représente une exploration de l'inconscient. Si la mer est calme et que le parcours se fait en douceur, cela peut indiquer que nous sommes en paix avec les eaux profondes de l'inconscient. Être balloté sur une mer en furie est le signe d'émotions fortes. En amplifiant, nous pourrions lier le songe à l'histoire biblique de Jonas et de la baleine qui met au jour les dangers de se faire sourd aux messages de l'inconscient.

Bateau

Aux yeux des freudiens, la mer représente l'utérus, un navire devenant alors un fort symbole sexuel. La taille du bateau indique la voracité de la libido, la proue évoque le phallus et la figure de proue, les seins. Une mer démontée qui agite violemment le navire peut être la marque d'une grande passion ou d'une étape tumultueuse dans la vie du rêveur. Un bateau qui coule peut signifier des désirs irréalisables ou un amour condamné.

Bac, traversier

Il peut être le signe d'une transition entre deux états de conscience. Le conducteur, évoquant Charon, le passeur des Enfers dans la mythologie grecque, doit être rémunéré pour ses services et peut être une représentation archétypale du Vieux Sage.

Quai

Il apparaît dans les rêves de partance et peut évoquer notre départ d'un lieu familier vers de nouveaux horizons ou l'amorce d'un processus de découverte de soi. Arriver au quai après un long périple peut exprimer un calme intérieur après une période tumultueuse de notre vie.

Traversée de rivière

L'amplification va associer cette action aux cinq rivières de la mythologie grecque qui séparaient le royaume des vivants de celui des morts. Ce genre de songe peut avoir des connotations mortifères ou représenter les transitions entre différents états de conscience et un voyage dans les tréfonds de notre esprit.

Barque et canoë

Les freudiens mettront l'accent sur leur aspect phallique et l'acte de ramer représente alors la masturbation. D'autres interprétations vont lier la chaloupe à un périple vers le développement personnel en insistant sur les efforts nécessaires – comme lorsque nous ramons – à l'exploration de soi.

Voiture à cheval

Une voiture dont les chevaux semblent incontrôlables peut être une image onirique angoissante signifiant que nous avons perdu la maîtrise de notre destinée. Si nous rêvons que nous voyageons à bord d'une ancienne voiture, cela peut être la marque que notre développement personnel ou notre ascension professionnelle ont été entravés par un attachement à des façons de faire ou de penser surannées.

Autobus

Les jungiens considèrent l'utilisation du transport en commun comme une tendance du rêveur à se conformer, à faire ce qu'on lui dit et à suivre le troupeau. La présence en rêve d'un car ou d'un autobus peut être le signe que nous devrions afficher une plus grande indépendance d'esprit et d'action.

Motocyclette

Irrésistible symbole de l'indépendance, elle est interprétée par les jungiens comme une marque que le rêveur qui la chevauche est déterminé à contrôler son destin. Plus rapide est sa course et donc l'excitation qui en résulte, plus fort est le désir

d'indépendance. À l'instar de la bicyclette, la moto représente le besoin d'équilibre entre les forces des esprits conscient et inconscient afin de progresser. Les freudiens, eux, se concentrent sur la symbolique sexuelle contenue dans le fait de chevaucher une machine rugissante et voient cette image comme l'expression d'un fort désir sexuel.

Roue

Les bouddhistes et les hindous voient dans la roue l'incarnation des cycles de la vie, de la mort et de la renaissance. Elle véhicule également des connotations de moralité et de paix ; la roue à huit rayons de Dhamma est utilisée par les bouddhistes pour décrire l'enseignement du Bouddha vers la voie de l'épanouissement. Les jungiens l'associent à une puissante énergie créatrice, symbole du soleil et donc de la libido comme source de vie.

Intersection

En songe comme dans le quotidien, les intersections représentent des moments de prises de décisions qui peuvent avoir des aspects à la fois positifs et négatifs : la route que nous choisissons d'emprunter – dans un nouvel emploi ou avec un partenaire, par exemple – implique le rejet de ce qui fut auparavant. Selon le contexte et les émotions liées au songe, une intersection peut être le symbole d'un rassemblement de gens ou d'idées ou, au contraire, d'une dispersion.

Embouteillage

Un embouteillage qui entrave nos déplacements est l'un des grands inconvénients de la vie urbaine et peut être, en rêve, l'expression des stress inhérents à notre quotidien. Se démener dans une foule ou se retrouver coincé dans un embouteillage peut aussi être la marque de notre frustration face à la lenteur d'un projet important.

Courir

L'interprétation d'un tel songe est fonction de ce vers quoi nous courons ou de ce à quoi nous tentons d'échapper. Chercher à fuir des poursuivants est un rêve anxieux commun (voir page 173), alors que courir vers un but peut indiquer notre impatience à atteindre un objectif.

Routes

Lorsqu'elles apparaissent en songe, elles sont souvent le symbole de notre périple existentiel. Une route étroite représente généralement les contraintes morales ou pratiques qui dictent nos décisions, là où une grande route incarne la liberté. Une autoroute sera la marque que nous souhaitons accélérer l'atteinte de nos ambitions ou notre progression spirituelle.

Sentier

Les obstacles sur notre route vers l'épanouissement spirituel pourront être représentés en songe par un sentier rocailleux ou abrupt. En gardant à l'esprit l'image biblique de la vaste route menant à la perdition et celle, étroite, de la vie, l'interprétation pourra révéler qu'un chemin difficile est tout de même celui à emprunter.

Chemin de halage

Un cheval de labour se déplaçant le long d'un tel chemin en tirant une lourde barge peut exprimer notre fatigue face à nos responsabilités, ou encore que la route de notre vie est ralentie par des souvenirs troublants ou des émotions pénibles.

Nager

Des larges étendues d'eau représentent généralement l'utérus ou les profondeurs de l'inconscient. Nager peut donc être un symbole de naissance ou du désir de retourner au ventre réconfortant de notre mère. Jung interprétait l'image d'un nageur tentant de rejoindre une côte comme une renaissance spirituelle. Nager à contre-courant peut indiquer un combat personnel.

Voler

Les songes où nous volons s'accompagnent souvent d'une impression d'allégresse. Certains rêveurs vont même parler d'une étrange réminiscence, comme s'ils avaient toujours su voler mais qu'ils en avaient perdu la faculté. Les songes de ce type sont rarement déplaisants ou effrayants, et l'impression de liberté et de jubilation qu'ils véhiculent ouvre souvent les yeux du rêveur sur les infinies possibilités de la vie.

Nous ne volons pas toujours seul et pouvons être entouré d'amis ou d'étrangers, indiquant que d'autres partagent nos perceptions sur la véritable nature des choses. Nous pouvons aussi être accompagné d'un animal ou d'un objet symbolisant d'importants aspects de notre vie professionnelle ou personnelle. Plutôt que de voler de leurs propres ailes, les rêveurs pourront se trouver à bord d'un engin, aussi incongru soit-il, ou marcher à grandes enjambées dans les airs, à l'instar des trois enjambées grâce auxquelles le dieu hindou Vishnou mesura les frontières de l'univers.

Il est très rare que les rêves où nous volons deviennent confus et se terminent par une chute. En général, nous revenons sur terre en douceur après avoir joui de vues panoramiques. Parfois, la descente se fait en parachute et est interprétée comme la résolution d'un problème difficile. Nous pouvons aussi éprouver un sentiment excitant de danger (comme en deltaplane), nous indiquant que nous devrions prendre davantage de risques dans certains aspects de notre vie. Être emporté dans les airs contre sa volonté peut représenter le fait que le rêveur se voit obligé de prendre des risques avec lesquels il n'est pas à l'aise.

Faire voler un cerf-volant

Ce type de songe comporte les mêmes caractéristiques que les autres rêves où nous volons, mais met l'accent sur une liberté contrôlée dans certains aspects de notre vie – tout comme le cerf-volant l'est au milieu des forces violentes du vent. Ces rêves peuvent aussi représenter une excitation à l'égard de projets pourtant improductifs.

Avion

Voler à bord d'un avion comporte souvent des associations très directes, comme l'envie de voyager, de voir le monde, mais exprime aussi un désir de progresser rapidement ou d'obtenir des succès formidables dans un domaine spécifique. Les freudiens considèrent l'avion comme un symbole phallique associé à une nouvelle expérience sexuelle.

Voler à bord d'un engin incongru

Souvent, des engins qui nous transportent dans les airs représentent le confort et la sécurité – comme un lit ou un fauteuil – et indiquent un désir pour l'aventure tempéré par une prédilection pour la facilité et la sécurité.

Montgolfière

Le plus souvent, les montgolfières sont associées à la fantaisie, au désir de s'élever au-dessus des conflits quotidiens. Elles peuvent aussi représenter le besoin de se montrer plus objectif, de voir à plus long terme. Le feu permettant à la montgolfière de s'envoler est également significatif – il peut incarner notre volonté de réaliser un projet personnel et la nécessité d'avancer avec prudence pour que l'air continue d'être chauffé dans le ballon.

Ailes

Dans la mythologie grecque et romaine, les ailes étaient associées à la notoriété sous la forme de Mercure, le messager des dieux aux sandales ailées. Rêver d'avoir des ailes et de s'envoler peut traduire une volonté de succès et de célébrité, tout comme cela peut avertir des dangers d'une fierté exagérée, rappelant ici l'histoire d'Icare qui se fabriqua des ailes de plumes et de cire, mais qui plongea vers la mort après s'être trop approché du soleil.

Parachute

Il nous offre une manière sûre de retomber sur terre si notre avion est en difficulté. En rêve, il peut être l'expression d'un soulagement au terme d'une épreuve difficile ou dangereuse – une opération, par exemple, ou être sorti miraculeusement indemne d'un accident. Un parachute peut avertir le rêveur qu'il vaudrait mieux se désister avant qu'il ne soit trop tard : peut-être s'est-il impliqué dans une affaire ou un imbroglio émotionnel qui le met mal à l'aise.

Flotter ou planer

En songe, flotter dans les airs tandis que le monde se déploie sous nos pieds peut se révéler une expérience optimiste et réjouissante. Un tel rêve au scénario logiquement impossible peut par contre servir d'avertissement : ne perdez pas contact avec la réalité. Notre inconscient nous prévient peut-être des dangers inhérents à une ambition présomptueuse ou à un succès professionnel ou social trop rapide. Nos responsabilités ne doivent jamais dépasser en quantité celles que nous avons la capacité d'assumer, sinon nous risquons d'être ramené brutalement sur terre.

Cuisiner et manger

L'acte de manger a toujours été associé à la sexualité. Freud a identifié la bouche comme la première zone érogène que découvraient les enfants. Plus encore, tout au long de leur vie, des individus avec certaines fixations vont lier de manière inextricable la bouche à la satisfaction sexuelle et vont aller jusqu'à développer des traits de personnalité spécifiques comme l'agression verbale.

Bien avant Freud, les songes impliquant le fait de manger et la nourriture furent interprétés en termes sexuels. Certains aliments comme les pêches représentaient la lascivité alors que d'autres, comme le pain, symbolisaient une sexualité plus maîtrisée et orientée vers la fertilité.

Cependant, en tant que sources de vie, les aliments et l'acte de manger exigent souvent une plus large interprétation. Des aliments gâtés ou au mauvais goût peuvent indiquer une aigreur dans la vie du rêveur; attendre un repas qui ne vient pas peut être la marque d'une déception, d'une négligence ou de l'impression de ne pas recevoir un soutien adéquat.

La réaction du rêveur face aux aliments sera significative. L'impression d'avoir trop mangé peut représenter l'avidité, le manque de discernement, la sensualité ou des comportements à courte vue. Refuser de la nourriture peut indiquer une volonté de s'affranchir de sa dépendance aux autres. Cuisiner pour autrui traduira un désir de nourrir, d'apporter son soutien ou d'offrir un appui émotionnel.

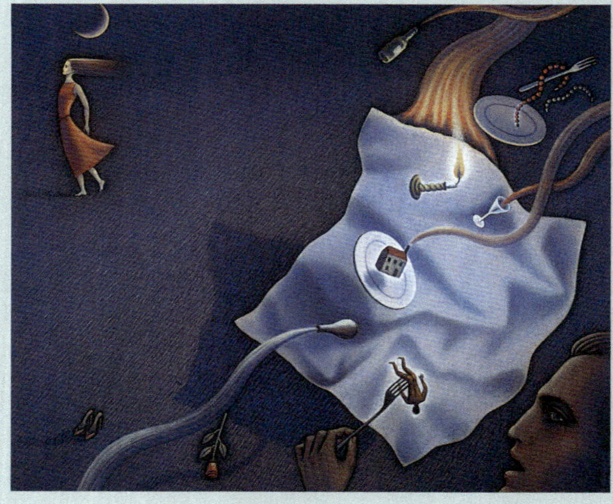

Friture

Nous devons constamment veiller à ne pas faire brûler nos aliments lorsque nous faisons de la friture. En ce sens, faire frire des aliments en songe peut nous indiquer qu'un projet demande une attention spéciale de notre part.

Le sens peut aussi faire référence à la fumée inhérente au processus de friture : la fumée est un symbole de sacrifice et de mort, ou de nettoyage et de purification.

Pique-nique

Manger en plein air représente souvent un besoin de nature, de simplicité et d'échapper aux conventions. Peut-être vous sentez-vous frustré par la rigidité des conventions sociales.

Repas partagé

S'il s'accompagne d'une charge émotionnelle positive, un songe à ce propos est la confirmation d'une intimité partagée avec autrui, qu'il s'agisse d'amis, de proches ou de gens de votre communauté. Des goûts partagés, l'harmonie, la paix et des relations sociales chaleureuses peuvent être réaffirmés. Si le repas vous rend mal à l'aise, il peut exprimer une froideur, une crainte ou une distance sociale ; il indiquera que vous vous sentez incapable de communiquer avec les personnes qui vous entourent ou que vous vous en sentez comme coupé.

Cuisson

Que nous fassions cuire du pain, des biscuits ou un gâteau, le rêve aura des connotations de fertilité et d'ambition nourricière. Les freudiens voient dans l'acte rythmé de pétrir la pâte la représentation de l'acte sexuel, tandis que la façon dont la levure agit sur le pain évoque le gonflement du ventre de la mère pendant la grossesse. Préparer ces aliments étant un acte fondamentalement créatif, ce rêve peut exprimer des besoins d'expression artistique encore inexplorés.

Repas au restaurant

C'est une activité qui implique une foule de transactions. Un menu que nous n'arrivons pas à déchiffrer ou dans lequel nous n'arrivons pas à faire un choix peut représenter une décision perturbante. Une addition dont nous ne pouvons pas nous acquitter peut exprimer des soucis financiers, alors qu'un compagnon de table inattendu ou disgracieux peut révéler un manque de confiance inconscient à l'endroit d'un ami proche, d'un amant ou d'un associé.

Jeûne ou gavage

Pour Freud, la nourriture représentait souvent les deux grands instincts de survie – la protection de soi et la préservation de l'espèce ; en d'autres mots, le sexe. Pour lui, la bouche était la zone érogène primaire, et le jeûne et le gavage symbolisaient le désir sexuel (nié ou assouvi). Un songe durant lequel nous nous gavons de façon insensée peut traduire un désir sexuel intense provenant, par exemple, d'une longue période de privation. Il peut aussi s'agir d'une activité violente, autodestructrice, qui exprime une colère refoulée, surtout si nous manipulons nos aliments d'une manière bestiale et féroce. Jeûner en rêve peut constituer une punition auto-infligée, une purification ou le sacrifice de soi.

Poisson

Les jungiens voient dans le poisson l'image de l'enfant à naître et donc de la force de vie primaire, « parce que l'enfant, avant sa naissance, vit dans l'eau comme le poisson ». Freud en faisait un symbole génital, mais sa signification symbolique est fonction de ce que nous faisons du poisson : le manger, par exemple, ou simplement le regarder nager ; également de l'état dans lequel il se trouve : entier, sans tête ou vidé. Le frai prolifique du poisson rend plus forte sa connotation sexuelle, alors qu'un grand banc représente l'abondance de la nature.

Entrailles et abats

Les intestins étaient jadis utilisés pour prévoir l'avenir. Leur présence onirique peut signifier que nous suivons notre instinct et sommes à l'écoute de nos intuitions.

Viande

Dans les croyances nordiques et chamaniques, manger la viande d'un animal ou d'un adversaire, c'était faire siennes sa force et son énergie. Selon la théorie freudienne, le rêveur peut voir dans un songe particulièrement « carné » l'absorption de ses propres énergies jusque-là refoulées ou niées.

Repas du dimanche

La tradition chrétienne du repas familial dominical où l'on fait cuire un poulet ou une pièce de viande peut faire naître en nous des images nostalgiques de notre enfance. Si nous n'allons plus à l'église ou avons renoncé à ce rituel, le songe peut exprimer le besoin de prendre davantage part à des activités en famille ou communautaires traditionnelles.

Fruits

Une abondance de fruits constitue une image archétypale de fertilité; en songe, elle peut indiquer le désir d'avoir un enfant. Nous parlons aussi de projets qui « portent leurs fruits » et, dans ce contexte, on peut y voir la récompense pour nos efforts ou notre créativité et la réalisation de nos attentes et ambitions.

Boisson alcoolisée

Aux yeux des jungiens, un liquide, quel qu'il soit, représente une force de vie. En ce sens, rêver que l'on boit peut exprimer un désir de mieux comprendre la nature de l'univers. S'enivrer exprime la nécessité de développer une meilleure conscience de soi.

Légumes

Un vaste étalage de légumes dans le cadre d'un repas de fête ou autre peut indiquer un désir de profiter davantage de l'abondance de la nature. Une image onirique très positive reflétera notre satisfaction face à un travail bien fait qui reçoit maintenant des éloges. Si, par contre, nous ressentons une envie ardente de légumes, peut-être sommes-nous préoccupé par notre situation financière.

Épices

Elles ajoutent de la saveur et de la diversité à des plats mornes ; leur présence prédominante en songe indique un besoin d'excitation dans notre vie. Les épices situées sur la plus haute tablette d'un carrousel à épices peuvent avoir une connotation phallique et représenter le besoin de spontanéité sexuelle.

Travail et détente

La plupart des songes nous montrent très actif et il est rare d'y être détendu ; nous nous verrons davantage courant vers l'aéroport pour attraper un avion dont on a changé l'horaire que paressant sous un palmier, cocktail en main. Cela dit, les rêves qui symbolisent un besoin de détente ou qui nous mettent en scène préparant nos vacances sont assez courants.

Les songes envisagent les vacances de façon fort réaliste et admettent qu'elles peuvent aussi être des expériences stressantes. En rêve, l'inconscient peut donc utiliser les vacances symboliquement – un voyage effectué dans le passé, par exemple – pour représenter des angoisses présentes dans d'autres sphères de la vie du rêveur.

Parfois, le rêve opposera l'état de nervosité du sujet et le calme des gens autour de lui, mettant l'accent sur le besoin de réduire son stress. L'inactivité des autres pourra être source de frustration et indiquera un ressentiment profond de ne pas recevoir suffisamment d'aide dans la vie éveillée ; cela pourra aussi traduire la colère du rêveur face à sa propre impuissance. Les autres personnages dans ce type de songe peuvent être des poupées ou des mannequins que le rêveur tente furieusement d'éveiller, en vain.

Les épisodes oniriques liés au travail prennent souvent la forme de rêves d'angoisse ou de cauchemars. Des thèmes comme la perte de contrôle ou l'incapacité d'accomplir une tâche sont récurrents.

Si votre situation au travail est si pénible qu'elle vous effraie, cela pourra vous apparaître en songe sous la forme d'une course punitive dans de la boue où vous êtes enfoncé jusqu'aux genoux.

Vos collègues peuvent aussi être représentés symboliquement d'une manière qui révélera vos émotions à leur endroit. Ainsi, un patron dominant prendra la forme d'un agresseur vous attaquant alors que vous êtes au travail.

Les songes peuvent nous aider à tracer notre chemin professionnel en mettant au jour des problèmes que notre fierté professionnelle nous aurait autrement conduit à ignorer ou à nier. En tenant compte de leurs messages, nous pouvons apporter les changements nécessaires pour améliorer notre satisfaction professionnelle.

Vacances difficiles

Être en vacances et ressentir de la souffrance ou de l'angoisse indique souvent une incapacité à échapper aux responsabilités de la vie quotidienne. Un rêve de succession de désastres – problèmes avec les réservations d'hôtel, mauvais temps, maladies soudaines – soulignera le pessimisme fondamental résultant d'une vie stressante ou vous avertira de ne pas idéaliser un mode de vie trop différent du vôtre.

Lieux isolés

Un refuge en montagne ou une petite maison isolée peuvent exprimer l'urgence de fuir les épreuves et tribulations du quotidien.
Nous pouvons avoir l'impression que trop de gens prennent de notre temps et avoir désespérément besoin de paix et de solitude. Loin du brouhaha, un lieu isolé peut aussi symboliser le désir d'une vie plus minimaliste, moins matérialiste.

Faire ses valises

Les préparatifs en vue d'un voyage indiquent souvent une volonté de nous retirer des problèmes du quotidien ou la recherche d'expériences excitantes. L'envie de voyager léger peut signifier une prise de conscience des « bagages » superflus que nous traînons constamment. Trop en emporter peut indiquer une tendance perverse à s'attacher aux problèmes qui perturbent notre vie intérieure. L'angoisse de se demander combien de vêtements retirer peut être le signe d'une peur ou d'une inquiétude face à la mort.

Île déserte

Être seul sur une île peut signifier un sentiment d'abandon et d'isolement, par exemple à la suite d'un divorce ou d'un deuil. L'image d'une île déserte au milieu de l'océan peut aussi être le reflet de la relation entre la conscience et l'inconscient. Nous sommes plus à l'aise les deux pieds sur terre, mais ne pouvons échapper à la présence troublante des eaux inconnues – l'inconscient.

Plage

Les séjours à la plage sont souvent liés aux grandes vacances et aux souvenirs heureux de notre enfance. L'association du sable, de la mer et du soleil peut être purificatrice et énergisante, et une visite onirique à la plage nous laisse souvent frais et dispos. Cependant, les plages ont parfois des connotations beaucoup plus déroutantes. Les freudiens peuvent interpréter la tour d'un château de sable comme un symbole phallique suggérant une angoisse de castration lorsque la mer la recouvre. De même, enterrer notre père ou notre mère dans le sable peut être l'image d'une envie de meurtre inspirée par les complexes d'Œdipe et d'Électre.

Course vers l'aéroport

Une course frénétique en taxi ou en voiture vers l'aéroport pour prendre un avion pour les vacances peut indiquer une crainte que les plaisirs de la vie nous échappent.

Intimité en voyage

Une aventure érotique dans un pré romantique ou une petite crique protégée par de hauts rochers est un thème courant des songes de vacances. En plus de constituer des satisfactions fantasmatiques, ces rêves peuvent exprimer une insatisfaction face à notre relation réelle. Peut-être avons-nous follement envie de vivre cette excitation, cette liberté et les émotions d'une aventure de vacances, ou désirons simplement davantage de spontanéité dans notre relation avec notre partenaire.

Piscine

L'eau d'une piscine représente nos émotions conscientes ou inconscientes. La présence d'une piscine dans un rêve peut être le signe que nous désirons plonger à la rencontre de nos véritables émotions. Une piscine sans eau peut refléter un sentiment de vide et d'absence d'émotion.

Secrétaire

La figure onirique de la secrétaire est ambivalente. Généralement une femme, elle protège son patron des coups de fil non désirés et organise son emploi du temps. En ce sens, elle est associée à la figure protectrice de la mère. Un songe qui présente une secrétaire servile, cependant, peut être l'expression de désirs de domination sexuelle non avoués.

Tomber de la fenêtre d'un bureau

Un rêve nous présentant dans cette situation peut émaner d'inquiétudes relatives à des fonctions de gestion ou, simplement, traduire notre crainte de perdre notre emploi.

Bureau

Se voir en rêve assis à un bureau signifie parfois que notre inconscient nous presse de prendre le temps d'évaluer nos problèmes et d'y trouver des solutions. Un bureau négligé ou en désordre peut indiquer que nous devons mettre de l'ordre dans nos idées et reconsidérer nos priorités.

Classeur

Sa présence peut suggérer que nous devrions conserver nos idées en ordre. Si le classeur est ouvert, peut-être faut-il voir là la marque d'un désir d'apprendre et d'une ouverture à de nouvelles idées. S'il est fermé, peut-être nous dissimulons-nous quelque chose – un incident ou un aspect de nous-même, par exemple.

Réunion

Être en retard à une réunion peut être le reflet des angoisses que nous éprouvons en ce qui concerne nos responsabilités professionnelles. Si nous arrivons à une réunion en nous rendant compte que nous avons oublié nos dossiers à la maison, sans doute est-ce la marque que nous ne sommes pas prêt à affronter un nouveau défi.

Perdre son emploi

Un songe où nous nous faisons licencier peut signifier que nous souhaitons en finir avec une relation ou une situation dont l'impact est négatif, ou refléter un manque d'estime de soi. Au fond de lui-même, le rêveur n'est peut-être pas convaincu d'être apte à assumer les responsabilités qui lui ont été confiées.

Cérémonies et rituels

Depuis toujours, au sein des différentes cultures, des festivals et rituels ont été fixés pour célébrer des événements importants et récurrents, remercier les dieux de perpétuer la vie ou marquer le passage du temps.

Chaque société se sert de rituels pour marquer les changements d'étapes : de l'enfance à la puberté, au mariage, à la parentalité et à la mort. En sacrifiant des animaux ou des ennemis au terme d'une bataille, nos ancêtres tentaient de reproduire les cycles naturels de la naissance et de la mort, offrant une autre vie dans l'espoir de protéger la leur et que les dieux favorisent la fertilité de la terre.

Les rituels sont une forme de théâtre et les songes invitent le rêveur à échapper aux contraintes de la réalité consciente pour entrer dans le monde fabuleux de l'imaginaire. Les comédiens – nous, les rêveurs – peuvent porter des masques, chanter ou réciter des incantations rituelles afin d'assumer leur rôle, celui de laisser au vestiaire leur identité quotidienne pour pénétrer dans le monde archétypal de l'inconscient.

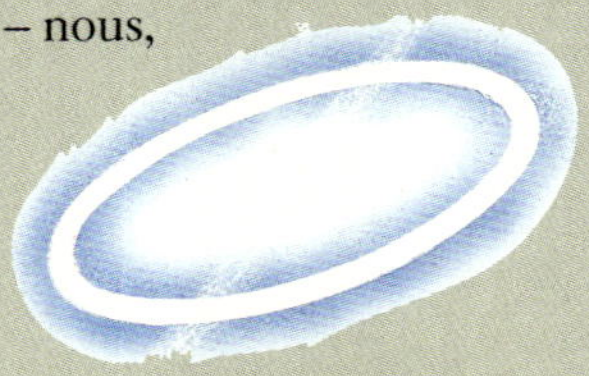

Les songes associés à Noël ou autre célébration religieuse importante peuvent représenter la paix, la générosité, la bonne foi, la famille et les amis ou, à un niveau plus profond, la confirmation de vérités spirituelles. Les mariages et anniversaires peuvent rappeler le caractère éphémère de la vie ou l'importance des liens familiaux et humains, des vœux et des projets qui leur sont liés ou, si la charge émotive est négative, l'aspect restrictif de ces engagements.

Les rêves de baptêmes représentent la purification, de nouveaux départs ou l'acceptation de nouvelles responsabilités.

Dans les songes de niveau 3, ils peuvent être le symbole d'importantes initiations à de nouveaux espaces de sagesse ou de progrès spirituels.

Rites de fertilité

De telles images oniriques émanent souvent de l'inconscient collectif, et Jung les percevait comme des tentatives d'abolir la frontière entre conscient et inconscient et de créer une union entre le rêveur et son moi instinctif inné. Ces rituels peuvent impliquer des sacrifices à un dieu du maïs ou à une divinité des récoltes qui représente la mort du passé afin d'assurer la fertilité et la prospérité à venir. Pour les freudiens, les individus qui rêvent souvent de symboles associés à la fertilité vivent des préoccupations liées à la grossesse.

Sacrifice

Une image onirique de sacrifice humain peut être un avertissement servi par l'inconscient sur les dangers de jouer les martyrs. Le complexe du martyr, qui consiste à donner exagérément de notre personne dans l'espoir d'obtenir gratitude et approbation d'autrui, se révèle à terme un comportement insatisfaisant et psychologiquement malsain. Le sacrifice humain peut aussi rappeler le décès d'un proche. Peut-être devons-nous l'oublier quelque peu afin de soigner réellement notre chagrin. Si la personne est morte des suites d'une longue maladie, le songe peut même exprimer un sentiment de soulagement.

Mariage

Il est généralement l'expression de l'union entre deux aspects opposés et complémentaires de la personne et la promesse d'une fertilité future. Dans les rêves de niveau 3 (voir pages 65 à 70), la signification peut être archétypale et symboliser l'unification au sein du sujet des forces créatrices fondamentales de la vie – mâle et femelle, rationalité et imagination, conscient et inconscient, matière et esprit.

Les songes impliquant le mariage peuvent également représenter une affirmation de l'importance de liens familiaux ou d'un engagement. Si quelqu'un de notre entourage ou nous-même allons nous marier prochainement, notre inconscient utilise peut-être ce genre de rêves pour souligner nos inquiétudes quant à cette célébration. Si l'un des mariés ne se présente pas, si quelqu'un oublie l'alliance, sans doute avons-nous des doutes sur le sérieux de l'engagement de l'une des parties. Aucun des invités ne se présente ? Une des familles n'approuve sans doute pas l'union.

Recevoir un prix

Les jungiens pourront associer cet événement – recevoir une médaille de bravoure, un trophée sportif – à un désir de s'identifier à l'archétype du héros (voir page 107). Une soif de reconnaissance pourrait aussi être un signe d'insécurité ou d'un manque d'estime de soi. Souvent, nous sommes inquiet de ne pas recevoir de reconnaissance avant d'avoir prouvé notre valeur à autrui.

Rituel de renoncement

Tout rituel impliquant le retrait de symboles de vanité – cheveux, vêtements, bijoux, etc. – peut faire pressentir le besoin de renoncer à un pouvoir, à un trop grand sujet de fierté, ou encore à certains aspects du moi. Souvent, ces renonciations prennent des formes religieuses et si nous revêtons les habits d'un moine, peut-être est-ce l'expression d'un désir de nous concentrer davantage sur les aspects spirituels de la vie.

Couronnement

Il investit le monarque d'un pouvoir et des responsabilités inhérentes à la monarchie. Si le rêveur est le couronné, peut-être est-il prêt pour un nouveau rôle ou, au contraire, submergé par une vanité excessive ou un fort égocentrisme.

Communion

Ce sacrement chrétien représente la transsubstantiation, l'union de la matière et de l'esprit. Sa présence onirique peut exprimer le besoin de nous connecter à des puissances spirituelles supérieures.

Halloween

Halloween, ou *All Hallows Eve* (« veille de la Toussaint »), particulièrement fêtée dans les pays anglo-saxons, vient d'une ancienne tradition celtique qui marquait la transition entre les époques lumineuses et sombres de l'année. On croyait alors qu'en cette nuit, les frontières entre notre monde et l'autre devenaient floues, ce qui permettait aux bons et aux mauvais esprits de nous rendre visite. C'est un moment de transformation et la présence de cette fête en songe peut exprimer une profonde modification dans notre manière d'envisager la vie. La célébration actuelle est investie d'une foule de symboles – qu'il s'agisse de se déguiser en chat noir, en fantôme ou en squelette, ou de sculpter des citrouilles, en passant par le rituel de l'immersion du visage dans l'eau afin de récupérer des pommes avec les dents.

Circoncision

Pour Freud, ce rituel est un substitut à la castration, une mesure préventive du père contre un possible rival.

Bar-mitsva

Freud croyait que ce rite de passage juif était saturé de symbolisme œdipien. À ses yeux, l'affirmation « Aujourd'hui, je suis un homme » et la danse entre l'adolescent de treize ans et sa mère en début de cérémonie expriment la rivalité entre le jeune homme et son père.

Divali

Cette fête des lumières célébrée par les hindous, les sikhs et les jaïns exalte la victoire du bien sur le mal. Participer en rêve à cette cérémonie peut représenter une victoire personnelle contre notre nature la moins noble ou un éveil après une longue période de dépression ou de chagrin.

Art, musique et danse

Dans plusieurs cultures anciennes comme celle de la Grèce antique ou dans l'hindouisme, on croyait que les œuvres d'art existaient dans une autre dimension. Le rôle de l'artiste était donc d'agir comme transmetteur afin que ces merveilles puissent entrer dans le monde matériel. Ainsi, les arts étaient toujours associés aux dieux. Les Grecs vénéraient Apollon, dieu de la musique et du soleil, et les neuf muses, filles de Zeus. Chacune d'elles était liée à un domaine artistique. Les hindous adorent Sarasvati, une déesse de l'apprentissage et joueuse de harpe. Le poète Robert Graves lui-même attribuait ses poèmes à une muse qu'il avait baptisée la Déesse Blanche. De la même façon, les arts apparaissent dans les songes non seulement pour représenter la créativité

personnelle du rêveur, mais aussi comme une voie qui nous guide vers des niveaux supérieurs de conscience.

Nous nous réveillons parfois avec les dernières notes d'une exquise mélodie en tête. Même si nous ne nous rappelons ni le type d'instrument ni la mélodie elle-même, nous ouvrons les yeux avec un sentiment d'exaltation. Ces musiques émanent en général des rêves de niveau 3 (voir pages 65 à 70) et sont les symboles des états d'esprit associés aux plus hauts niveaux du développement intérieur.

Le compositeur italien du XVIIIe siècle Giuseppe Tartini rêva que le diable lui était apparu et avait joué un superbe solo sur son violon. La composition qu'il inspira à Tartini à son réveil (*La sonate des trilles du diable*) est aujourd'hui considérée comme son chef-d'œuvre.

Les Grecs auraient reconnu en l'archétype qui apparut à Tartini non pas le diable mais Pan, le dieu lubrique de la fertilité, mi-homme mi-chèvre, qui charmait les nymphes du Paradis et enchantait les mortels par ses mélodies enjôleuses.

Lorsque nous rêvons que nous donnons une performance artistique, cela peut être la marque de notre potentiel non exploité, alors qu'être le spectateur peut évoquer la joie de partager une expérience créative ou le besoin de tirer notre inspiration d'autrui. Certains instruments, comme la harpe, ont toujours symbolisé des propriétés célestes, tandis que d'autres, comme les instruments à vent, ont été associés à des énergies plus sensuelles. De la même manière, certains types de musique offrent des connotations totalement différentes. Si le punk et le rock and roll sont souvent associés à la rébellion, le folk pourrait représenter dans nos songes les aspects plus terre-à-terre de notre personnalité.

Les songes, qui jouent sur les mêmes cordes que l'imagination, peuvent s'avérer très inspirants, offrant des idées et même, parfois, des mélodies complètes.

Musique dissonante

Le chaos et la confusion d'une mélodie dissonante peuvent signifier un potentiel créatif faussé ou représenter un sentiment de désorganisation ou de tension dans certains espaces de la vie quotidienne du rêveur. Il se peut que notre situation actuelle soit en décalage avec nos besoins ou nos désirs. L'inconfort induit par la dissonance peut être profond et même exprimer chez le rêveur le sentiment d'être mal ajusté aux tensions de la vie quotidienne – par exemple dans son travail ou face aux nouvelles exigences de l'informatique ou d'Internet.

Musique connue

Entendre une mélodie connue est souvent associé à la nostalgie. En analyser les paroles ou le titre peut s'avérer utile. Par exemple, la chanson de Jacques Prévert *Les Feuilles mortes* peut évoquer des regrets face au temps qui passe.

Sublime musique

Une mélodie magnifique peut être le symbole de l'infini potentiel de la vie créative, la paradisiaque « musique des sphères » que le monde gréco-romain croyait audible par l'oreille humaine.

Danser

Les freudiens comme les jungiens croient que la danse présente dans les songes de niveaux 1 et 2 renvoie à l'acte de faire la cour ou constitue une métaphore des ébats sexuels. Dans les rêves de niveau 3, elle symbolise souvent notre conscience du rythme de la vie, les puissances de création et de destruction (comme dans la danse Shiva Nataraja de la culture hindoue) ou encore la puissance créative débridée de l'imagination. Elle est souvent connotée positivement. Danser avec frénésie peut exprimer un puissant désir d'unifier le corps, le cerveau et l'esprit, ou un désir sexuel intense. Des danses en groupe peuvent évoquer un sens de la communauté.

CD ou lecteurs MP3

Ils peuvent être neutres en soi, l'élément important étant de savoir s'ils fonctionnent bien. Un appareil défectueux peut être l'indice de la présence d'une frustration quelconque ou d'une maladie. Un CD rayé suggérera qu'une petite défaillance vient troubler votre tranquillité d'esprit. Peut-être êtes-vous perfectionniste et vous sentez-vous coupable par rapport à vos aspirations.

Gramophone

Il représente souvent la nostalgie ou un besoin de retrouver le temps perdu. S'il est brisé, cela peut sous-entendre des sentiments de déception; un événement que nous attendions avec impatience peut avoir été annulé, par exemple. Un rêve à propos d'un disque rayé qui répète inlassablement les mêmes notes peut constituer un avertissement que nous sert l'inconscient quant au danger de parler constamment de nos problèmes. Nos amis en ont peut-être assez d'entendre les mêmes complaintes et sans doute devrions-nous songer à écouter à notre tour les personnes qui se sont montrées si patientes avec nous.

Clarinette

La symbolique d'un instrument est souvent davantage fonction de sa forme ou de la manière dont on en joue que des sons qu'il produit. Pour Freud, la clarinette, le hautbois et les autres instruments à vent que l'on tient verticalement étaient des symboles du sexe oral ou des indices potentiels d'une naïveté excessive ou d'agression verbale.

Instruments à cordes

La forme de plusieurs d'entre eux – le violon, le violoncelle et la guitare, par exemple – évoque le corps féminin et en jouer représenterait l'acte sexuel. Un violon peut rappeler Néron, l'empereur romain qui maniait l'archet en regardant Rome brûler.

Chanter

Des voix accompagnant une chanson ont des propriétés célestes, évoquant des hymnes, des louanges et des chants choraux. Le chant est une expression profonde des émotions humaines ; un songe dans lequel nous chantons peut être le signe de sentiments de profond chagrin, d'amour passionné ou de dévotion envers un être ou une cause supérieurs.

Trompette

Elle peut être annonciatrice de grands succès comme de grands désastres – de la fanfare qui accueille un monarque aux notes retentissantes accompagnant une charge de cavalerie. Les trompettes sont censées annoncer le jour du Jugement dernier et peuvent être le signe de la nécessité d'effectuer un changement majeur et immédiat.

Flûte

Tous les instruments à anche comme les flûtes sont associés au dieu de la fertilité Pan, ce qui leur confère de puissantes connotations sexuelles. L'histoire du joueur de flûte de Hamelin, qui attirait par la ruse les enfants hors de leurs maisons, peut suggérer la séduction ou l'ensorcellement. Lorsqu'il apparaît en songe, le fifre – cette petite flûte utilisée dans les défilés militaires – peut incarner des sentiments de colère ou d'agressivité refoulés.

Piano

Voir un piano jouer seul peut représenter le décès d'un proche. S'il est désaccordé, peut-être devrions-nous porter davantage attention aux désirs de notre corps et de notre esprit – nous sommes sans doute loin de nos besoins.

Batterie

Elle peut symboliser la magie de la Terre et des états de conscience altérée, et elle est associée aux cultures chamaniques de Sibérie et d'ailleurs. Les tambours jouent un rôle central dans les cérémonies chamaniques et ont un effet profond et même hallucinogène sur les participants. Lorsqu'un tambour ou un rythme de batterie tiennent une place significative dans un songe, cela peut représenter un besoin profond de renouer avec nos racines et d'explorer les aspects spirituels de notre personnalité. Les tambours sont aussi connotés militairement et peuvent être liés à des sentiments inexplorés d'agressivité.

Défilé

Dans nos songes, un défilé onirique peut prendre des airs de carnaval endiablé ou ceux plus formels d'une marche officielle. Une parade exubérante est un symbole onirique de célébration et de joie qui indique que tout va bien dans notre vie. Il est utile de tenir compte de la signification des différents costumes et chars allégoriques. De plus, connaissiez-vous quelqu'un dans le public ou participant au défilé ? Une procession solennelle peut évoquer l'importance de vous engager dans une cause qui vous tient à cœur.

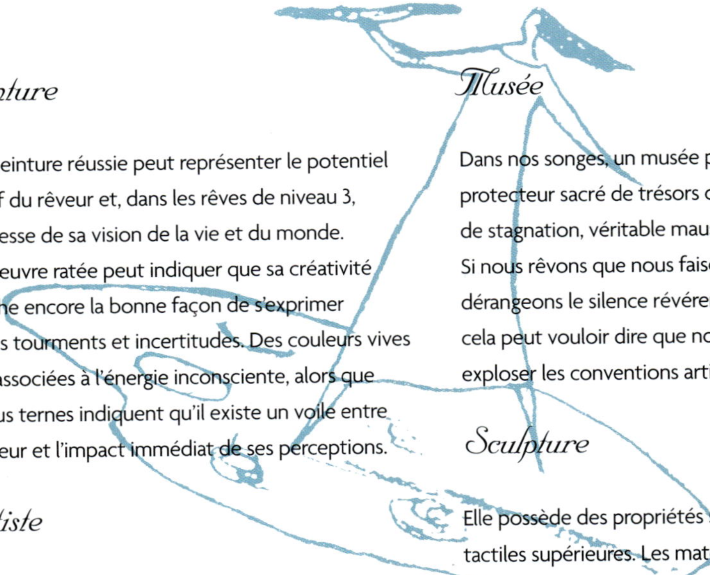

Peinture

Une peinture réussie peut représenter le potentiel créatif du rêveur et, dans les rêves de niveau 3, la justesse de sa vision de la vie et du monde. Une œuvre ratée peut indiquer que sa créativité cherche encore la bonne façon de s'exprimer ou des tourments et incertitudes. Des couleurs vives sont associées à l'énergie inconsciente, alors que les plus ternes indiquent qu'il existe un voile entre le rêveur et l'impact immédiat de ses perceptions.

Artiste

Freud affirmait que la réussite artistique est psychanalytiquement inaccessible. Peu importe le matériau utilisé – peinture, bronze, mot, pellicule –, l'artiste incarne l'expression par l'intuition plutôt que par la raison ou la logique.

Exposition

Présenter ses œuvres, pour un artiste, c'est aussi s'exposer à l'œil critique du public. Si nous montrons nos œuvres – réelles ou imaginaires – dans un songe, cela peut traduire un sentiment de vulnérabilité face à nos ambitions ou projets personnels les plus chers, notre talent le plus estimé.

Musée

Dans nos songes, un musée peut constituer un protecteur sacré de trésors culturels ou un symbole de stagnation, véritable mausolée pour les arts. Si nous rêvons que nous faisons du bruit et dérangeons le silence révérencieux d'un musée, cela peut vouloir dire que nous souhaitons faire exploser les conventions artistiques actuelles.

Sculpture

Elle possède des propriétés sensuelles et tactiles supérieures. Les matériaux utilisés, sa taille (réduite, humaine ou monumentale) et le sujet ont tous un impact sur notre perception d'une œuvre, et ce, aussi bien en songe que dans la réalité. Une sculpture prenant vie en rêve peut rappeler le mythe de Pygmalion, qui tailla dans la pierre son idéal féminin pour en tomber follement amoureux. La déesse de l'amour Aphrodite le prit en pitié et donna vie à la statue. Un rêve reprenant ce thème constitue un avertissement quant aux risques d'idéaliser une personne ou encore le genre féminin ou masculin. À terme, nous

finissons toujours par être déçu après avoir placé quelqu'un sur un piédestal.

Art du portrait

Aux yeux des freudiens, étant donné la symbolique phallique d'un stylo ou d'un crayon, le fait d'esquisser le portrait d'une personne en rêve aurait des connotations sexuelles. Nous pouvons être attiré par celui ou celle dont nous traçons la beauté. L'expression de son visage serait une indication de ce que la personne pense de nous. Si nous réalisons un autoportrait, le visage que nous dessinons ou peignons sera le reflet de notre propre humeur.

Vente aux enchères

Si nous éprouvons de l'anxiété face aux œuvres que nous créons, il est possible que nous rêvions qu'elles sont placées aux enchères. Les personnes qui font des offres sont peut-être celles dont nous recherchons le plus l'approbation.

Bal masqué

Un bal où tout le monde est déguisé peut représenter la perception que nous avons de la personnalité de ceux qui nous entourent. Leurs déguisements nous donnent des indices sur leur véritable nature ou sur l'image qu'ils tentent de projeter. Il en est de même de notre propre costume.

Orgue

Associé aux églises et aux cérémonies comme les mariages ou les enterrements, sa présence en rêve peut indiquer que nous sommes prêt à prendre un important engagement ou que la perspective de la mort nous effraie.

Clairon

Le clairon appelle aux armes ou à l'action, ce qui signifie que le rêveur doit laisser émerger son potentiel caché ou se montrer plus attentif aux obligations pressantes de la vie.

Harpe

Cet instrument était déjà connu des Égyptiens il y a plus de 5000 ans. Les sons éthérés, comme hors de ce monde, qu'il produit lorsque l'on pince ses cordes peuvent être une incarnation de notre côté spirituel. Il est par tradition associé aux divinités et aux cieux, de la lyre du dieu grec de la musique Apollon aux représentations artistiques des anges jouant de la harpe.

Siffler

Un sifflement peut parfois avoir des connotations magiques, comme dans le cas du marin pour qui le sifflement fait lever les vents. Autre lien possible, celui entre l'homme et l'animal, lorsque le maître siffle pour appeler son chien.

Sports et jeux

Pour le jeune enfant, il n'existe aucune différence entre le jeu et le travail : tout n'est qu'activité, et la seule distinction se fait entre la joie et l'ennui. Les songes des adultes conservent cette conception ; c'est ainsi que les jeux peuvent symboliser le travail et d'autres sujets sérieux, tout comme les rêves à propos du travail peuvent faire référence à des aspects plus personnels de la vie.

La symbolique des songes ludiques réside parfois dans les objets que nous utilisons, dans la nature même du jeu, dans ses résultats ou dans les personnes qui jouent avec le rêveur.

Les songes à propos de sports sont similaires : le genre de sport, le talent de nos adversaires, le rôle que nous jouons – tout cela contribue à donner sens au rêve. Les sports sont des jeux où il y a des gagnants, des perdants et des règles strictes. Ils peuvent être utilisés en rêve pour représenter notre progression dans l'existence, surtout lorsque nous sommes engagé dans une forme de compétition.

Les symboles du jeu sont ouverts à une multitude d'interprétations. Les freudiens, par exemple, vont lier la balançoire aux ébats sexuels, alors que d'autres vont l'associer à un rappel de l'excitation et de la liberté enfantines.

Les rêves de jeux mettent souvent l'accent sur le fait que la créativité n'est pas toute faite de sérieux et que les meilleures idées naissent lorsque l'esprit est ludique et détendu.

Inversement, ce type de songe peut aussi indiquer que le rêveur prend trop à la légère certaines situations, ou que ce qu'il envisage comme bénin peut ne pas l'être aux yeux de tous. Un esprit joueur peut aussi suggérer que nous brisons certaines règles sur lesquelles sont fondées une ou des relations.

Dans les songes de niveau 3, le jeu peut être associé aux archétypes de l'escroc ou de l'enfant divin (voir pages 104 et 106), ou encore transmettre le message qu'il existe un élément joueur dans l'univers ou que, d'une certaine manière, le monde est par essence ce que les hindous appellent *leela*, la comédie qui constitue la vie.

Échecs

Ce jeu regorge de symboliques qui représentent la dualité : noir et blanc, vie et mort, mâle et femelle. Des rivalités sexuelles et des systèmes de la plus grande ingéniosité peuvent exister lors d'une partie d'échecs, tandis que chacun des joueurs tente de mettre le roi de l'autre en échec et mat. C'est une bataille entre la lumière et les ténèbres, et nous devrions porter attention aux pièces que nous déplaçons – un simple pion ou la terrifiante reine – pour obtenir des indices sur notre inconscient.

Loterie

Rêver que nous gagnons à la loterie peut être une simple expression de notre désir de richesse. Pour les freudiens, l'argent est lié à des préoccupations anales ; un gain à la loterie peut exprimer le désir de s'éloigner de l'avarice pour partager avec autrui.

Pari

Un pari avec un ami, placé auprès d'un *bookmaker* peut représenter une aventure risquée dans laquelle nous nous engageons. Avons-nous soupesé toutes les conséquences possibles ?

Voyance

La signification d'un songe où une prophétie est faite ou un destin prédit est liée à notre rapport à la voyance. Les sceptiques font peut-être l'expérience d'un changement d'attitude et pourront se mettre à l'écoute de ce qu'ils auraient auparavant rejeté. Pour ceux qui n'associent pas les boules de cristal ou la cartomancie au charlatanisme, un rêve de ce genre pourrait indiquer des inquiétudes quant à leur futur – professionnel, financier ou amoureux. La prédiction peut exprimer des espoirs ou des craintes face à l'avenir.

Stade sportif

Les sports peuvent être le symbole de nos réalisations ou de nos interactions sociales. L'aspect formel d'un stade, quel qu'il soit, se prête à une interprétation en lien avec la compétition dans un cadre formel, comme une école ou une entreprise. Un songe où le rêveur tente d'être admiré par les spectateurs peut indiquer un besoin de recevoir l'approbation d'autrui.

Boxe

Sport violent, la boxe peut incarner des sentiments agressifs ou de la colère. Si le rêveur se retrouve

coincé par un adversaire, le songe peut indiquer une angoisse face à une situation – peut-être a-t-il l'impression que quelque chose lui échappe ou est-il forcé de prendre une décision contre son gré. Faire l'objet d'un K.-O. peut traduire un sentiment de culpabilité et un désir d'autopunition.

Base-ball

Ce sport offre une large gamme de symboles sexuels, du bâton et de la longue visière de la casquette, chargés de connotations phalliques, aux gants, en passant par les pantalons très ajustés. Les freudiens pousseraient peut-être plus loin la signification à caractère sexuel de ces rêves de base-ball en mettant l'accent sur la compétition œdipienne entre les joueurs et la figure paternelle de l'arbitre.

Cricket

De même que pour le base-ball, l'équipement utilisé pour pratiquer le cricket (gants, bâtons et piquets) lui donne une forte résonance sexuelle. Son aspect amateur rend ce sport typiquement anglais plus détendu que beaucoup d'autres, et sa présence dans nos rêves peut indiquer notre désir de troquer un environnement domestique ou professionnel férocement compétitif pour une situation moins stressante.

Régate et yachting

Naviguer en régate est souvent un symbole de l'exploration de l'inconscient collectif pour les jungiens, alors que les freudiens y voient plutôt la représentation de la naissance, voyage hors de l'utérus de la mère.

Football

L'excitation inhérente à un match de football rappelle un état de stimulation sexuelle. Un but peut symboliser l'orgasme, alors qu'une tentative manquée de peu représente parfois une frustration sexuelle ou la peur de l'impuissance. Les jungiens pourraient considérer un gain ou une victoire comme le reflet de notre progression spirituelle.

Escrime

La symbolique sexuelle de ce sport est évidente : des connotations phalliques de l'épée aux poussées vers l'avant, en passant par les esquives et parades. Le masque de l'épéiste cache son identité et le moment le plus significatif du songe est souvent lorsqu'il est retiré. Contre qui ou quoi le rêveur s'est-il battu ? Un partenaire ? Un proche ? Ses propres désirs inconscients ?

Course de chevaux

Le mouvement rythmique d'un cheval que nous montons est un symbole sexuel freudien. Les coups de cravache peuvent signifier la présence de désirs sadomasochistes inexplorés, et les haies sautées évoquent les obstacles que nous devons franchir afin d'assouvir nos fantasmes sexuels. Ajoutons à cela les notions de victoire ou de défaite : l'euphorie de la victoire peut symboliser l'orgasme, alors qu'une défaite amère est le signe d'une angoisse relative à nos capacités sexuelles.

Un cheval à bascule peut avoir les mêmes connotations sexuelles qu'un cheval réel, bien que son mouvement

plus doux puisse aussi traduire un désir de confort et de sécurité.

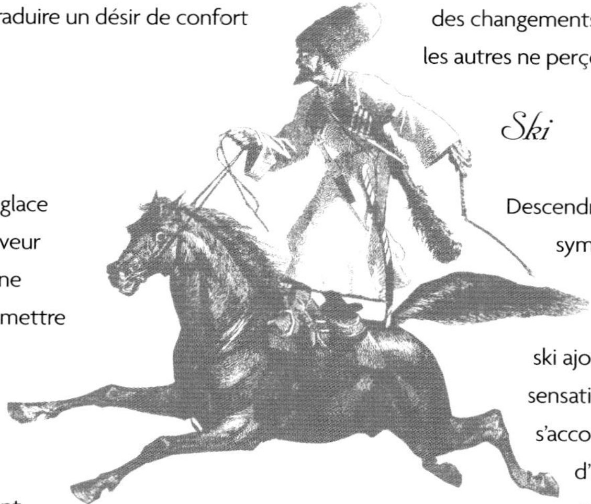

Patinage

L'image du patinage sur glace rappelle peut-être au rêveur qu'il s'est engagé dans une aventure qui pourrait le mettre en danger. Cependant, le patinage peut aussi transmettre un sentiment de liberté et d'allégresse, surtout si nous tentons des mouvements que nous n'oserions pas faire à l'état de veille. Peut-être est-il temps de sortir de notre zone de confort et d'essayer quelque chose de nouveau...

Jeu de rôle

Un songe impliquant des jeux de rôle enfantins (maman et papa, policiers et bandits, cow-boys et Indiens, par exemple) peut signifier que notre personnalité en public ne représente pas notre véritable identité. Nous avons peut-être effectué des changements dans notre vie que les autres ne perçoivent pas.

Ski

Descendre une pente est un symbole sexuel freudien classique auquel l'euphorie du ski ajoute une délicieuse sensation. La joie de skier s'accompagne souvent d'un frisson de danger qui augmente le plaisir, ce qui pourrait être le signe d'un sentiment de culpabilité en ce qui concerne nos désirs sexuels ou la peur d'être surpris en plein acte illicite.

Cache-cache

Tout est fonction du rôle que nous jouons. Si nous nous cachons, cela peut être la marque d'une anxiété. Aurions-nous peur qu'une incartade passée ne refasse surface ? Une situation actuelle et nécessaire serait-elle difficile à expliquer à autrui ? Les jungiens pourraient interpréter le fait d'être celui qui cherche comme une volonté de quête d'un épanouissement spirituel.

Les échanges

Le plus banal des échanges oniriques peut refléter des vérités profondes et des problématiques importantes. Certains se font directement avec autrui, comme faire du lèche-vitrines – un magasin peut représenter la gamme des ouvertures qui s'offrent à nous. D'autres seront moins évidents – un songe impliquant un examen peut de prime abord ne concerner que nous pour ensuite montrer, en fouillant plus loin, qu'un échange intervient avec l'examinateur. Lorsque deux personnes interagissent, une foule de contraintes et d'émotions peuvent s'agiter sous la surface.

Conflit

La violence onirique est souvent étrangement abstraite, comme tirée d'un film. Même lorsque le rêveur fait un geste brutal, la charge émotionnelle peut demeurer bizarrement neutre, ce qui indique que le songe utilise la violence comme métaphore pour d'autres types de combats – entre des théories, des idées, des divergences d'opinions ou dans notre esprit.

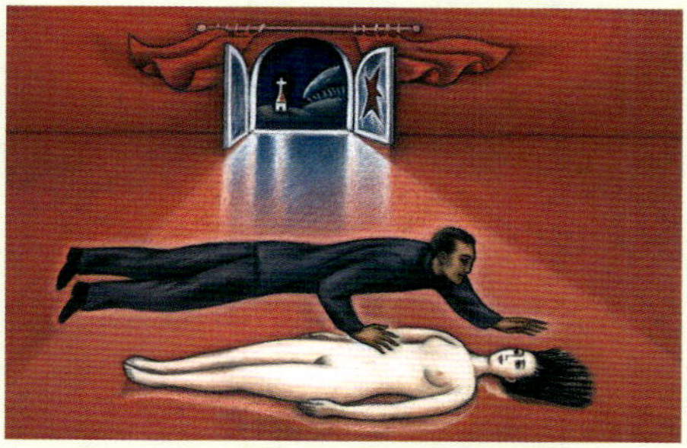

Lorsque le rêveur est victime de violence et que la charge émotionnelle est élevée, le songe peut représenter des attaques contre notre statut, nos relations ou des menaces contre nos finances, notre santé ou notre bien-être général. Si le rêveur prend plaisir à observer la violence en songe, cela peut correspondre à des pulsions agressives insoupçonnées. Dans la psychologie freudienne, la violence dirigée contre le père ou la mère est souvent signe d'une volonté d'en finir avec l'autorité.

Violence contre le rêveur

Elle traduit souvent un sentiment de culpabilité et un désir d'autopunition. Cela peut être lié à la fin d'une relation ou au décès d'un proche. Peut-être avons-nous l'impression – consciemment ou non – que nous aurions pu faire quelque chose pour empêcher le douloureux événement de se produire.

Cette violence peut aussi être la marque d'une faible estime, et même d'un dégoût, de soi. Que ces pulsions destructrices résultant d'un regard négatif que nous portons sur nous-même se produisent dans la vie éveillée ou qu'elles couvent dans notre inconscient, il est important de composer avec elles avant qu'elles ne nous causent de sérieux dommages, physiques ou psychologiques. Des songes où le rêveur est attaqué ou blessé peuvent aussi indiquer qu'il est trop craintif ou trop vulnérable au monde extérieur, comme si des forces occultes en lui l'obligeaient à adopter une attitude soumise.

Violence envers autrui

Elle représente souvent un combat pour une meilleure affirmation de soi ou une lutte contre des aspects de soi non désirés, qu'ils soient internes ou externes. La violence contre un enfant peut être le signe d'un rejet de l'enfant en soi, alors que dirigée vers une personne âgée, elle marque parfois un refus d'écouter la sagesse d'autrui. S'en prendre sans discrimination à tous ceux qui nous entourent peut symboliser un combat acharné contre toutes les pulsions indésirables de notre inconscient.

Guerres et batailles

Jung les interprétait comme des conflits majeurs entre des aspects de notre esprit conscient et inconscient. Elles reflètent souvent un combat entre les forces instinctives profondes du rêveur et les règles de son comportement conscient. En général, la conscience tente d'empêcher les désirs instinctifs de l'inconscient de se rebeller. Ce type de songe peut cependant être la marque d'un besoin de réconciliation plutôt que de victoire, d'une acceptation de notre face sombre plutôt que d'une tentative de l'éloigner.

Lutte

Lutter contre un adversaire impressionnant peut représenter un combat contre un problème dans notre vie personnelle ou professionnelle. Faire face à un lutteur sumo en songe peut signifier que nous nous sentons écrasé par nos difficultés.

Les jungiens pourraient faire un lien avec l'histoire biblique de Jacob luttant contre l'ange de Dieu : résistons-nous involontairement à la progression vers l'épanouissement ?

Meurtre

Il peut s'avérer un symbole onirique très positif et n'avoir rien à voir avec des pulsions violentes ou agressives. Pour des rêveurs en psychothérapie ou en processus de découverte de soi, le fait de voir des êtres ou des animaux se faire tuer peut représenter de mauvais souvenirs ou encore des habitudes mentales destructrices qu'ils ont décidé d'exorciser. Le meurtre d'une figure d'autorité peut signifier que nous souhaitons échapper aux contraintes sociales ou morales de notre vie ou encore qu'une rancœur face à un parent, un patron ou un enseignant nous habite encore.

Bataille à mains nues

La soudaineté de ce type de bataille indique souvent une lutte désespérée, peut-être contre des éléments qui nous sont propres ou contre quelqu'un ou quelque chose qui tente de nous opprimer ou de nous contrôler. Si le rêveur est paralysé, incapable de décocher un coup de poing, sans doute se sent-il sans recours ou manque-t-il d'estime de soi.

Ennemi

Lorsque notre esprit onirique nous envoie en ennemi quelqu'un avec qui nous n'avons aucun conflit, peut-être est-il temps de réexaminer cette relation. Il peut s'agir d'un avertissement envoyé par l'inconscient pour nous prévenir qu'en dépit des apparences, cette personne ne mérite pas notre confiance. Un ennemi rempli d'amertume peut représenter l'ombre, notre face sombre, telle que définie par Jung.

Blessure

Une blessure dans un songe peut être la marque de l'état émotif présent du rêveur. Peut-être quelqu'un s'en est-il pris verbalement à lui, le laissant blessé et vulnérable. La partie blessée du corps peut avoir son importance.

Punching-ball

Voir un *punching-ball* ou taper dessus peut signifier que nous cherchons un exutoire pour nos frustrations. Il sera crucial de réfléchir à ce qu'il représente afin de vous assurer de ne pas faire d'un innocent ou de vous-même la victime de votre colère inexprimée.

Tests et examens

Ce sont des expériences de vie liées au stress. Il est donc peu surprenant que les examens nous apparaissent en rêve, même des années après avoir quitté l'école. Un des plus angoissants rêves de ce type consiste à se présenter à un examen sans avoir révisé. Un autre : chercher frénétiquement et en vain la salle d'examen.

Après nos années d'études, nous devons encore affronter bien des tests. Des entretiens d'embauche à un premier repas avec des beaux-parents potentiels, nous pouvons avoir l'impression que nos performances sont constamment scrutées à la loupe, et peut-être le cherchons-nous.

Entretien oral

Les examens oraux peuvent s'avérer bien plus angoissants que les écrits. Les examinateurs peuvent représenter des aspects de nous-même, indiquant une forme de rejet de soi. Ne pas pouvoir parler peut signifier que nous n'avons aucune réponse convaincante à faire à la voix de la conscience ou que nous refusons d'affronter des sentiments qui devraient être exprimés. Ces songes peuvent indiquer une relation difficile avec un parent ou une figure d'autorité que les psychologues appelleraient « l'interrogateur ». Malgré de bonnes intentions, leur comportement peut être ressenti comme une invasion dans notre intimité et miner notre confiance.

Examens médicaux

Être en retard et courir de couloir en couloir afin de trouver une salle d'examen peut évoquer un sentiment d'impuissance face à notre destin. Des rêves d'examens médicaux peuvent aussi nous donner l'impression que nous sommes jugé dans tous les domaines de notre vie personnelle et professionnelle. Un mauvais bilan peut s'avérer une expérience très inconfortable et nous encourager à faire face à des défauts que nous refuserions de voir autrement. Lorsqu'il se déroule dans un lieu froid et impersonnel, un examen peut représenter le pouvoir distant de la bureaucratie et de l'autorité, qui semblent parfois contrôler notre vie en prenant des décisions arbitraires qui auront un impact profond sur notre avenir.

Formulaires

Un songe durant lequel nous devons remplir un questionnaire inintelligible peut signifier que nous nous sentons sans recours devant des problèmes jugés insurmontables. Un formulaire d'embauche ou autre visant une demande veut parfois dire que quelque chose manque à notre vie – il est utile de considérer ce que nous y demandons.

Donner et recevoir

Le don est une forme symbolique d'interaction sociale qui, en tant qu'image onirique, nous procure des indices sur nos relations avec autrui. Le fait que le cadeau soit désiré ou non est essentiel au sens à donner au songe. Recevoir plusieurs présents au cours d'un événement festif met l'accent sur l'estime dans laquelle est tenu le rêveur par autrui, mais si les cadeaux sont offerts en d'autres circonstances, cela peut signifier qu'il est bombardé de conseils non désirés.

Acheter un cadeau peut suggérer que nous souhaitons faire plus pour son destinataire ou, plus nébuleusement, représenter notre générosité à son endroit. Si le cadeau est très coûteux, cela peut être le symbole d'une volonté de consentir à des sacrifices pour cette personne ou de l'aider de manière importante. D'un autre côté, faire pleuvoir des présents sur quelqu'un, surtout si cette personne est rejetée, peut indiquer que le rêveur est trop insistant dans ses conseils, donne de l'attention non désirée ou tente gauchement d'être accepté par autrui. À l'instar de toute image onirique qui semble excitante et attirante de prime abord pour ensuite se révéler décevante, un cadeau qui ne plaît pas indique des attentes déçues, des arrière-pensées ou le mal se déguisant en bien. Un paquet-cadeau totalement vide peut représenter des fausses promesses – peut-être un avertissement de l'inconscient qu'une prime escomptée ou des gains financiers à la suite d'un plan d'affaires lucratif ne se concrétiseront pas. Un présent qui n'est jamais ouvert complètement renvoie souvent à des mystères cachés que le rêveur a commencé à explorer, mais qui demeurent encore en partie inconnus : le message est qu'avec plus de persévérance, nous pourrons finir par en comprendre le sens. Un ouvrage d'interprétation des rêves très apprécié au XIXe siècle affirmait que donner un cadeau annonçait une épreuve et que si la personne qui le recevait était un parent ou un amoureux, cela pouvait être un signe que la personne en question était inconstante ou malade.

Cadeau incongru

Recevoir un cadeau inapproprié ou qui génère des sentiments d'inconfort peut être la marque d'une attention que l'on vous porte et dont vous ne voulez pas, ou encore dont vous ne vous sentez pas digne. Si vous êtes le donneur, il vous faut peut-être présenter vos faiblesses ou votre vraie nature à autrui.

Boîte de chocolats

Elle peut incarner la multitude d'occasions et les plaisirs variés que nous offre la vie. En termes freudiens, ce type de rêve peut évoquer les plaisirs oraux de l'enfance ou représenter l'excrétion – et donc une fixation anale qui peut nous conduire à être avare ou dans le contrôle.

Bouquet de fleurs

C'est un symbole universel d'amour ou de bienveillance. La beauté et le caractère éphémère des fleurs incarnent partout dans le monde l'expression de nos plus profonds sentiments. La couleur et le type de fleurs d'un bouquet peuvent être particulièrement significatifs : les marguerites peuvent suggérer l'innocence et le jeu, les roses rouges la grande passion et la sexualité. Tout comme un paquet-cadeau contenant une surprise déplaisante, un bouquet de fleurs fanées peut représenter des attentes déçues.

Envelopper un cadeau

Cela peut signifier que nous tentons de cacher – peut-être désespérément – quelque chose, comme de l'égoïsme ou des sentiments de détresse derrière un optimisme de façade, ou que nous devons affronter une vérité déplaisante refoulée jusque-là.

Lettres et colis

Recevoir en rêve une lettre ou un colis par la poste annonce l'imprévu, une nouvelle opportunité ou un défi inattendu. La réaction du rêveur peut aider à en comprendre le sens. Être incapable de retirer une lettre d'une enveloppe, par exemple, voudra dire que vous ne saisissez pas totalement la chance offerte, alors qu'un sentiment d'anticipation avant de l'ouvrir indiquera confiance et optimisme. L'identité de l'expéditeur (souvent un aspect de l'inconscient du rêveur) peut être importante. Si vous courez après le facteur, cela peut signifier que vous devez adopter une attitude plus positive.

Il est très rare que des rêveurs affirment avoir lu un message reçu par la poste – les songes préfèrent laisser ces tâches à l'esprit éveillé. Envoyer une lettre peut signifier une difficulté de communiquer en tête-à-tête.

Timbre

Une lettre sans timbre évoque une aspiration qui ne peut encore être réalisée ou un manque d'attention portée aux détails importants de la vie. Une enveloppe couverte de timbres peut symboliser un puissant enthousiasme ou des efforts excessifs déployés en raison d'insécurité.

Facteur

Si le rêveur est le facteur ou porte un message à quelqu'un, cela peut traduire une volonté de prendre des responsabilités ou le désir de se faire confier des secrets. Cela peut aussi renvoyer à notre pouvoir de donner ou non du plaisir aux autres ou à une impression que notre importance décline.

Le facteur apporte souvent des messages qui symbolisent de nouvelles opportunités. Ainsi, s'il passe devant notre porte sans laisser de courrier, le rêve attire notre attention sur notre déception quant à une situation spécifique ou à la direction globale donnée à notre vie. Si le rêveur court après le facteur, cela peut représenter la décision d'être proactif et de créer ses propres occasions de croissance.

Lettre inintelligible

Une lettre écrite dans une langue étrangère ou incompréhensible peut nous renvoyer à un sentiment de frustration en ce qui concerne des problèmes qui semblent insolubles, ou à l'impression que notre communication avec autrui pourrait être plus efficace. Si nous

recevons une page blanche en guise de lettre, notre inconscient nous suggère sûrement d'exercer plus de contrôle sur notre vie.

Lettre anonyme

Elle serait un signal d'alarme envoyé par l'inconscient. Nous vivons peut-être une période de tourments émotionnels et il est temps de faire une importante mise au point ou, encore, nous pensons que les autres en savent trop sur nous.

Carte postale

Moyen de communication joyeux, lisible par tout le monde tout au long de son acheminement, sa présence en rêve peut signifier un désir d'humour et d'ouverture dans notre vie. La photo peut bien sûr être importante dans l'interprétation – elle indiquera un besoin de voyage, d'aventure ou, si elle représente un endroit connu, elle peut être la marque d'une nostalgie.

Enveloppe

Pour Freud, elle était un symbole de la sexualité féminine. Fermée, elle représente la virginité ou l'hésitation d'une femme à s'engager dans une relation. Elle peut aussi incarner un problème auquel nous ne voulons pas faire face. L'ouvrir ou y insérer une lettre peut représenter l'acte sexuel.

Documents officiels

Les documents comme un acte de naissance ou un certificat de mariage apparaissent en général dans nos rêves en période de bouleversement ou de transformation. Ils peuvent indiquer un besoin de stabilité et de certitude ou une réponse à un rite de passage à venir. Brûler des documents officiels en songe peut signifier un point de non-retour dans notre vie ou un besoin profond de changement.

Paquet

À l'image des enveloppes, les paquets sont vus par les freudiens comme une représentation des organes sexuels féminins. Notre réaction en recevant un paquet peut évoquer notre attitude par rapport à la sexualité féminine, surtout dans le cas d'un homme. Un nouvel amour ou l'anticipation de retrouver l'être cher peut faire naître un songe dans lequel le rêveur déchire un paquet, avide d'en découvrir le contenu. Si vous êtes hésitant ou craintif à l'idée de l'ouvrir, peut-être avez-vous peur de l'engagement qui accompagne les relations intimes.

Courrier électronique

De nos jours, les gens envoient bien plus de messages électroniques que de lettres, ce qui ne rend donc pas surprenante la présence d'objets de communication Internet dans nos songes. Si nous envoyons par erreur un courrier électronique à l'ensemble de notre carnet d'adresses, notre inconscient nous prévient peut-être des dangers à exprimer trop publiquement nos opinions. Un rêve d'angoisse durant lequel nous appuyons sur « Envoyer » alors que le message est incomplet peut révéler l'inquiétude d'exprimer une idée qui n'est pas

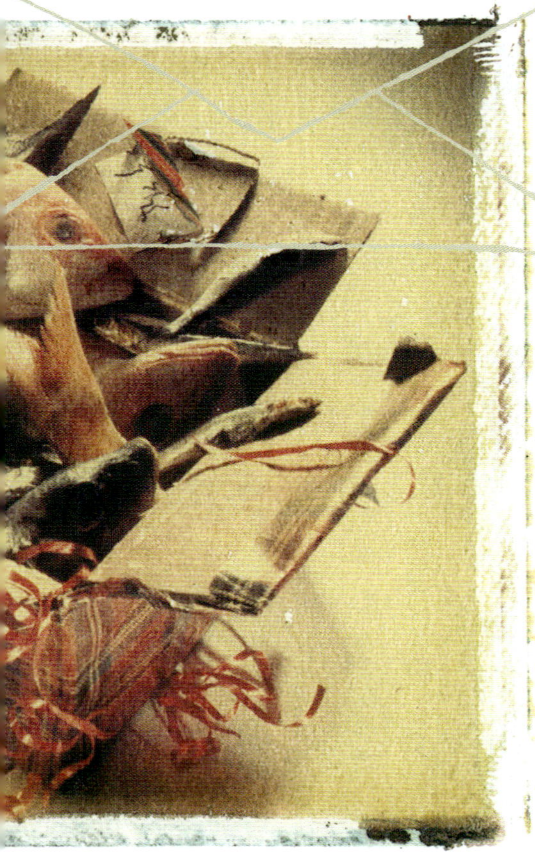

encore totalement formulée – souvent, mais pas seulement, dans un contexte de travail. Cliquer sur « Effacer » peut trahir l'envie de rayer quelqu'un de notre vie ou de mettre fin à quelque chose.

Contrat

Il peut évoquer un engagement personnel ou professionnel sur lequel nous avons des doutes. Déchirer un contrat peut être une forme d'assouvissement du désir du rêveur de s'extirper d'un accord qui le lie ou d'une relation avec un partenaire nuisible.

Tache d'encre

Si elle dissimule en tout ou en partie une lettre ou une autre forme de message, elle représente une erreur de communication ou de l'ambiguïté. Une larme sur une lettre peut signifier une culpabilité face au mal que nous avons commis ou, si la larme nous appartient, elle peut évoquer la douleur de mettre un terme à une relation. Tout comme dans le test psychologique de Rorschach, la forme de la tache a son importance.

Magasins et argent

Les magasins symbolisent souvent la gamme d'opportunités et de récompenses dans nos vies. Notre capacité d'en profiter est parfois liée à la quantité d'argent que nous rêvons d'avoir dans nos poches.

L'esprit onirique peut concocter une foule de métaphores dans ce domaine pour symboliser notre capacité face aux occasions de la vie ou à nos problèmes. Nous pouvons rêver que nous sommes dans un magasin sur le point de fermer ses portes et nous montrer incapable de trouver ce que nous cherchons : ou les étalages sont trop hauts, hors de notre portée, ou les articles sont tellement variés et nombreux que nous ne parvenons pas à nous décider.

Pour Jung, l'argent représente le pouvoir – la capacité de réaliser un objectif. Nous rendre compte que nous ne disposons pas d'assez d'argent pour payer peut symboliser un manque conscient de capacités ou de qualifications pour atteindre un certain objectif. Freud, de son côté, voyait l'argent comme un symbole d'excréments. Il interprétait les songes à propos de l'accumulation d'argent comme la représentation d'une fixation anale, peut-être le résultat d'un mauvais apprentissage de la gestion de ses besoins dans l'enfance, la faute à des parents trop zélés. Cette fixation est en général associée à des personnes obsédées par l'ordre et le contrôle.

Les rêves parlant d'argent peuvent bien sûr n'être que le reflet de nos angoisses en regard de nos finances – surtout en période d'incertitude économique.

Vitrine

La présence en songe d'une vitrine remplie d'objets désirables et pourtant inaccessibles veut souvent dire que le rêveur se sent exclu des plaisirs de la vie. Lui conseille-t-il aussi de regarder ailleurs à la recherche d'objectifs moins ambitieux et, à terme, peut-être plus profitables ? Jung croyait que les rêves impliquant une pharmacie référaient souvent à l'alchimie et aux processus de transformation intérieure.

Intérieur de magasin

Une image onirique de l'intérieur d'un magasin peut représenter notre vision des occasions favorables que peut nous offrir la vie. Qu'achetons-nous ? Est-ce bien ce que nous cherchions ? Tout cela peut en dire long sur notre capacité à atteindre nos buts. Ne pas trouver ce que nous voulions acheter peut indiquer une frustration de ne pas obtenir ce que nous voulons de la vie. Si nous courons frénétiquement d'un magasin à l'autre juste avant l'heure de fermeture, le songe dépeint sans doute notre impression d'une vie trop courte pour atteindre tous nos objectifs.

Comptoir de magasin

L'étalage d'objets tentants, dans une charcuterie ou chez un bijoutier, par exemple, nous force à choisir entre diverses options. Ce rêve peut simplement traduire l'assouvissement de désirs, mais aussi l'impression d'être dépassé par un trop-plein de choix. Si nous sommes à la recherche d'un cadeau, peut-être ne connaissons-nous pas assez la personne (même notre partenaire) pour faire un choix judicieux.

Échange

Un échange peut être le symbole de toute interaction interpersonnelle. Nos vies intimes, professionnelles et intellectuelles sont pleines d'échanges : nous évaluons inconsciemment ce que chaque collègue, ami ou partenaire sexuel a à offrir et ce qu'il souhaite en retour.

Addition ou facture

Recevoir une addition met l'accent sur l'importance de placer nos énergies afin de progresser. Peut-être serons-nous choqué par le montant à payer. Cela dit, une addition salée peut aussi bien représenter l'éventail des voies possibles qui s'offrent à nous que le prix à payer. Dans un rêve d'angoisse, il est possible que nous manquions d'argent – ce qui peut représenter un manque de confiance en soi ou une peur de l'humiliation sociale, ou encore être simplement lié à des inquiétudes financières réelles. Un songe dans lequel nous rédigeons une facture ou recevons un paiement peut indiquer que le rêveur juge être redevable pour ses efforts dans un domaine en particulier – personnel, professionnel ou spirituel. Analyser minutieusement une addition de restaurant reflète sans doute notre manque de confiance envers quelqu'un, y compris un proche.

Colporteur, marchand ambulant

Les marchands ambulants véhiculent à la fois une image de liberté et d'articles bas de gamme. Dégagés de tout loyer et des obligations de tout commerçant traditionnel, ils travaillent en marge de la société et représentent donc souvent un désir d'échapper aux contraintes du quotidien. Ou encore peut-être nous interrogeons-nous sur les motivations d'une nouvelle connaissance ou sur l'honnêteté d'un interlocuteur dans une affaire commerciale.

Vente

C'est avant tout l'art de la persuasion. Peut-être tentons-nous de « vendre » une idée ou un projet à nos collègues ou à notre famille ou nous demandons-nous si nous devons « acheter » l'idée, l'explication ou les excuses d'autrui. De la décision de changer de maison à une proposition de mariage, tout est affaire de persuasion. Un songe mettant en scène une vente, que vous soyez acheteur ou vendeur, et surtout si la valeur de la chose vous semble douteuse, est souvent l'expression d'une angoisse à propos de ces transactions.

Loyer

Il est notoire qu'aux yeux de Jung, la maison incarne le moi. Payer son loyer peut indiquer l'importance de le protéger – donner son opinion même face au parent désapprobateur et autoritaire ou toute autre figure d'autorité. Si l'accent est placé sur le fait que nous ne possédons pas notre maison, le rêve peut refléter un manque de confiance. Traversons-nous une crise d'identité ? Sommes-nous à l'aise dans notre corps ? Peut-être avons-nous pris ou perdu quelques kilos et trouvons-nous le changement difficile à accepter.

Coffre-fort

Les freudiens y verraient les organes génitaux féminins ou une froideur sexuelle. Un objet que nous conservons dans un coffre-fort peut représenter un secret que nous souhaitons ardemment garder ou une tendance à l'avarice avec toutes les obsessions qui s'y rattachent. Dans l'approche jungienne, l'argent représente le pouvoir de parvenir à l'épanouissement spirituel. Dans ce sens, le coffre-fort deviendrait un trésor de sagesse.

Petits objets

Un magasin qui vend des petits objets divers – stylos, crayons, boutons, bobines de fil, rubans, trombones, etc. – peut incarner tous les aspects du quotidien. Il est important d'établir un équilibre entre la vue d'ensemble et les détails – si nous ne prêtons pas attention à ces derniers, tout peut s'écrouler. À l'inverse, il ne faut pas s'attarder aux détails d'une situation au point d'en perdre la vérité fondamentale.

Bazar

Amas d'épices, rouleaux de tissus de couleurs vives, casseroles laissant échapper des fumets odorants – la vue, les sons et les odeurs d'un bazar du Moyen-Orient peuvent évoquer un désir de voyage ou de nouvelles et excitantes expériences. En songe comme dans la vie éveillée, cependant, les rues étroites et les marchands insistants d'un marché exotique peuvent s'avérer intimidants et générer des sentiments de claustrophobie. Peut-être trouvons-nous difficile de nous acclimater à un nouvel emploi ou à un changement de situation. Marchander avec les commerçants

peut représenter une interaction avec un proche exigeant.

Prêteur sur gage

Rendre visite à un prêteur sur gage peut évoquer un sentiment de désespoir. Le rêveur est peut-être inquiet face à des dépenses excessives ou forcé de sacrifier un idéal ou une ambition qui lui tenait à cœur. Le bas prix qu'il obtient pour ses biens peut signifier qu'il se sent sous-évalué dans un domaine. Il ne reçoit peut-être pas la reconnaissance qu'il pense mériter, au travail comme à la maison.

Krach boursier

Un songe à propos d'un krach financier peut comprendre l'image d'un banquier ou d'un courtier se jetant par la fenêtre d'un gratte-ciel. Le rêveur est peut-être en train d'exprimer une intense déception – à propos d'un échec matrimonial, par exemple, ou de résultats scolaires médiocres dans une discipline importante à ses yeux. Le concept d'investissement peut symboliser toute contribution émotionnelle, intellectuelle ou professionnelle. Ainsi, le drame d'un krach boursier peut révéler la frustration que nous éprouvons lorsque nos efforts sont voués à l'échec.

Marché

Un marché à ciel ouvert est souvent coloré et offre une prolifération de produits à notre regard. En songe, il peut représenter les possibilités hors des sentiers battus. Ce type de rêve surgit en général en temps de transition ou de changement – lorsque nous quittons la maison familiale, ou au moment de la retraite.

Communication

La communication est le fondement de notre vie sociale et professionnelle. Une piètre aptitude dans ce domaine peut nous empêcher d'être heureux, de réussir et même nous conduire au désespoir. Il n'est donc pas surprenant que nos songes abordent souvent ce thème. Par exemple, lorsque nous sentons que la communication est déficiente, des sentiments d'infériorité sociale peuvent refaire surface. Nous devons aller assez loin dans l'interprétation de ces rêves pour en comprendre le véritable sens.

Souvent, dans ce type de songe, le rêveur ne parvient pas à se faire entendre dans le brouhaha ambiant, tente désespérément d'attirer l'attention ou encore essaie d'alerter autrui de ce qu'il perçoit comme un désastre imminent. Nous pouvons également entendre les autres nous manifester leur rejet ou faire des remarques désobligeantes, ou encore les voir se détourner de nous avec mépris dès que nous donnons une opinion, un conseil ou tentons d'amorcer une conversation. Parfois, le rêveur verra quelqu'un déchirer une feuille sur laquelle il avait écrit.

Être muet devant un public ou se faire ridiculiser par celui-ci indique une insécurité face à soi-même ou à ses idées.

Foule hostile

Un public qui refuse d'écouter alors que nous nous adressons à lui peut non seulement traduire un manque de sympathie envers l'orateur, mais aussi une confusion de nos pensées dans la vie éveillée. L'absence de public indique un total désintérêt d'autrui pour les idées du rêveur ou un manque absolu de reconnaissance pour ses réalisations. Une foule qui crie et nous hue peut refléter notre véritable sentiment à l'égard des autres en général – nous croyons-nous vraiment au-dessus de la masse ?

Une foule indisciplinée peut aussi masquer la véritable identité d'une personne qui se montre d'une agressivité intolérable à notre endroit.

Désaccord

Un songe où vous êtes en désaccord avec quelqu'un peut mettre au jour des doutes à propos d'une conviction jusqu'alors inébranlable – le dialogue dans votre songe devient une dramatisation de votre propre conflit intérieur. Ce peut cependant être le signe d'un moment constructif dans votre développement personnel, une ouverture à l'idée de tester de nouvelles idées à la lumière de votre expérience.

Querelle

Une virulente querelle onirique peut représenter la frustration de notre quotidien. Si l'autre partie refuse de nous écouter ou demeure obstinément sourde à nos arguments, nous doutons peut-être de notre capacité à exprimer nos besoins ou nos idées.

Discours en public

S'adresser directement à un public peut traduire un besoin de nous faire entendre et comprendre. Peut-être y a-t-il un problème que nous souhaitons régler. Les applaudissements nourris d'une foule admirative peuvent représenter la réalisation d'un souhait, symbolisant notre désir d'être reconnu et célébré par notre entourage.

Règles et réglementations

Les règles véhiculent des images de structure, de contrainte, de contrôle. Lorsque dans un songe nous semblons donner des ordres à autrui ou à nous-même, l'inconscient tente peut-être d'attirer notre attention sur un désir de rendre la vie moins arbitraire, plus prévisible. Si d'autres établissent les règles, le message sous-jacent est parfois un besoin d'apporter plus de discipline dans notre vie ou de comprendre que notre route est circonscrite par des limites imposées de l'extérieur.

Un songe où l'on nous accuse de briser des règles que nous ignorions souligne le caractère souvent injuste de la vie.

De tels rêves servent d'exutoire à notre frustration ou révèlent que nous n'avons pas encore fait la paix avec l'injustice et que nous exigeons réparation.

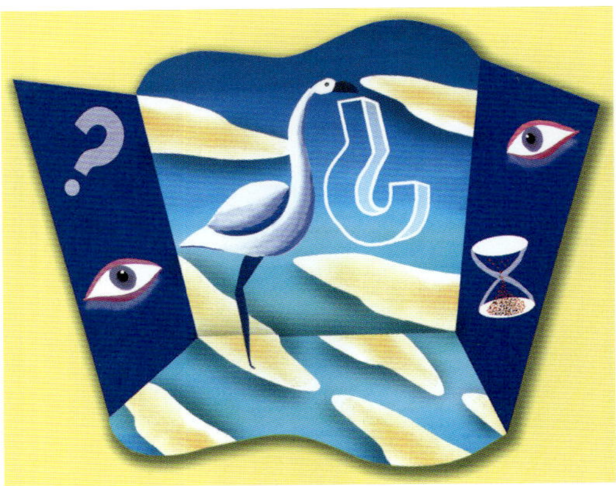

Obéir aux règles peut être le signe que le rêveur se laisse trop facilement mener par autrui, mais peut aussi signifier la loyauté et l'intégrité.

La nature des règles suivies peut s'avérer utile dans l'interprétation. L'inconscient nous encourage parfois à analyser d'un peu plus près des croyances et conventions que nous n'avons jamais remises en question.

Rêver que nous contestons des règles peut mettre au jour la présence d'un conflit intérieur – peut-être un combat entre instinct et conscience –, ou être le reflet d'ajustements à apporter à nos priorités dans le contexte d'une relation nouvelle ou changeante.

Même si nous n'avons aucune expérience du monde judiciaire, la télévision et le cinéma nous en ont donné une connaissance suffisante pour meubler un songe.

Violation des règles

Un songe dans lequel nous défions des règles – en prenant des photos dans une galerie d'art ou en faisant un pique-nique bruyant dans une bibliothèque, entre autres – renvoie souvent à l'enfance. Le besoin intense et naturel du rêveur de s'affirmer et de tester les limites imposées par autrui a peut-être été brimé par ses parents ou des enseignants. Sa nature rebelle est parfois encore refoulée et tapie dans son inconscient et s'exprime dans ses rêves. De tels songes peuvent être l'expression d'une saine urgence créative. Si le délit est plus sérieux – voler une voiture, par exemple –, cela implique souvent de la culpabilité ou une crainte de voir les autres exploiter nos faiblesses.

Poursuite judiciaire

Elle peut exprimer le désir du rêveur de punir ceux qui s'opposent à ses actions ou sont en désaccord avec ses opinions. Elle peut aussi révéler un besoin profond d'obtenir l'approbation de ses pairs – parfois représentés par le jury.

Procureur ou avocat

Un avocat éloquent qui nous défend en cour peut être l'incarnation d'un ami ou d'un parent qui nous soutient en période de stress. Cependant, il peut aussi représenter une personne dont nous dépendons trop. Peut-être est-il temps de parler en notre propre nom et d'exprimer nos opinions avec confiance. De la même manière, si nous sommes l'avocat, sans doute est-ce pour nous rappeler l'importance de défendre nos intérêts.

Jury

Analysez avec minutie les personnes qui le composent : ce sont elles qui décideront de votre avenir et leur identité peut vous donner une clé importante sur le fonctionnement de votre psyché. La présence d'amis, de parents ou de collègues de travail est parfois liée à des événements de notre vie sur lesquels nous aimerions que ces personnes donnent leur avis. Leur opinion pourrait avoir un impact significatif sur une décision importante – travail, amour, etc. Lorsque nous ne reconnaissons aucun des membres d'un jury, sans doute nous sentons-nous à la merci du destin ou d'autres forces hors de notre contrôle. Nous apercevoir parmi les membres indique que nous influençons sans doute notre destin – ou que nous sommes en position de juger quelqu'un en particulier, que nous le voulions ou non.

Plaignant

Agir comme plaignant dans un procès et réclamer réparation pour une blessure ou une injustice peut constituer un acte d'affirmation ou émaner d'un sentiment de paranoïa. Si le songe est le produit d'une envie rancunière de punir l'autre, perdre le procès pourra mettre au jour le potentiel autodestructeur de nos angoisses. Le gagner, au contraire, loin de constituer un résultat positif, révélera en nous des sentiments d'autosuffisance ou de malveillance.

Contre-interrogatoire

Un contre-interrogatoire dans un tribunal peut représenter un aspect de la vie du rêveur qui exige un examen approfondi et dérangeant. Les questions posées peuvent incarner des doutes – les nôtres ou ceux que nous imaginons dans l'esprit d'autrui. Ou encore, le rêve peut exprimer notre frustration de devoir nous expliquer – peut-être parce que nous ressentons de la culpabilité à propos de quelque chose que nous avons pensé, dit ou fait.

Assignation à comparaître

L'assignation à comparaître en justice peut représenter un sentiment de culpabilité (tout comme le contre-interrogatoire), mais elle peut aussi être un appel à nous engager auprès d'une personne ou d'une cause qui nécessite notre aide. Elle pourra également traduire notre ressentiment face à toute obligation.

Verdict

Un juge peut incarner le père ou une figure d'autorité mais un verdict, positif ou non, est

presque toujours le reflet du jugement que le rêveur porte sur lui-même.

Agent de recouvrement

Tout agent de saisie qui se présente à notre porte peut attirer notre attention sur des obligations négligées. Bien sûr, le sens littéral existe, une angoisse face à notre propre endettement – un sentiment si fort qu'il pénètre l'inconscient.

Voleur ou cambrioleur

Un songe dans lequel nous nous faisons agresser ou voler émane sans doute d'une angoisse trouvant son origine dans une relation sexuelle – en rêve, un partenaire, réel ou imaginaire, est souvent représenté en termes de possession. Si nous sommes le voleur, l'objet dérobé peut être significatif dans l'interprétation globale – symbole phallique, comme un pistolet ou une voiture, ou symbole des organes génitaux féminins, comme un sac à main ou un médaillon, ce qui pourrait confirmer des désirs adultérins ou des envies illicites. Un vol à main armée ou à la pointe du couteau peut exprimer une peur de la violence, surtout sexuelle. De la même manière, un vol par effraction peut véhiculer notre crainte du viol, la peur de laisser autrui s'approcher de trop près de notre véritable identité ou un imbroglio émotionnel. La silhouette menaçante d'un bandit de grand chemin peut incarner la partie de nous qui désire se libérer des contraintes.

Crime

Commettre un crime haineux en songe ne veut pas dire que le rêveur est porteur de pulsions violentes ou antisociales. On y verra plutôt l'expression d'un sentiment de culpabilité ou d'un désir plus général d'échapper aux inhibitions sociales, financières et morales placées sur notre route.

Entrer dans une propriété

Entrer sans permission dans la maison d'autrui peut signifier

notre désir de nous aventurer dans des domaines inexplorés de notre expérience émotionnelle, intellectuelle ou spirituelle. Le frisson du danger fait parfois partie de la satisfaction ressentie. Si nous sommes l'intrus, ce rêve peut sous-entendre des envies adultérines ou d'usurper la place d'un autre au sein d'une relation.

Déserteur

Voilà une image onirique ambiguë. D'un côté, il peut représenter la tentation d'ignorer un difficile problème psychologique ou personnel, de le fuir plutôt que de l'affronter. De l'autre, il peut constituer une figure courageuse composant bravement avec un environnement hostile. Peut-être sentons-nous qu'une cause que nous avions épousée n'est pas faite pour nous ou qu'il ne semble plus valoir la peine que nous y consacrions notre énergie. Le mélange de peur, de culpabilité et de soulagement lorsque nous incarnons un déserteur fait de ce type de rêve le scénario approprié à l'expression de l'angoisse vécue au terme d'une relation.

Lorsque nous nous voyons au contraire dans la peau d'un soldat malchanceux abandonné par un compagnon d'armes, il peut y avoir là un sentiment d'être ignoré ou négligé. Peut-être le rêveur en veut-il à un parent inattentif ou souffre-t-il d'avoir été récemment laissé seul à lui-même lors d'un décès ou de la fin d'une relation. N'écartez pas non plus la possibilité que cela peut vous être bénéfique à long terme – le rêve peut marquer le début d'une plus grande indépendance psychologique.

Contrebande

Les biens de contrebande peuvent être désirables, sachant cependant que leur acquisition est risquée. Ils peuvent constituer des aspects de nous que nous souhaitons garder secrets ou représenter des idées importantes à nos yeux, que nous aimerions partager avec des amis.

Faussaire

Il peut nous avertir de ne pas prendre la parole d'autrui pour argent comptant. Si le faussaire qui tente de nous vendre ses produits est quelqu'un que nous connaissons, notre inconscient nous demande sans doute de faire preuve de prudence dans une relation professionnelle ou personnelle que nous n'aurions autrement pas remise en question. Si nous tentons de faire passer de faux billets pour des vrais, c'est probablement la marque de notre frustration quant à notre progression vers notre épanouissement personnel.

Poison

Administrer un poison à quelqu'un que nous connaissons peut révéler une hostilité inavouée ou l'envie d'éliminer des émotions qui empoisonnent notre paix d'esprit.

Les environnements

Tout décor ou environnement – de la modeste salle de classe dans un village reculé au bureau ovale de la Maison-Blanche – peut vous apparaître en songe. Lorsqu'un cadre correspond précisément à un souvenir, vous savez que le rêve pourrait bien trouver ses racines dans une situation passée – par exemple, si vous rêvez d'une usine où vous avez vécu un mauvais moment professionnel, il est probable que ce qui vous perturbait alors vous affecte encore. Chaque situation se présente bien sûr accompagnée de tout son attirail symbolique.

Maison

Les événements domestiques sont parmi les plus courants sur le plan onirique. Ils se présentent plus fréquemment dans les rêves de niveaux 1 et 2 : ils intègrent souvent des situations apparemment banales (surtout de notre passé récent) que l'esprit a choisies pour leur capacité à symboliser (et à nous donner accès à) des matériaux signifiants entreposés dans notre inconscient.

Lorsque vient le temps d'interpréter ces songes, il peut s'avérer pertinent de détecter les différences entre le rêve et la réalité. Souvent, le songe se déroule dans la maison du rêveur ou implique des tâches routinières et pourtant, certains détails semblent étrangement hors sujet. Des meubles peuvent se trouver au mauvais endroit, du matériel ou des appareils ménagers ont changé de dimensions, les casseroles ou des produits ont disparu et des étrangers apparaissent et font comme s'ils étaient chez eux.

Étant donné que la maison est l'un des lieux où nous nous trouvons le plus souvent, et puisque les gestes que nous y accomplissons sont très variés, le chez-soi offre une foule de symboles. Chaque pièce de la maison est chargée d'un fort potentiel de sens et chaque appareil ou article – de la douche à la cuisinière en passant par les cuillères et les assiettes – peut être utilisé par les songes à leurs propres fins.

Chaux

Elle peut représenter une couverture pour des méfaits potentiellement embarrassants ou dommageables. Ces vérités cachées peuvent être nôtres ou notre inconscient craint que d'autres ne dissimulent un détail sur leur personnalité ou leur passé.

Cuisiner

Si les plats sont préparés pour autrui, il peut y avoir là une volonté d'influencer les autres ou de les rendre dépendants. Symbole d'intimité, la préparation d'un repas peut indiquer un besoin d'amour ou d'affection. Si l'accent porte sur la nourriture elle-même, le sens sous-jacent pourrait être le désir du rêveur de mouler une vérité, une perception en une forme plus acceptable ou d'effectuer une synthèse des éléments disparates de sa vie, afin d'en faire une nourriture pour l'âme. Le feu de cuisson est traditionnellement le centre (*âtre* en latin) de la maison et peut donc symboliser le centre profond de notre être.

Moquette ou tapis

Leur signification précise peut dépendre de leur teinte ou de leurs motifs. Un design floral peut symboliser un jardin, voire le jardin d'Éden. Plus universellement, il peut évoquer l'arbre de vie, un concept retrouvé dans une multitude de systèmes de croyances et de mythologies de par le monde. En accord avec l'idée de la maison symbolisant le soi, une moquette recouvrant l'accès à un étage inférieur peut signifier que nous étouffons des pulsions venant de l'inconscient.

Poêle et casserole

Ce sont souvent des symboles sexuels. Si la poignée de la casserole apparaît de manière plus ou moins évidente dans le songe, cela pourra indiquer s'il s'agit de sexualité féminine ou masculine. La signification a beaucoup à voir avec ce qui se passe à l'intérieur – un bouillon nutritif, un plat pour se faire plaisir, ou encore pour impressionner autrui ?

Assiette

Des aliments disposés dans une assiette sont généralement servis chauds et destinés à être mangés immédiatement. Ils peuvent symboliser une inspiration ou une idée qui devrait être réalisée tout de suite ou encore un problème auquel il faut s'attaquer aussitôt que possible. Une assiette de restes froids peut représenter des comportements à abandonner afin de progresser.

Bouilloire

Son bec proéminent lui confère des connotations phalliques et en fait un symbole majoritairement masculin. Le contenu bouillant peut représenter la passion. À l'instar d'une eau très chaude ou de la vapeur, l'image devrait nous avertir des dommages importants que les émotions fortes peuvent causer chez ceux qui les ressentent.

Table

L'image d'une personne se dissimulant sous une table vient probablement de l'enfance – une nappe peut former une sorte de tente, une excellente cachette pour un enfant. Ce qui rend cet abri précaire dans un rêve d'angoisse est l'impossibilité d'en sortir sans être vu par les personnes assises à la table. Les songes peuvent aussi utiliser la table comme un lieu où exposer des objets. L'interprétation pourrait se pencher sur l'idée de la table comme métaphore d'ouverture – tous les objets seront visibles par les personnes autour.

Coutellerie

Un ensemble d'ustensiles de table peut représenter les ambitions du rêveur. Chaque élément a des connotations très différentes. Couteaux et fourchettes peuvent être associés à des armes en format réduit et incarner une agressivité domptée ou des tensions au sein d'une situation familiale en apparence harmonieuse. La cuillère est un symbole féminin en raison de sa forme ronde et de sa capacité à contenir. Si le rêveur se sent vulnérable ou exploité, l'image d'une cuillère peut exprimer le besoin d'être « nourri à la petite cuillère ». Une cuillère à café ou à thé peut nous inciter à prendre les choses doucement et à petites doses, alors qu'une cuillère à soupe nous incitera à boire goulûment les plaisirs de la vie.

Théière

Comme dans le cas de la bouilloire, son bec verseur peut donner à l'objet des connotations phalliques. Une théière ornementale attire notre attention sur la beauté de notre quotidien, que nous pourrions apprécier si nous en prenions le temps.

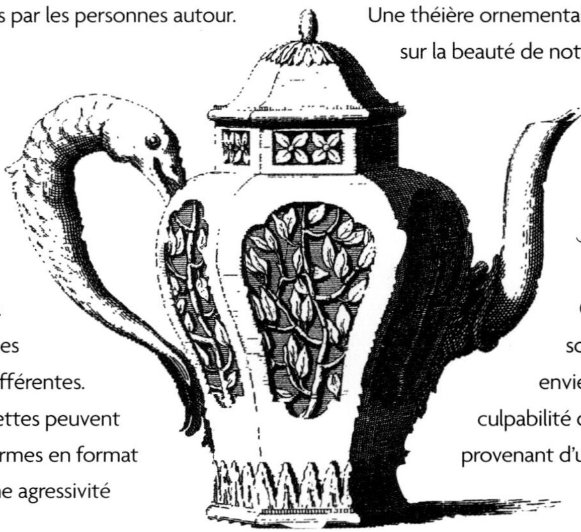

Faire la vaisselle

Cette activité peut sous-entendre une envie de nous laver d'une culpabilité ou d'une honte provenant d'une expérience sexuelle.

Objets fendus

Ils indiquent des imperfections dans la personnalité du rêveur ou au sein de certaines de ses idées ou relations. Une tasse fendue, un vase fêlé peuvent être des symboles de l'amour perdu ou d'un cœur brisé. Un songe où nous sommes à la maison et cassons tout sur notre passage indique en général une colère ou une désillusion envers ce qui est symbolisé par les objets que nous brisons. Si les freudiens interpréteraient une fenêtre cassée comme un symbole sexuel féminin, les jungiens auraient tendance à y voir le symbole du désenchantement du rêveur envers le monde.

Aspirateur

Le passer représente une façon minutieuse de nettoyer la maison et peut être la marque d'une volonté d'éradiquer un mauvais souvenir ou une action passée. Aspirer de la poussière ou des cendres peut traduire une envie de passer à autre chose après le décès d'un proche parent ou d'un ami.

Ménage de printemps

Rêver que nous nettoyons de fond en comble la maison (surtout au printemps) peut symboliser le besoin d'éliminer des souvenirs désagréables ou de mauvaises habitudes. Peut-être est-ce le temps de regarder profondément en nous et de faire en sorte d'éliminer les aspects les moins constructifs de notre personne, afin de prendre un nouveau départ.

Laver les vitres

Voilà un songe qui peut indiquer un besoin d'avoir une vue plus claire sur la vie. Notre vision du monde est peut-être obscurcie par trop d'introspection ou par une incapacité à voir les choses au-delà de nos préjugés.

Machine à laver

Le tourbillon de l'eau dans cet appareil évoque parfois l'utérus. Peut-être est-ce le temps de composer avec des problèmes passés, y compris des blessures profondes de l'enfance que l'on se doit de panser pour arriver à un état psychologique plus sain.

La vue des vêtements peut attirer notre attention sur la nudité qu'ils sont censés couvrir. Suspendre des vêtements sur une corde à linge visible de tous peut traduire un désir subliminal de retourner à l'innocence de l'enfance ou un besoin d'exhibitionnisme.

Passoire et tamis

L'eau, la farine ou le sucre traversant les trous de ces objets peuvent incarner notre force vitale ou notre énergie qui s'épuise. Quelqu'un ou quelque chose sape-t-il notre vigueur ? Un tamis peut aussi symboliser le processus à suivre pour adopter une nouvelle attitude face à la vie, en « tamisant » vers l'extérieur des schèmes de pensée ou des comportements dépassés ou inutiles.

Encaustique

L'encaustique et le vernis ont pour fonction de protéger et d'embellir l'apparence des meubles et planchers. Dans nos songes, ils peuvent symboliser notre volonté de minimiser nos échecs, signifier un besoin de nous endurcir contre la critique d'autrui ou de masquer les failles d'une relation.

Boîte à biscuits

La boîte à biscuits de notre enfance était probablement une source de sucreries et de récompenses. Un songe durant lequel nous regardons longuement une boîte située sur une étagère inaccessible peut évoquer un besoin ardent de reconnaissance et de louanges qui semblent ne jamais se concrétiser. La sorte de biscuits contenue dans une boîte peut être le signe d'une importante décision que nous nous devons de prendre.

Architecture

La maison onirique représente généralement le rêveur et peut symboliser son corps ou les différents niveaux de son esprit. Tout comme les corps, les maisons ont un devant et un arrière, des fenêtres qui regardent le monde extérieur, des portes par lesquelles entre la nourriture et d'autres ouvertures utilisées pour ensuite évacuer les déchets.

C'est à partir d'un songe à propos d'une maison que Jung élabora sa théorie de l'inconscient collectif. La maison, bien qu'étrange, était sans nul doute la sienne. Après en avoir parcouru les étages, il découvrit une lourde porte qui menait à une ancienne cave ornée de voûtes. Un autre escalier menait à une caverne dont le sol était jonché d'os, de poteries et de crânes. Il interpréta la cave comme le premier niveau de l'inconscient et la caverne comme le « monde de l'homme primitif ». Freud, cependant, interpréta le rêve de Jung comme une forme d'accomplissement d'un désir et vit dans les os et crânes l'expression d'un désir de mort, probablement dirigé vers la femme de Jung.

D'autres immeubles peuvent représenter des aspects de l'être. Une cour de justice peut symboliser notre force de jugement, les musées peuvent figurer le passé, alors que les usines renvoient souvent au côté créatif dans la vie du rêveur.

Bibliothèque

Elle incarne les idées et le savoir immédiatement accessibles. Des livres sur une étagère inaccessible peuvent représenter des idées qui vont au-delà de la capacité de compréhension actuelle du rêveur. En songe, si vous n'arrivez pas à vous concentrer sur ce que vous lisez, peut-être êtes-vous habité par des idées contre-productives. Une bibliothèque peut aussi incarner le savoir du rêveur lui-même : envisagez de regarder en vous pour obtenir des réponses – l'étendue de votre compréhension intuitive peut être surprenante.

Pièces et étages

Tout comme l'esprit, une maison comprend plusieurs niveaux et compartiments qui exercent différentes fonctions et qui communiquent entre eux au moyen d'escaliers et de portes. Dans nos songes, chaque chambre peut correspondre à un aspect de notre personnalité ou de notre esprit, et tous devraient être connectés (intégrés) entre eux. Pour Jung, les différents étages symbolisaient l'inconscient, le conscient et les plus hautes aspirations spirituelles. Des portes verrouillées ou des escaliers précaires peuvent exprimer les difficultés éprouvées lorsque nous sondons les profondeurs de l'inconscient.

À la lumière du symbolisme phallique que Freud conférait aux marches et escaliers, un songe dans lequel nous passons comme

un automate d'étage en étage sur un escalier mécanique indique souvent une vie sexuelle dénuée d'émotions.

Grenier

Situé au dernier étage d'une maison, il représente généralement nos plus hautes aspirations ou ambitions créatives – traditionnellement, l'atelier de l'artiste ou de l'écrivain se trouvait sous la mansarde. Souvent en fouillis, le contenu d'un grenier peut refléter le désordre dans notre vie.

Comme dans un vrai grenier, nous devrons ranger minutieusement les éléments pour parvenir à une interprétation plausible. Un coffre rempli d'objets peut faire référence à des projets abandonnés par erreur. Toutefois, si la forme du coffre évoque celle d'un cercueil, il peut être temps de laisser tomber des aspirations irréalistes. Un grenier exagérément bien rangé peut être la marque d'une vie spirituelle vue de manière doctrinale ou convenue, ou d'une démarche créative trop appuyée sur la logique et la raison.

Fenêtre

Freud interprétait les portes et fenêtres comme des symboles sexuels féminins ; Jung les associait à la capacité du rêveur de comprendre le monde extérieur. Regarder dans la maison d'autrui par la fenêtre (du voyeurisme pour Freud) peut indiquer que le rêveur est trop curieux de la vie des autres, utilisant parfois cette curiosité comme substitut à une autoanalyse.

Balcon

Il est un symbole freudien classique de la poitrine féminine – ne dit-on pas qu'« il y a du monde au balcon », et le balconnet n'est-il pas un soutien-gorge ? Rêver que nous nous tenons sur un balcon peut suggérer un désir de retourner à la poitrine maternelle. Les freudiens sous-entendraient que l'image d'un homme sur un balcon a des connotations œdipiennes.

Porte

Une porte s'ouvrant vers l'extérieur peut signifier vouloir être plus ouvert aux autres, alors que le contraire suggère l'autoexploration. Si une porte verrouillée résiste aux efforts du rêveur pour l'ouvrir, cela peut être le signe qu'il lui faut chercher une nouvelle habileté ou idée pour lui servir de clé. Une porte sans poignée est une image courante exprimant une gamme de frustrations, dont l'absence d'avancement au travail ou une insatisfaction dans la vie de couple.

Plafond

Le « plafond de verre » désigne, dans notre monde moderne, la barrière invisible qui rend difficile la progression des femmes dans le monde du travail. Quiconque a l'impression que quelque chose l'empêche d'atteindre ses objectifs personnels ou professionnels pourra faire l'expérience d'un songe au cours duquel il se frappe le front au plafond, parfois après s'être élevé du sol.

Murs

Il existe une dualité inhérente à la symbolique onirique des murs : ils peuvent à la fois emprisonner et protéger. Nous pouvons nous entourer de murs émotionnels ou encore de murs qui prennent la forme d'un emploi du temps surchargé ou d'un engagement exagéré envers notre travail. Bien qu'il soit possible de s'isoler avec succès en construisant des murs, il est important de garder en tête que ce faisant, nous nous coupons d'expériences agréables.

Sous-sol ou cave

Ils réfèrent souvent à l'inconscient. Descendre en songe l'escalier menant à une cave peut signifier notre détermination à nous autoexplorer ou, du moins, à tenter de le faire. Les objets que nous trouvons dans une cave peuvent évoquer différentes pulsions – les aliments et le vin suggèrent la passion sexuelle, des ossements peuvent révéler des tentations meurtrières refoulées.

Cheminée

C'est un symbole sexuel très puissant qui peut être masculin ou féminin selon que nous l'apercevons de l'extérieur ou de l'intérieur. Une cheminée qui s'est écroulée peut évoquer une crainte de l'impuissance.

Selon la légende, les sorcières quittaient l'enfer par une cheminée pour se rendre à leurs réunions sabbatiques ; nous pouvons donc l'associer à la magie noire et aux forces du mal.

Meubles

Ils peuvent incarner nos pensées et nos émotions. Un songe au cours duquel nous déambulons dans une maison vide de meubles peut être la marque d'une vie émotionnelle insatisfaisante et bloquée. Le même rêve peut aussi symboliser un nouveau départ, que nous sommes prêt à « meubler » notre vie de nouvelles expériences. Réparer, nettoyer ou rénover des meubles peut signifier le besoin d'une guérison émotionnelle ou de mettre de l'ordre dans notre vie.

Rideaux

Ils peuvent exprimer notre désir de nous couper du monde. Symbole ostentatoire de modestie, les rideaux peuvent aussi incarner une pulsion exhibitionniste – pensez à l'image du rideau de velours découvrant une scène de théâtre.

Penderie

Les vêtements représentent souvent la persona (voir page 103) – l'image que nous présentons au monde. Comme la penderie contient différentes tenues, elle peut incarner les différentes images que nous présentons dans diverses situations. Dans notre songe, notre réaction face à ces costumes peut nous aider à comprendre celui qui représente le mieux notre identité. Une penderie surchargée peut être le signe de l'exubérance ou même de l'exhibitionnisme. Fermée à clé, elle traduirait un désir d'échapper aux yeux d'autrui.

Salon

Pour Jung, chaque pièce représentait un aspect du rêveur. Le salon étant la pièce que nous présentons le plus volontiers à autrui, il peut symboliser l'esprit conscient.

Cuisine

C'est la pièce de la maison associée à l'amour, à la nourriture et à la créativité. Une grande richesse de symboles sexuels – féminins et masculins – est présente dans les aliments et les ustensiles de table, et l'environnement y est riche en connotations maternelles. Un four bien chaud ou les flammes d'un âtre peuvent être les symboles de l'amour profond que voue le rêveur à sa famille ou ses amis. Si quelque chose brûle, par contre, cela peut être la marque d'un conflit avec nos proches.

Buanderie, arrière-cuisine

Puisque c'est là que nous rangeons balais et brosses, lavons les vêtements et effectuons d'autres tâches ménagères, ces pièces peuvent être associées en songe avec l'inconscient et les processus cachés qui nous y mènent.

Chambre

Nous l'associons à la naissance, à la mort, au sommeil et au sexe. Dans la maison, elle est souvent la seule pièce vraiment privée et peut donc incarner l'intimité, la sécurité et le moi le plus secret. Elle peut aussi nous apparaître comme le lieu du dernier repos. Rêver de parents endormis dans leur lit peut

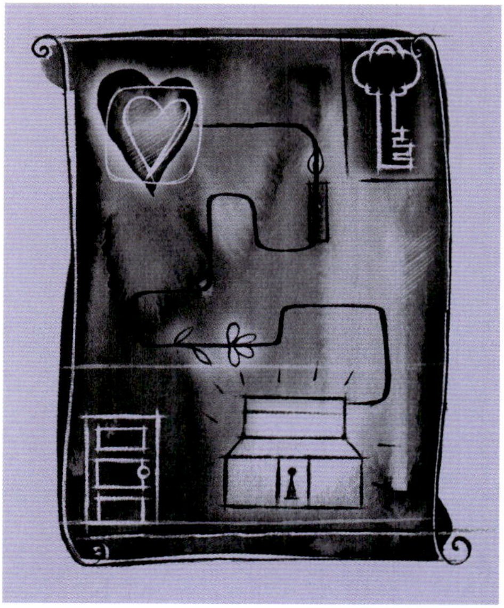

être le reflet de souvenirs à propos de leur décès ou l'expression d'une crainte de les perdre. Une chambre vide peut évoquer notre propre mort.

Salle de bains

Même si se détendre dans un bon bain est un moyen efficace, pour beaucoup d'entre nous, de se débarrasser des tensions et soucis de la journée, la présence du bain en rêve peut conduire plus loin et évoquer la sécurité de la vie intra-utérine. Si une fenêtre y est ouverte, notre inconscient nous rappelle peut-être nos responsabilités dans le monde réel.

Ferme

Sa présence en songe peut évoquer le désir d'un retour à une vie plus simple, plus bucolique ; ou encore, même dans un contexte urbain, nous souhaiterions nous sentir plus en phase avec nos racines ou les « vraies » réalités. Ce type de rêve ne signifie donc pas forcément que nous voudrions déménager à la campagne – seulement que nous aimerions vivre selon des valeurs plus traditionnelles. Il peut aussi souligner une frustration professionnelle ou le besoin d'un emploi plus utile socialement.

Grange

C'est l'image parfaite pour représenter les bonnes choses que nous avons moissonnées au cours de notre vie – professionnellement ou à la maison. Il peut aussi y avoir une allusion à notre moisson morale ou à notre karma. Y voir un rat ou une araignée peut être la marque d'une culpabilité qui empoisonne notre existence.

Clôture

« Les bonnes clôtures font les bons voisins », dit le proverbe. Ainsi, elles peuvent représenter les démarches entreprises pour nous protéger de l'intrusion d'autrui – souvent au risque d'ignorer nos responsabilités sociales ou d'oublier le potentiel enrichissant d'une relation.

Jeux d'eau

Les jeux d'eau évoquent l'utérus et leur présence onirique peut constituer un symbole universel et intimidant de notre mère.

Garage

Bien qu'associé généralement à des activités masculines, il évoquera, pour les freudiens, la sexualité féminine s'il est occupé par une voiture. Un homme rêvant qu'il répare une automobile dans un garage peut éprouver des problèmes sexuels.

Fontaine

Elle est imprégnée d'une riche symbolique mythique qui l'identifie comme source de vie, de savoir et d'éternelle jeunesse. Pour un artiste en manque d'inspiration, l'image onirique d'une fontaine peut annoncer de nouvelles idées. En tant que source de vie, elle peut représenter notre mère ou parfois un soudain élan d'énergie après une période de dépression ou de tristesse.

Remise

Elle peut être un lieu de retraite ou de rangement d'objets que nous souhaitons entreposer loin des yeux. Dans ce dernier cas, si nous la visitons en songe, cela peut être le signe d'un projet que nous avons peut-être abandonné prématurément. Une remise qui est souvent utilisée et aménagée – en bureau, par exemple – peut renvoyer aux forces de notre inconscient. Réfléchissez bien aux objets que vous y trouvez.

Serre

Une profusion de plantes exotiques dans une serre peut constituer un rappel de tous ces instincts non reconnus, étouffés dans l'inconscient.

Usine

Elle peut représenter la créativité du rêveur vue sous l'angle du travail acharné. Selon le contexte, le songe mettra l'accent sur la productivité de l'usine ou sur sa nature mécanique, stéréotypée. Des ouvriers en grève incarneraient des obstacles à notre créativité – manque de temps, de ressources, d'inspiration. Une chaîne de production interminable peut évoquer l'ennui et la frustration, indiquant peut-être qu'il est temps de changer d'emploi ou de trouver de nouvelles sources d'inspiration.

Usine de gaz

L'odeur de soufre du gaz naturel et ses propriétés inflammables associent ce type d'usine à la conception chrétienne de l'enfer. De manière symbolique, l'enfer peut être synonyme du chaos sombre de l'inconscient ; un songe se déroulant avec une usine de gaz comme toile de fond peut avoir un effet sinistre et terrifiant. Les aspects les plus sombres de la psyché sont souvent difficiles à affronter, et notre réaction en songe à ce genre d'usine peut être liée aux émotions que l'on vit lorsque vient le moment intimidant d'explorer notre inconscient. Pressentir l'imminence d'une explosion est souvent associé à des émotions refoulées.

Bar ou pub

Ce sont des lieux de socialisation ou ceux où nous noyons nos peines. Puisqu'il est aussi associé à la perte de nos inhibitions, le bar peut être l'endroit où nous exprimons nos émotions les plus vraies. Nous pouvons y confier nos secrets les plus intimes à un parfait inconnu ou danser avec frénésie sur les tables. L'aspect convivial d'un bar peut indiquer notre besoin de compagnie – soulignant un sentiment de solitude. Si, par contre, le rêveur est entraîné dans une bagarre, ce songe tente peut-être d'attirer son attention sur des émotions dangereusement refoulées qui sont à la veille d'exploser en une colère destructrice et incontrôlable.

Se trouver en état d'ébriété en songe peut révéler une ivresse existentielle – un sentiment puissant de joie et de bien-être. Cependant, si l'expérience se révèle inconfortable, le rêve nous prévient possiblement du danger de perdre le contrôle. Sommes-nous en train de développer une dépendance à l'alcool ou aux drogues ? Avons-nous l'impression que notre vie est entre les mains du

hasard ou d'autrui ? Boire seul dans un bar mal famé peut signifier le désir d'en finir avec des souvenirs pénibles ou d'échapper à ses problèmes.

Tour

Quel symbole phallique puissant ! Pour le rêveur masculin, sa puissance et sa solidité peuvent refléter une confiance sexuelle. Plusieurs histoires folkloriques européennes présentent de jeunes princesses emprisonnées par un roi tyrannique dans le donjon d'une très haute tour. Ce type de scénario onirique peut avoir une résonance spécifique chez des femmes qui sont l'objet d'une influence masculine autoritaire et oppressante dans leur famille, au travail ou en société. Les tours sont aussi signifiantes par leur aspect inviolable et peuvent représenter quelqu'un qui nous est cher, mais qui demeure émotivement distant et détaché.

Cour de justice

Des songes qui s'y déroulent peuvent traduire des conflits intérieurs ou entre des personnes proches. Il se peut aussi que notre capacité de jugement soit mise au défi par une décision importante et bouleversante ou par une lutte de pouvoir complexe entre des membres de la famille ou des collègues.

Tour d'horloge

Qu'elles soient célèbres comme celle du palais londonien de Westminster ou qu'elles appartiennent à un petit village, les tours agissent comme des repères temporels et sont indicatrices d'une position géographique. Le tic-tac d'une horloge est un symbole typique des battements du cœur, du passage du temps et de notre vie. Étant donné la forme phallique de la tour, nous nous retrouvons avec l'image d'une énergie masculine doublée du courage nécessaire à la poursuite de nos véritables ambitions. Le carillon d'une tour d'horloge sonnant les heures peut annoncer la venue d'un événement majeur ou un moment charnière dans notre vie, comme un mariage ou la naissance d'un premier enfant.

Tour Eiffel

Elle est un puissant symbole phallique et offre au rêveur une image de sexualité masculine. Cette tour célèbre peut aussi incarner une vision stéréotypée de la vie parisienne – mélange de révolution, de romantisme et de liberté artistique et de mœurs.

Phare

Aux yeux des freudiens, voilà un évident symbole phallique émergeant de la mer maternelle. Des interprétations plus contemporaines vont s'attarder à ses fonctions de signal et de guide. Tout comme ses faisceaux vont prévenir les navires de se tenir loin des rochers dangereux, son image onirique peut nous alerter à propos d'une situation hasardeuse. Le rayon lumineux d'un phare transperçant le brouillard indiquera un espace à éviter.

Moulin à vent

Il moud le grain qui servira à fabriquer le pain et peut représenter le rôle de soutien de la famille du rêveur. Gagner son « pain quotidien » peut être éprouvant mais demeure essentiel.

Château

Il peut apparaître sous la forme d'un château fort, d'un palais de conte de fées ou d'une prison. Rêver que nous sommes à l'intérieur sous-entend la sécurité, mais nous rappelle aussi que nos défenses psychologiques tendent parfois à nous isoler d'autrui. Les fortifications représentées par les murs épais d'un château peuvent nous protéger de la souffrance, mais aux dépens de relations signifiantes et de la maturité émotionnelle. Si nous nous voyons actionnant l'ouverture du pont-levis d'un château, peut-être est-il temps de nous lancer dans un nouvel engagement émotionnel. Un château en ruine peut évoquer la destruction des masques que nous portions auparavant ou de la persona que nous présentions.

Palais

La façade élégante d'un palais magnifique peut incarner la persona que nous offrons au monde extérieur. Si, par contraste, l'intérieur semble usé, le songe peut nous prévenir que nous aspirons à des niveaux que nous ne pouvons atteindre.

Lieux de culte

Une église, une cathédrale ou un temple peuvent représenter l'aspect spirituel du rêveur ou un désir de paix, de sagesse ou, peut-être, plus vaguement, un sentiment d'y voir plus clair. Se sentir étranger dans une église peut s'avérer un rappel de la distance qu'il nous reste à parcourir si nous voulons atteindre un meilleur équilibre spirituel ou acquérir un statut plus respectable au sein de notre communauté. Une flèche est un symbole phallique évident, là où un dôme va suggérer les rondeurs féminines – au sens propre comme au figuré.

La flèche d'une église joue le rôle de paratonnerre et si un éclair la frappe en songe, cela peut exprimer un sentiment de vulnérabilité à l'égard d'une catastrophe soudaine.

Maison en ruine

Elle peut constituer l'image exagérée d'un problème tenace, parfois banal, et qui n'a rien à voir avec notre situation domestique. La même image peut cependant sous-entendre un sentiment de dysfonctionnement personnel. Les espaces nécessitant réparation nous transmettent alors des indices sur ce qui ne va pas. Un immeuble en flammes peut avoir des connotations positives et symboliser une catharsis. Nous devons nous « purger » d'attitudes et d'idées inadéquates.

Immeuble en chantier

La maison est un symbole classique du moi. L'image d'un immeuble en chantier est le reflet d'incessants changements. Une interprétation attentive de la symbolique pourrait nous apporter des indices insoupçonnés sur les aspects que nous devrions travailler – un meilleur accès au sous-sol de l'inconscient, par exemple, ou un regard plus aiguisé sur le monde extérieur. Si nous voyons en songe les plans d'un architecte, cela pourrait signifier le désir de nous lancer dans un projet majeur.

École

Les années scolaires sont parmi les plus formatrices de l'existence et peuvent apparaître dans nos songes à tout âge. Parfois, les rêves feront référence à des expériences dont nous nous souvenons avec fierté ou embarras, ou encore que nous avons refoulées. Cela dit, le songe choisira souvent une école sans caractéristique particulière pour transmettre son message.

Rêver que l'on est à l'école mais rétrogradé dans une année inférieure, renvoyé de la classe ou démis d'une responsabilité convoitée peut symboliser des insécurités de l'enfance qui n'ont pas été résolues.

Au même titre que le cadre de l'école, son personnel peut être signifiant. Le professeur est un symbole d'autorité par excellence et peut représenter le père, la mère, un grand frère, une grande sœur ou toute personne aimée ou crainte qui a déterminé le cours de la vie du rêveur. Le professeur peut incarner l'aspect censeur du rêveur qui va tenir en laisse ses pulsions les plus turbulentes.

Si le rêveur est appelé au bureau du directeur, cela peut signifier un sentiment d'infériorité ou de culpabilité, ou la crainte qu'on ait découvert une faute commise. Être félicité publiquement par un professeur, recevoir un prix ou remporter une compétition sportive indique que le rêveur croit – ou a besoin de croire – en ses habiletés en tant qu'élève ou comme personne.

Porter un cartable

S'il est porté avec joie, un cartable rempli de livres, de stylos et de feuilles de papier peut renvoyer aux connaissances acquises par le rêveur et traduire son désir de poursuivre son apprentissage. Si le sac est lourd et encombrant, le passé, le présent ou l'avenir sont pour lui un fardeau.

École en ruine ou délabrée

Si un songe nous ramène en enfance simplement pour nous présenter une école en décomposition ou déserte, il nous indique sûrement que nous portons encore en nous certains espoirs brisés de notre enfance ou des souvenirs troublants. Parfois seront présentes la sensation du temps qui passe ou du caractère éphémère de la vie, et la nécessité de regarder devant soi plutôt que vers le passé.

Harcèlement

Dans ce type de songe, nous nous identifions plus souvent à la victime qu'à l'agresseur, ce qui renvoie en général à des expériences douloureuses de notre enfance. Sinon, avons-nous le désir de dominer ou d'être dominé, peut-être sexuellement, d'une manière sadomasochiste ? Si l'agresseur et sa victime sont de même sexe, le rêve peut être une réaction complexe face à une relation homosexuelle ou à un désir du même ordre, refoulé.

Professeurs

Leur impact formateur sur nos vies est indéniable, pour le meilleur et pour le pire. Leur autorité sur nous est comparable à celle exercée par nos parents ; ils peuvent même être des symboles de ces derniers. Si le professeur qui nous apparaît en songe est un enseignant que nous révérions et respections, nous devrions porter une attention particulière à ses conseils, car la sagesse qu'il transmet pourrait être un message direct de notre inconscient.

Punition en classe

Lorsque nous rêvons que l'on nous punit à l'école, ce songe reflète souvent la soumission à une figure d'autorité. Les châtiments corporels peuvent révéler un désir sexuel sadomasochiste. Une punition pour ne pas avoir fait ses devoirs peut indiquer un sentiment de culpabilité de ne pas bien remplir nos obligations personnelles ou professionnelles. Se faire mettre au coin – c'était autrefois monnaie courante – peut être le signe d'un sentiment d'exclusion, tandis que copier sans fin une phrase révélera une insatisfaction face à la routine du quotidien.

Fin d'année

Célébrer la fin d'année et le début des grandes vacances peut être lié au regret de perdre ses amis, qui deviennent soudain moins accessibles. Le songe peut aussi exprimer de l'optimisme à l'égard d'une nouvelle étape de notre vie – ou le soulagement de terminer une phase difficile ou non gratifiante.

Encre

Rêver d'encre renversée sur notre bureau ou sur nos livres peut sous-entendre que nous avons transgressé nos propres critères moraux ou ceux d'autrui. Le noir suggère un méfait ou un forfait commis sous le couvert de la nuit, alors que le rouge représente souvent le sang ou la sexualité.

Salle de classe

En général, elle représente le fait et l'importance d'apprendre. Elle peut aussi incarner la compétition, l'estime sociale, la censure ou encore la nécessité de repenser certains aspects de nos soucis d'ordre personnel, social ou professionnel. La salle de classe peut aussi être un symbole de nostalgie ou encore un besoin pour le rêveur de raviver une passion passée. Être assis au fond de la classe pour échapper

à l'attention de l'enseignant peut symboliser une tendance à éviter les responsabilités. Lever la main avec impatience pour répondre à une question implique probablement un besoin de montrer ce dont nous sommes capable.

Cahier d'exercices

Son état peut refléter l'état de la psyché du rêveur. Criblé de gribouillages et de griffonnages, il indique la créativité, la confusion ou un mélange des deux. Un cahier propre et bien tenu peut être la marque

d'une approche organisée de la vie ou d'un désir de mettre de l'ordre en nous. Si nous y découvrons des dessins plutôt que des listes de mots ou des rangées d'addition, le rêve attire peut-être l'attention sur un talent créatif qui n'attend qu'à être mis au jour.

Pupitre

Les freudiens y verraient un symbole des organes génitaux féminins en raison de son couvercle et de ses compartiments de rangement. Fouiller à l'intérieur d'un bureau peut ainsi référer à des ébats sexuels réels ou désirés. Une autre interprétation ferait du pupitre le domaine privé du rêveur dans une classe remplie d'autres personnes. Graver nos initiales sur un bureau fait écho à notre besoin d'individualité et d'intimité et peut révéler des difficultés à établir notre identité aux yeux d'autrui. Lieu de dissimulation, le pupitre peut représenter l'inconscient – peut-être le jeune inconscient, avant que les expériences adultes l'imprègnent.

Cloche

La sonnerie du réveil dans le monde éveillé peut se transformer en rêve en une cloche d'école. Entendre sa sonnerie peut annoncer la fin des classes et, symboliquement, d'une période difficile de notre vie. Si elle annonce la reprise des cours, le rêve exprime peut-être un regret par rapport à la fin d'une expérience agréable, romantique ou sexuelle, par exemple.

Terrain de jeu

Il peut représenter un besoin de temps libre. Si nous regardons d'autres enfants jouer mais refusons de nous joindre à eux, le songe peut révéler un isolement que nous nous sommes imposé. Si les autres nous excluent des jeux, nous souffrons peut-être d'une faible estime de soi et craignons un rejet. Une réticence à joindre les rangs pour entrer en classe après que la cloche a sonné peut refléter une situation déplaisante dans notre vie professionnelle, ou signifier que nous préférons le divertissement au labeur – un refus de faire face à nos responsabilités.

Tableau noir

Les lettres blanches inscrites sur fond noir peuvent incarner la victoire du savoir sur l'ignorance. Les écrits que l'esprit du rêveur projette sur le tableau noir peuvent être le symbole des principes et idéaux qui l'ont guidé jusque-là. Même s'il est important de s'y tenir, il ne faut jamais oublier qu'à l'instar de la craie sur le tableau, certaines idées s'estompent : effacer le texte peut créer de l'espace pour quelque chose de nouveau.

Université

L'éducation supérieure peut symboliser nos aspirations intellectuelles et spirituelles les plus nobles. Si le cours offert est très abstrait ou abscons, n'y aurait-il pas là un certain narcissisme évoquant un sentiment de culpabilité ?

Cérémonie de remise des diplômes

C'est un rite de passage très significatif. En songe, il peut faire référence à d'autres moments charnières, surtout ceux qui s'accompagnent d'un sentiment d'accomplissement, comme la naissance d'un premier enfant.

Théâtre et cirque

Le monde onirique est une sorte de théâtre au sein duquel des transformations magiques surviennent, des images bondissent hors de l'imaginaire, les drames de la vie se déploient. Certains songes prennent cette métaphore au pied de la lettre et vous emmènent littéralement au théâtre, au cinéma ou au cirque. Ces rêves sont en général caractérisés par une grande précision et un éclat particulier qui rappellent parfois les propriétés des grands rêves (voir pages 65 à 70). Des sentiments d'attente et d'excitation peuvent être les échos de ceux que vous éprouvez réellement en pareilles circonstances.

Un songe théâtral constitue une illusion au sein d'une illusion et peut sembler offrir au rêveur une compréhension des mystères qui se cachent derrière le monde des apparences. Parfois, les scènes ou les écrans sont vides et le sujet fait l'expérience d'une solitude troublante,

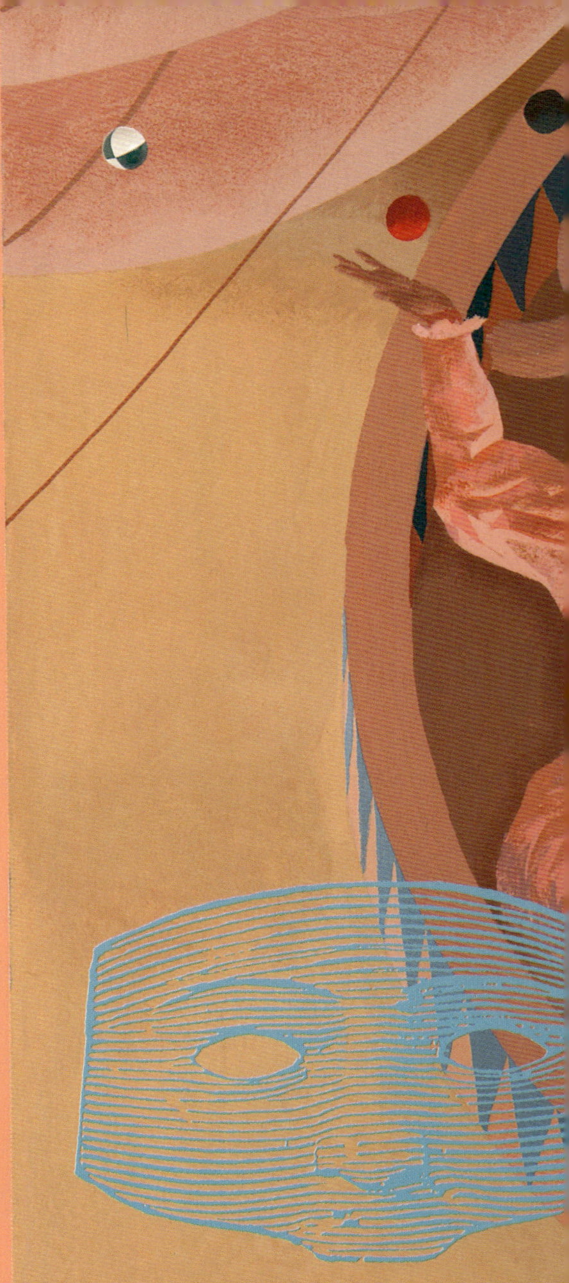

comme s'il était exclu de la révélation qui va bientôt apparaître à autrui.

Si vous vous retrouvez sur la scène ou dans l'arène, participant à l'action, il est possible que vous interprétiez certaines tensions ou pulsions intérieures et que vous ayez quelque chose à apprendre des personnages ou de la représentation en cours.

Si vous êtes spectateur, cela peut symboliser le danger d'être happé par le pouvoir de l'illusion ou alors le souhait de jeter les conventions par-dessus bord et de participer à un monde plus coloré, instinctif et excitant.

Les comédiens peuvent représenter des personnes d'importance dans votre vie éveillée ou évoquer l'archétype de la persona, le masque que nous revêtons pour affronter le monde extérieur. L'interaction entre humains et animaux peut véhiculer des significations particulières reflétant les échanges entre le conscient, l'esprit rationnel, et l'inconscient, l'instinctif.

La scène

Une scène onirique est une illusion au sein d'une autre illusion et traduit un effort de comprendre les apparences. Un songe où nous nous retrouvons sur scène peut révéler des préoccupations quant à l'image que nous présentons à autrui.

Représentation

Les songes où a lieu une représentation théâtrale sont souvent le reflet de sombres désirs inconscients. Les événements sur la scène donnent des indices vitaux sur les émotions que nous refoulons dans la vie éveillée. La pièce est-elle une tragédie ou une comédie ? Une farce ou une fantaisie ? Quelles pulsions profondes sont mises en scène ? Les acteurs sont-ils bons ? Toutes ces questions peuvent être pertinentes.

Acteur

Souvent incarnation de l'image publique qu'a choisie le rêveur, le comédien peut évoquer nos plus hautes aspirations et, de façon encore plus flagrante, nos désirs fondamentaux. La réaction du public à notre performance peut représenter à quel point se montre convaincante la persona, qui masque notre véritable nature. Un comédien ou une actrice célèbre peut incarner l'archétype de l'animus ou de l'anima, ou encore notre père et notre mère.

Humoriste

Il est une version de l'escroc. Même s'il se montre en général plutôt doux dans sa critique de la société, il fait tout de même naître le rire en se moquant des normes établies, et parfois des prétentions et de l'image du rêveur. L'humoriste provoque du plaisir, de l'indignation ou de la jalousie – nous pouvons parfois envier sa subversion.

Talk-show

Il peut trahir un désir de célébrité ou une volonté de diffuser nos opinions. Certains problèmes qui nous touchent n'ont peut-être pas fait l'objet de réelles discussions.

Cinéma

Le glamour du cinéma peut évoquer un désir d'appliquer un vernis qui rendrait acceptables nos obscurs désirs inconscients. Puisque les vedettes sont adulées, il peut y avoir là l'accomplissement d'un désir. Certains films s'infiltrent dans l'inconscient. Lorsque vous interprétez un songe de cinéma, n'oubliez pas que cet art est bidimensionnel.

Cascadeur

Cette image peut exprimer une inquiétude : vous en demande-t-on trop dans votre quotidien ? Sauter d'un immeuble en flammes, par exemple, peut être une manière fantasmée d'échapper à une relation. Un sentiment d'injustice face aux demandes qui vous sont faites peut être amplifié par le manque de reconnaissance que reçoit le cascadeur après son acte de bravoure : au final, seule la star est applaudie.

Jeu télévisé

Les gros montants d'argent offerts dans ces jeux peuvent être l'indication d'inquiétudes financières. Le rêve peut aussi traduire une faible estime de soi (nous avons besoin de la chance pour réussir) ou la crainte d'une humiliation publique.

Cirque

Un rêve de cirque peut être constitué d'un tourbillon de performances excitantes, de clowns qui dégringolent, d'acrobates téméraires et de prouesses à couper le souffle. La multitude de numéros et d'artistes qui se partagent l'arène peut être le reflet des multiples facettes d'une vie bien remplie. Nous inquiétons-nous pour la sécurité de quelqu'un ? Pour la nôtre ? La peur qu'un des numéros échoue rappellera nos propres craintes.

Jongleur

Il peut symboliser notre angoisse face au nombre de tâches avec lesquelles nous devons jongler pour remplir nos obligations. Un songe au cours duquel les objets avec lesquels nous devons jongler ne cessent d'augmenter peut représenter un appel à l'aide devant une liste de choses à faire qui semble sans fin.

Clown

Voilà un aspect évident de l'archétype de l'escroc qui se moque de lui-même pour mieux rire des autres – et peut-être même de la prétention et de la vanité du rêveur. Le clown peut aussi être le reflet de nos angoisses : suis-je compétent ?

Acrobate

Alliant la grâce et la force, l'acrobate est l'union du masculin et du féminin. Les trapézistes peuvent incarner le courage spirituel, démontrant au rêveur que les véritables progrès intérieurs ne s'atteignent qu'en risquant sa propre sécurité. Si votre partenaire et vous formez le duo d'acrobates, cela peut exprimer un sentiment d'harmonie profonde. La confiance, la communication et la coordination sont essentielles à la performance ; c'est seulement en travaillant ensemble que vous réussirez votre numéro. Plus évident encore, un songe à propos d'un acrobate peut refléter vos craintes de perdre le statut que vous avez atteint.

Dompteur

Il parvient symboliquement à vaincre ses instincts fondamentaux non pas en les réprimant, mais en les pliant à sa volonté. En termes jungiens, les animaux domptés représentent les résultats impressionnants que nous pouvons atteindre en travaillant sur nos désirs primitifs.

Si vous croyez que le fauve représente un proche, peut-être désirez-vous de manière irréaliste contrôler l'impact qu'auront son caractère ou ses passions. Le fouet du dompteur peut exprimer des désirs sadomasochistes.

Cracheur de feu

Il peut représenter l'aspect farouche et colérique du rêveur, ses ressentiments et ses frustrations. En se débarrassant de puissances destructrices, le cracheur de feu montre qu'il est possible de contrôler ses pulsions. Il représente souvent l'efficacité, la maîtrise, l'acte extravagant qui « brûle » les difficultés.

Prestidigitateur

Expert en illusion, il réalise par supercherie des actes de transformation qu'un apprenti-magicien mettrait une vie entière à comprendre et à effectuer. C'est un maître du raccourci et des solutions inattendues, mais aussi de la ruse et de la duperie. Gagnant l'admiration non pas pour ses pouvoirs mystiques mais pour ses compétences humaines, le prestidigitateur peut nous laisser l'impression que nous devons nous méfier de quelqu'un dont le charisme ne pourrait qu'être superficiel.

Animaux de cirque

Pour les jungiens, les animaux de cirque comme les chevaux, les éléphants et les phoques représentent les instincts primaires du rêveur et indiquent à quel point nous pouvons travailler avec notre partie la plus primitive pour obtenir des résultats que la conscience n'aurait jamais crus possibles. Les freudiens, quant à eux, les voient comme une expression d'une volonté de domination sexuelle.

Monsieur Loyal

Le maître de piste contrôle les aptitudes des humains et des animaux et n'accomplit pourtant aucun numéro lui-même. Sa présence onirique peut représenter la nature stérile d'un pouvoir qui vient d'un statut ou d'une position davantage que de compétences réelles. Il peut incarner une figure d'autorité, un patron ou un père. Il peut aussi être vu comme exerçant un authentique pouvoir à la manière d'un chef d'orchestre – centre d'attention principal, sans lui, le spectacle pourrait s'effondrer. Sous cet angle, il incarne parfois le Vieux Sage.

Funambule

Précaire sur son fil, il peut nous signifier que nous devons agir avec une extrême prudence ou encore représenter le sentiment que l'on nous demande l'impossible.

Charmeur de serpents

En attirant le cobra hors de son panier, il peut nous prévenir du danger d'être attiré par de fausses promesses ou par la flatterie. Son aspect exotique peut aussi évoquer un besoin de voyage et d'aventure, ou encore un désir de s'initier aux pratiques religieuses et mystiques de l'Orient.

Ville

Alors que la maison représente la personne dans la psychologie jungienne, la ville incarne plutôt la communauté, l'environnement social, incluant famille et amis, et le réseau de responsabilités qui nous enveloppent inévitablement – imaginez un important carrefour dont vous êtes le centre.

Une ville trépidante ou une autre avec portes et fenêtres ouvertes et des cafés animés peuvent représenter la chaleur des relations du rêveur avec autrui ; une ville avec de vastes avenues inoccupées et des places désertes peut être la marque d'un sentiment d'isolement ou de rejet par la société.

En songe, une métropole impersonnelle peut suggérer que le rêveur est tout à fait conscient d'avoir beaucoup de connaissances mais très peu de véritables amis et qu'il a peut-être besoin de développer de plus intimes relations. Une grande ville peut se révéler intimidante et provoque parfois le repli sur soi. Un autre signe serait bien sûr de tenter de faire sa marque dans cette jungle de béton.

Lorsque les maisons sont floues et sombres, le rêveur éprouve souvent un manque de connaissance de soi ou de compréhension d'autrui. Une cité souterraine ou aquatique représente en général l'inconscient du rêveur et attire notre attention sur les liens que nous partageons tous entre nous – un antidote à l'isolement.

Aux yeux de Freud, la ville est l'archétype global de la femme – invitante ou interdite selon que ses rues sont vivement éclairées ou sombres et désertes.

Village

Associé à un rythme plus lent et à une vie à échelle humaine, il peut apparaître comme l'échappatoire bucolique idéale pour le rêveur déçu par la grande ville. Il peut aussi évoquer une idée de surveillance puisqu'en son sein, difficile d'être anonyme.

Ville fortifiée

Un mur cernant une cité (ou une maison) traduit un désir de tenir les autres à l'écart, mais aussi de protéger les possessions qui nous sont chères. Une ville fortifiée peut aussi signifier une volonté ardente de résister aux changements et aux nouvelles idées. Le songe peut également insinuer que les murs sont nécessaires pour le maintien des valeurs sociales, ou que vous devriez savoir qu'ils existent et réfléchir à leurs implications.

Ville en ruine

Les ruines tendent à représenter la négligence et la déchéance plutôt que la destruction. Une cité en ruine cherche peut-être à attirer l'attention du rêveur sur une négligence à l'égard de sa vie sociale ou d'objectifs et d'idéaux autrefois fermement ancrés dans l'esprit. Par contre, si les ruines sont anciennes, nous exprimons peut-être la folle envie de retrouver un passé idéalisé qui ne reviendra jamais. Une ruine éclairée par la lune peut incarner l'accomplissement d'un désir de romantisme – une envie d'aventure et d'intrigue.

Ville futuriste

La présence d'une cité futuriste en songe peut être le résultat d'un film de science-fiction que vous avez vu et peut souligner les impacts de la déshumanisation causée par la haute technologie – la perte de l'individu.

Ville sur la colline

Elle suggère – surtout dans le cas d'un songe de niveau 3 – la sagesse, le paradis, la cité des dieux, la forteresse des justes. L'image peut représenter un but ou un idéal auquel aspire le rêveur et peut le rassurer sur la faisabilité de sa quête – c'est aussi un rappel de garder les pieds sur terre dans un esprit d'humilité.

Bidonvilles et favelas

La partie délabrée d'une ville, avec ses rues sales et ses maisons en piteux état, peut représenter des relations sociales dont nous avons honte. Par ailleurs, peut-être désirons-nous vivement davantage d'honnêteté et d'ouverture dans nos relations que ce que nous retrouvons avec les personnes qui demeurent dans l'apparence.

Si l'image du rêve est une représentation de nous-même, un songe se déroulant dans un bidonville indiquera sans doute une pauvre estime de soi. Errer dans des quartiers que tout le monde évite peut cependant révéler aussi une volonté d'explorer les aspects les moins attirants de notre être. Le rêve peut trouver son origine dans un désir enfoui d'affronter les pulsions sombres tapies dans notre inconscient.

La nature

Les citadins peuvent parfois se sentir très loin de la nature. Pourtant, notre enracinement dans la nature et notre volonté de rester ou de redevenir en harmonie avec elle sont pleinement reconnus par l'inconscient. Une des erreurs les plus courantes lorsque nous interprétons un songe consiste à porter notre attention uniquement sur le facteur humain. Cependant, il faut toujours garder à l'esprit que si des détails du décor, des animaux ou des plantes apparaissent, ils sont souvent lourds de sens. En vous penchant sur des symboles spécifiques, n'oubliez jamais que la nature a aussi un sens plus global – en tant que force vitale, l'énergie essentielle à toute forme de vie.

Éléments et saisons

Ils sont fréquemment associés aux songes de niveau 3 parce qu'ils réfèrent aux énergies naturelles, aux rythmes de la vie et constituent donc des symboles puissants de la structure psychologique du rêveur et des changements significatifs de l'existence.

Le printemps est la marque évidente de nouveaux départs, tandis que le milieu de l'été est le signe de l'accomplissement et de la nécessité de savourer l'instant présent. L'automne est la saison des moissons, le temps de récolter ce que nous avons semé, mais aussi le moment où nous constatons le déclin. L'hiver peut représenter l'inconscient, la face sombre et cachée du rêveur de même qu'une période d'inaction – un temps de réflexion avant que des idées fraîches surgissent.

Les rivières et les torrents sont des métaphores puissantes du temps qui passe et des profondeurs de l'inconscient.

La pluie – cette eau qui tombe en fendant l'air – peut représenter les parties imaginatives et rationnelles de l'esprit, qui sont complémentaires. Elle est aussi source de vie – elle gâche un pique-nique mais permet une croissance à long terme.

Terre

Rêver que l'on est étendu ou assis par terre peut suggérer un retour au réalisme et la fin de lubies extravagantes. La terre peut aussi représenter la fertilité et, tout comme l'eau, la féminité. Un sol en jachère serait l'indice que de nouvelles idées sont proches : la vieille terre doit être labourée et ensemencée de graines d'une nouvelle vie qui poussera et s'épanouira.

Feu

Il ravage mais purge aussi. Il évoque des élans fougueux comme l'envie, la luxure et la passion. C'est un symbole ambigu – il détruit mais, ce faisant, purifie et ouvre la voie à une nouvelle croissance. En rêve, il peut indiquer la nécessité du sacrifice tout en promettant de nouvelles ouvertures et occasions. Le feu est une énergie masculine et représente tout ce qui est évident, positif et conscient. Hors de contrôle, cependant, il peut être le signe que le rêveur devrait mieux prendre en charge ses passions et ambitions débridées – et qu'il est important de régler les situations troubles d'une relation en désordre ou, peut-être, urgent de prendre un nouveau départ.

Air

Il est associé à la liberté, à l'âme et à la clarté d'esprit. Nous pouvons nous voir effectuer de grands bonds dans la campagne, descendre en flottant doucement vers le sol ou voyager en ballon ou sur un nuage. Mais si l'air renvoie à des notions mystiques et éthérées, il nous rappelle aussi les dangers de perdre contact avec la réalité. L'air peut être l'expression de la confiance en soi, de la capacité de penser clairement et d'agir fermement. Véritable souffle de la vie, il peut incarner ce qui est vital à notre santé et à notre bien-être – si la pollution nous étouffe, quelque chose nous en prive peut-être.

Eau

Elle est le symbole par excellence de l'inconscient, des profondeurs de l'imaginaire, de la source de la créativité. Rêver que nous nageons nous suggère d'aller explorer ces domaines, mais si l'on se débat pour demeurer à la surface, cela peut indiquer qu'il faut davantage de prudence et de préparation avant de s'y aventurer. Freud associait l'eau à l'utérus. Selon cette interprétation, un rêveur flottant joyeusement sur l'eau peut exprimer un désir de retour à la maison, chez sa mère. Tout comme l'air, l'eau est indispensable à la vie et peut donc véhiculer la même symbolique.

Arc-en-ciel

Symbole de bon augure universel, il représente la rédemption, la bonne nouvelle, la promesse et le pardon. Dans les songes de niveau 3, il peut être associé à la quête magique du trésor de la connaissance de soi ou au pont entre le Paradis et la Terre, en attente de l'esprit éclairé.

Ciel

Il signifie la spiritualité et la contemplation. Un ciel bleu sans nuages peut être la marque d'une pensée transcendante, alors que s'il est nuageux ou orageux, il indiquera une incapacité à penser clairement ou à percevoir les vérités importantes.

Neige

Elle peut symboliser la transformation et la purification – ou, si elle fond, suggérer que les craintes et les obstacles s'évanouissent sur le chemin du rêveur. La glace, elle, peut être un signe de pétrification, d'un progrès stoppé ou d'un obstacle bloquant l'esprit créatif du rêveur. Neige et glace peuvent exprimer un manque de chaleur émotionnelle, une indication que le rêveur n'est pas assez à l'écoute de ses sentiments.

Vent

Un vent léger et chaud représente un changement bienvenu ; un fort vent ou une bourrasque, une transformation menaçante ou à craindre. Si le vent emporte la maison ou les possessions du rêveur, cela peut être le signe d'émotions troublantes ou d'une tendance à l'autodestruction.

Pluie

En reproduisant le mouvement des larmes, elle symbolise souvent la tristesse, mais elle peut aussi avoir des connotations positives de croissance et de régénération. Plus spécifiquement, elle peut représenter le développement spirituel. Les freudiens l'associent à l'urine. Selon eux, les rêves de pluie surgissent lorsque nous avons la vessie pleine.

Tempête

Dans un songe, elle peut indiquer une volonté de forcer les choses pour parvenir à une conclusion définitive, ou encore de les faire bouger au nom du changement. Elle peut aussi impliquer une crise émotionnelle ou une catharsis. Un ouragan pulvérisant des voitures ou détruisant des maisons peut signifier la fragilité du monde matériel ou immatériel que nous nous sommes construit.

Tonnerre

Dans plusieurs systèmes de croyances anciens, il était perçu comme la voix ou l'action d'une puissante divinité. Le dieu grec Zeus était celui du tonnerre tout comme la divinité scandinave Thor ; dans la tradition judéo-chrétienne, Dieu s'adressa à Moïse d'une voix de tonnerre lorsqu'il lui remit les dix commandements. Les enfants ont instinctivement peur du tonnerre, une crainte qui disparaît au fil du temps. Ainsi, il peut représenter la colère du père ou d'une autre puissante figure d'autorité. L'origine de la peur que peut faire naître un songe à son propos est parfois ancrée profondément dans l'enfance.

Éclair

Les éclairs suggèrent l'inspiration – avec l'idée que les éclairs de génie sont éphémères. Ils ont aussi un côté destructeur. Le tonnerre et les éclairs peuvent être des rappels de la puissance de la nature et des forces qui sont tapies sous le contrôle de la conscience du rêveur. Lorsqu'ils allument un feu sur terre, ils ont une connotation sexuelle, évoquant le sperme.

Grêle

Par temps d'orage, elle peut être le signe d'une conscience coupable.

Inondation

Pour plusieurs, une inondation aura des connotations bibliques. Elle peut constituer la préparation nécessaire à une nouvelle vie, à un nouveau départ. Cette interprétation convient aussi bien à la conception freudienne des eaux utérines qu'à celle, jungienne, du Déluge vu à la fois comme porteur de mort et donneur de vie. Un songe au cours duquel sa maison ou sa ville sont emportées par les flots peut refléter le sentiment qu'a le rêveur d'être dépassé par ses responsabilités à la maison ou au travail. Dans l'optique freudienne de l'inondation vue comme un symbole maternel, le rêve peut être compris comme l'expression d'un désir incestueux.

Mer

Aux yeux de Jung, faire face à la mer veut dire que le rêveur est prêt à affronter les mystères et les peurs de l'inconscient ; alors que des créatures qui sortent des profondeurs représentent des forces archétypales puissantes. Pour Freud, la mer est un symbole de sexualité féminine et les marées expriment le va-et-vient de l'union sexuelle.

Rivière

Son courant exprime l'inexorable passage du temps. Se trouver dans une rivière suggère que nous nous accrochons au présent ; la traverser peut représenter les risques inhérents à un changement de vie.

Aube

L'arrivée d'un nouveau jour peut signifier la fin d'une longue période de chagrin, de maladie ou de dépression. Tout comme le printemps, le lever du soleil suggère l'énergie et l'espoir nouveaux. L'aube fait aussi référence à la naissance d'une idée ou d'une meilleure compréhension.

Lumière du jour

La voir traverser une fenêtre est un symbole onirique d'optimisme, de pleine énergie. Le rêve peut nous encourager à bouger, à sortir affronter le monde, à profiter des opportunités. Un rayon de lumière peut aussi attirer notre attention sur un objet précis dans le songe – réfléchissez bien à cet objet.

Jour d'été

Un jour chaud d'été peut s'avérer une expérience plaisante d'optimisme et de satisfaction. Un soleil brûlant et aveuglant pourrait aussi, cependant, représenter un choc intellectuel ou spirituel, ou encore la fin d'une croyance de longue date. Si le soleil se fait oppressant, le rêveur pense peut-être que les autres lui imposent leurs idées.

Bois brûlé

Du bois calciné peut suggérer qu'une de nos relations se révèle être une coquille vide ou représenter une croisade pour laquelle notre passion s'est éteinte, ou encore la peur d'un changement irréversible.

Tremblement de terre

Pour les jungiens, il représente une éruption des forces sombres de l'inconscient. Réprimées et puissantes, elles menacent d'engouffrer la vie consciente du rêveur. Le tremblement de terre peut aussi signifier la libération de nos énergies créatrices ou, pour les freudiens, l'expression d'une passion sexuelle inavouée.

Brouillard et fumée

Ils peuvent suggérer la confusion de nos perceptions. Luttons-nous pour comprendre de nouvelles idées ? Sentons-nous que les conséquences d'une décision importante nous dépassent ? Un rai de soleil transperçant le brouillard peut signifier que la confusion sera de courte durée. En plus d'avoir d'importantes connotations spirituelles, la fumée rappelle les brumes de la guerre. Les Amérindiens croient que c'est par elle que nos prières se rendent au créateur ; et la douce odeur de l'encens accompagne les cérémonies religieuses de par le monde.

Nuage

Un nuage apparaissant dans un ciel tout bleu nous rappelle qu'aucune situation de calme et de sérénité ne perdure – profitons du présent ! Un nuage passant devant le soleil peut indiquer une perception obscurcie, peut-être par les émotions, alors que l'image d'un proche flottant sur un nuage peut révéler un désir de faire de la mort une réalité plus acceptable. Les nuages sont aussi la métaphore d'une pensée irréaliste, comme dans l'expression « avoir la tête dans les nuages ».

Crépuscule

C'est un temps de transition ou d'ambivalence – ni le jour ni la nuit. Les lignes se font floues, les objets deviennent plus ou moins menaçants qu'ils ne le sont. Un crépuscule onirique peut surgir en période de changement. Une lumière tamisée peut nous permettre de regarder une situation plus objectivement, situation que nous n'aurions pas osé examiner directement.

Chute des feuilles

Les feuilles tombant des arbres peuvent être l'expression de l'angoisse face à la mort et à la déchéance. Des tas de feuilles mortes sur le sol suggèrent l'espoir qui se fane, la mélancolie qui nous envahit. Les teintes vives de rouge et de jaune des feuilles d'automne peuvent cependant inspirer l'optimisme – rappelant que la beauté se trouve aussi dans le déclin puis dans la renaissance.

Obscurité

Elle peut incarner les forces répressives de l'inconscient qui empêchent le rêveur d'analyser les pensées désagréables qui s'y terrent. Une lumière dans la nuit peut indiquer une percée dans notre développement personnel.

Sable

Un corps qui s'enfonce dans le sable chaud peut indiquer un désir de retourner à l'utérus. Le sable est un symbole du temps qui passe. Un château de sable emporté par les flots est symbole d'éphémère.

Animaux

Ils constituent des symboles oniriques particulièrement forts et véhiculent généralement un sens universel – bien qu'ils puissent apparaître sous la forme d'animaux spécifiquement connus par le rêveur, auquel cas le sens est plus personnel. En plus d'animaux réels, les songes peuvent en utiliser d'autres croisés dans un film, un mythe ou un conte de fées. Parfois, il se peut qu'une référence à un animal se fasse par l'entremise d'associations et de clichés du langage – lier un renard à la ruse, un éléphant à la mémoire, un porc à la gloutonnerie, etc.

Les animaux représentent nos énergies et désirs naturels, instinctifs et souvent les plus primaires. En songe, cependant, ils attirent souvent notre attention sur des aspects sous-évalués ou refoulés et nous mettent en contact avec une source d'énergie transformatrice au plus profond de l'inconscient collectif. Dévorer un animal peut signifier assimiler la sagesse naturelle, comme dans le mythe scandinave où Siegfried apprend le langage des oiseaux après avoir mangé le cœur du dragon Fafnir. Dans plusieurs cultures aborigènes, manger un animal nous apporte une partie de sa force. Un cerf, par exemple, rend le chasseur plus agile, alors qu'un lapin cuit augmente la fertilité.

Les animaux oniriques peuvent être menaçants ou amicaux, sauvages ou domptés, et leur attitude peut aider à l'interprétation. Ils peuvent même parler ou changer de forme. Dans la tradition amérindienne, le chaman cherche un animal puissant dans ses rêves, qui le guidera ensuite au cours de ses périples dans d'autres mondes.

Un chien peut représenter la dévotion telle que symbolisée par Argos, la première créature à reconnaître le héros grec Ulysse lorsqu'il revint de son odyssée ; un chien peut aussi représenter la destruction causée par des instincts mal utilisés ou négligés (pensez à Artémis, la déesse grecque de la chasse, qui fit dépecer le mortel Actéon par ses chiens après qu'il eut envahi son intimité). Les chats sont parmi les animaux les plus présents dans nos songes et représentent souvent la sagesse de l'intuition féminine et le pouvoir de l'inconscient.

Animaux sauvages

Freud voyait dans les animaux féroces et sauvages la représentation des pulsions dont le rêveur a honte – plus les animaux sont divers et nombreux, plus ces pulsions seraient menaçantes et confuses. Ils peuvent aussi symboliser nos plus grandes peurs, dont celle de la mort.

Chauve-souris

Pour plusieurs, elle est un symbole démoniaque représentant la folie aveugle et les désirs les plus sombres de l'inconscient. Dans les cultures chinoise et amérindienne, cependant, elles sont un symbole de chance et de renaissance. Gardez à l'esprit cette faculté qu'elles ont de voler dans le noir : utilisez aussi vos instincts et votre intuition pour vous guider en période d'incertitude.

Colombe

Symbole de paix, d'amour et d'espoir – comme cette colombe portant une branche d'olivier dans son bec que vit Noé. En songe, elle peut refléter le désir de promouvoir l'harmonie et l'entente.

Papillon

Il symbolise souvent l'âme et sa transformation après la mort. La religion taoïste retient l'histoire du sage Tchouang-Tseu, qui se demandait s'il était un homme ayant rêvé qu'il était un papillon ou s'il était maintenant un papillon rêvant qu'il était un homme.

Poisson

Il a été utilisé pour symboliser le divin et représente souvent l'abondance spirituelle, nourriture de tous les êtres humains. En songe, il peut aussi figurer des perceptions venues de l'inconscient. Un poisson attrapé dans un filet et ramené à la surface représente l'émergence de telles perceptions dans la conscience.

Loup

Le loup peut symboliser les pulsions non domptées de l'inconscient. Sauvage et cruel, il est souvent une vision effrayante nous terrorisant en songe. Dans certaines circonstances, cependant, un loup solitaire peut s'avérer une image inspirante associée au courage et à la ténacité nécessaires à notre poursuite de développement spirituel et de réalisation de soi.

Insectes

Comme beaucoup d'autres petites créatures, les insectes apparaissent souvent dans les rêves des jeunes enfants. Un songe où nous en tuons peut rappeler une hostilité d'enfance à l'égard d'un frère ou d'une sœur – qui peut avoir persisté jusqu'à l'âge adulte.

Ver

Il symbolise la mort et la déchéance, et peut apparaître en songe pour nous voler notre prospérité financière ou l'affection d'un être cher. Il joue cependant un rôle essentiel dans la décomposition ; des vers se nourrissant d'un corps peuvent évoquer la continuité de la vie après la mort ou une extension métaphorique de cette idée.

Moustique

Il représente souvent les instincts douloureux de notre inconscient.

Perce-oreille

C'est surtout un symbole d'angoisse puisqu'on a longtemps cru qu'il se glissait dans les oreilles des gens endormis.

Mite

Un songe peut utiliser l'image de cet insecte attiré par une flamme comme métaphore de quelque chose qui nous attire malgré son impact négatif sur nous. Dans sa forme la plus grave, le rêve peut même traduire une envie de mort. Des vêtements troués par les mites peuvent représenter une relation qui tire lentement à sa fin.

Mouche

Les vaillants guerriers de l'ancienne Égypte étaient récompensés par des mouches en or qu'ils portaient sur une chaîne autour du cou. Dans un autre ordre d'idées, les mouches peuvent être l'image onirique de créditeurs, conseillers ou admirateurs agaçants qui nous poursuivent constamment.

Singe

Il représente souvent l'esprit coquin et joueur du rêveur. Il peut symboliser un aspect non développé mais instinctivement sage de l'inconscient qui pourrait avoir besoin de s'exprimer. Le singe est aussi une des formes archétypales que prend l'escroc (voir page 104). En Orient, il est vu comme l'esprit indompté et jacassant que l'on doit faire taire par la méditation.

狙仙

Lion

Il apparaît presque toujours comme un symbole royal de pouvoir et de fierté représentant l'aspect archétypal du père admiré et puissant. Un lion chassant et capturant sa proie peut incarner notre ressentiment face aux tendances autoritaires de notre père. Jung croyait cependant que le lion dans la savane représentait nos passions latentes – peut-être une forte envie d'accepter nos énergies instinctives.

Ours

L'ours est un symbole onirique puissant qui rappelle le rythme répétitif de la nature. Durant les mois les plus froids de l'année, la plupart des ours se retirent dans une caverne afin d'hiberner pour n'en ressortir qu'au printemps, suggérant que le rêveur a besoin d'entrer dans une phase d'introspection qui sera suivie d'un renouveau. Cela peut également rappeler que de la mort émergera une nouvelle vie. Les femelles sont particulièrement connues pour la férocité avec laquelle elles défendent leurs petits. L'ours peut donc être un symbole de protection – un gardien spirituel ou le rappel de notre devoir de prendre soin de nos proches.

Crapaud et grenouille

Le crapaud, l'ami verruqueux des sorcières, est souvent associé aux pulsions les plus sombres de l'inconscient. La grenouille, au contraire, est plus susceptible de véhiculer des images de fertilité et de rajeunissement en raison de ses portées nombreuses.

DE TAVRO.

Cheval

Il symbolise généralement notre maîtrise des forces sauvages de la nature. Un cheval ailé ou volant peut représenter un déclenchement d'énergie en vue d'une croissance spirituelle ou psychologique. Dans l'interprétation freudienne, le cheval est un symbole sexuel, surtout s'il est monté. Des chevaux sauvages peuvent incarner l'aspect terrifiant du père ou les pulsions indomptées de l'inconscient. Quant au centaure (mi-homme, mi-cheval), il souligne l'équilibre corps-esprit.

Bœuf ou taureau

Voilà des symboles évidents de la sexualité masculine. Lorsque leur grande force est harnachée à une charrue, les bœufs représentent la fertilité de la terre et les récompenses du travail acharné. De constitution puissante, cet animal évoque à la fois la force créatrice de la nature et la menace constante d'une violence à peine contenue. Un combat entre deux taureaux peut souligner la nécessité de contrôler les aspects passionnés de notre nature afin de faire des progrès personnels.

Vache

Dans plusieurs parties du monde, le lait, le crottin et la viande de vache sont indispensables à la survie humaine. Comme symbole onirique, la vache incarne une image sereine de fertilité et de féminité maternelle. Traire une vache pourrait cependant constituer l'expression d'un désir incestueux.

Lapin

Le lapin est très souvent considéré comme un symbole de fécondité indiquant soit un désir sexuel réprimé, soit une envie d'agrandir la famille. Il peut aussi figurer notre incapacité à agir sous la peur, tout comme un lapin demeure paralysé devant les phares d'une voiture. Rêver d'un lapin peut également constituer un moyen pour notre inconscient de nous pousser à nous retirer du monde afin de conserver nos énergies.

Lièvre

Dans plusieurs traditions populaires, le lièvre est l'archétype de l'escroc ou du farceur (voir page 104). Rêver de cet animal nous alerte vraisemblablement à propos de nos plus absurdes mensonges.

Cerf

L'aspect racé du cerf peut représenter une féminité toute délicate, mais peut-être aussi plus forte qu'il n'y paraît, voire une version de l'anima (voir page 103). En songe, cet animal peut incarner les aspects les plus doux de notre personnalité tout comme notre grâce et notre beauté. Lorsqu'un cerf est abattu en songe par un chasseur, cela peut exprimer une spiritualité naïve et instinctive qui serait facilement détruite par les désirs plus sombres de l'inconscient.

Tortue

Avec sa très longue espérance de vie et sa solide carapace, la tortue est un symbole onirique de persévérance et de sagesse. Apercevoir la tête de l'animal sortir furtivement de sa carapace est un symbole phallique évident, alors que l'inverse exprimera sans doute un besoin de retrait ou de défense émotionnels.

Castor

Grand travailleur, cet animal peut être le symbole de l'action et de l'accomplissement. Rêver d'un barrage construit par des castors et qui gêne le cours naturel d'une rivière est souvent la métaphore d'un blocage dans le flux de notre inspiration créatrice, ou dans notre capacité à communiquer ou à donner.

Requin

Rêver de requins menaçants nageant en cercle peut représenter les forces de notre inconscient que nous redoutons le plus. Leur allure lisse et terrifiante renverrait aux usuriers, aux créanciers qui cherchent à prendre possession de notre maison, de nos biens ou de notre entreprise. Rêver de leur mâchoire grande ouverte sur des dents acérées comme des poignards peut être l'incarnation des organes génitaux féminins dans des songes porteurs d'une angoisse de castration.

Baleine

Il est possible d'associer la baleine à l'histoire de Jonas de la Bible, donc à la renaissance spirituelle. Dans la compréhension freudienne, la baleine peut représenter un utérus et ainsi incarner un désir incestueux pour notre mère.

Porc

Un des animaux les plus intelligents de la ferme, le porc est pourtant vu comme glouton, ignorant et malpropre. Il peut symboliser nos instincts les plus ignobles et notre propension à rechercher les plaisirs matériels de base. Des porcs se vautrant dans la boue peuvent évoquer une fixation anale.

Chat

Il représente le mystérieux, l'intuitif et la féminité. Cette créature de la nuit n'est pas seulement douce et magnifique, mais aussi férocement indépendante et meurtrière pour ses proies. Comme le chien, il peut apparaître comme un guide ou un compagnon dans nos songes. Cela dit, nous devrions faire attention en le suivant : en tant que complice des sorcières, son intention est peut-être de laisser les désirs ardents de notre inconscient prendre le pas sur nos aspirations plus nobles. Un chat noir peut être le pressentiment d'un manque de chance, ou le contraire.

Chèvre

Sa symbolique est double : un bouc émissaire véhicule l'image d'un innocent déclaré coupable des méfaits d'un autre. Plus commune, cependant, est l'idée de la chèvre comme représentation du diable, lubrique et méchante avec ses sabots fendus, ses cornes et son haleine fétide. Dans ce contexte, elle peut symboliser la culpabilité face à nos désirs sexuels ou à nos méfaits.

Chien

Il nous apparaît en général comme un fidèle compagnon ou un guide.

Il peut nous accompagner dans notre voyage dans l'inconscient, nous prévenant des dangers et nous aidant à tenir à l'écart nos désirs les plus sombres. Un bouledogue symbolise la détermination têtue, alors qu'une meute de chiens sauvages peut incarner les forces violentes et les passions indomptées qui se cachent sous la surface de l'esprit.

Souris

Une petite souris velue peut véhiculer l'image des poils pubiens et évoque souvent la sexualité. Une souris entrant et sortant de son trou peut être un symbole sexuel masculin ; une souris prise au piège indique une angoisse de castration ou la crainte de se faire surprendre en commettant un acte sexuel illicite. Une souris peut également être le signe des premiers pas timides du rêveur vers la connaissance spirituelle, les pièges, les chats et le poison représentant les écueils qui l'attendent.

Rat

Il figure souvent dans les rêves d'angoisse ou dans ceux exprimant une haine de soi ou la honte. L'image de rats fouillant les entrailles de la Terre est à la fois anale et phallique, et peut exprimer des sentiments de culpabilité et même de colère à l'égard de notre sexualité.

Moineau

Il peut avoir des connotations sexuelles (en Chine, il était lié au pénis et mangé pour accroître la virilité ; en Grèce, il était associé à Aphrodite). Comme tous les oiseaux, il peut symboliser l'esprit ou l'âme.

Perroquet

Son plumage éclatant et son talent pour imiter la voix humaine en font un symbole onirique de duplicité. L'oiseau peut représenter quelqu'un (peut-être bien vous-même) qui réclame de l'attention sans pourtant rien donner en retour. Dans les contes folkloriques chinois, il nous informe sur les femmes infidèles ; il est alors lié à la culpabilité et à la capture. Il peut également évoquer une jungle grouillante.

Hibou

C'est un puissant symbole de transformation, et sa présence en songe peut annoncer la mort et la renaissance de certains aspects de notre vie. Associé à la nuit qui l'aide à chasser, le hibou représente le non-vu et le non-su. Sa capacité à voir dans le noir suggérerait la clairvoyance et l'intuition. Il peut refléter un fort intérêt pour l'étude, parfois au détriment d'interactions sociales saines. Son cri sinistre marque la fin du rêve où il est apparu.

Vautour

Il annonce la mort et le voir tournoyer dans le ciel peut évoquer notre appréhension face aux résultats d'un projet. De manière plus évidente, il reflétera la crainte de la mort et de la maladie chez le rêveur ou des inquiétudes par rapport à un héritage.

Tigre

Contrairement au lion, il n'est pas associé par les Occidentaux à la noblesse ou à la royauté. Il projette cependant une image terrifiante de violence, de beauté et de puissance. Un tigre peut symboliser les pulsions sauvages tapies dans la jungle de notre inconscient, ou l'énergie féroce de la volonté.

Panda

Tranquille et sédentaire, il est l'animal fétiche de la paix et de la satisfaction. Comme il dépend du bambou, faible en énergie, le panda peut refléter la trop grande dépendance du rêveur à une source de revenus ou à un soutien émotionnel.

Léopard

Tel un léopard, dont la robe est immuable, nous ne pouvons modifier notre nature. Son image onirique peut vous avertir que vous tentez d'être ce que vous n'êtes pas.

Crocodile

Ce prédateur primitif est à l'affût à la surface de l'eau, semblable à une pierre ou à un tronc d'arbre flottant. Il peut représenter les peurs ou les désirs de l'inconscient, qui cherchent à surgir dans la conscience pour nous attraper.

Éléphant

Il suggère la robustesse, une indifférence à la douleur et une insensibilité aux émotions d'autrui. Piétinerions-nous sans y penser les sentiments de nos proches, causant des ravages là où nous devrions agir avec tact ? Connu pour sa longévité et son intelligence, l'éléphant peut aussi être associé à nos grands-parents ou à la sagesse des vieilles générations. Peut-être est-ce le temps de demander conseil à un aîné. La trompe peut symboliser le pénis.

Cygne

Symbole sexuel important, il est reconnaissable à ses plumes blanches, qui évoquent un idéal de virginité féminine, et à son long cou, à la forme phallique.

Serpent

Dans le jardin d'Éden, il symbolise la tentation. Il devrait donc représenter la sexualité humaine, qui est naturelle et irréprochable. Les freudiens y voient un symbole phallique. La conception jungienne en fait un symbole des aspects sombres, invisibles et insondables en nous qui doivent être affrontés afin de parvenir à l'épanouissement personnel.

Zoo

Chaque animal évoque un aspect différent de la psyché onirique. Un zoo, où tous les animaux sont enfermés ensemble, est donc une métaphore du contrôle sur les divers aspects turbulents et conflictuels de la personne. Un zoo dont les animaux s'échappent signifie que le rêveur n'a pas la maîtrise de ses émotions et qu'il se laisse distraire trop facilement.

Paysages

Ils expriment souvent la nature intérieure du rêveur ou sa vie émotionnelle. En tant que théâtre de nos activités quotidiennes, le décor habituel de notre monde peut être reflété avec précision ou apparaître complètement modifié dans nos songes. Tout comme les paysages peuvent nous émouvoir ou radicalement changer notre humeur dans la vie, les décors de nos rêves peuvent nous inspirer de l'émerveillement, de la satisfaction, de l'excitation ou de la peur. Un paysage inconnu peut être composé de plusieurs vrais lieux.

Campagne

Un songe au cours duquel nous admirons un lieu idyllique et bucolique peut représenter le désir d'une existence plus lente et enracinée. Les citadins en particulier peuvent y voir la belle vie. Si le paysage apparaît sous une pluie torrentielle ou qu'on le voit de loin au travers d'une fenêtre, le songe peut transmettre un avertissement sur les dangers d'aspirer à un mode de vie utopique. Freud voyait les escarpements et les vallonnements d'un paysage de campagne comme les organes génitaux féminins et les courbes d'une femme.

Colline

Elle n'a pas l'aspect intimidant de la montagne, mais elle peut aussi être moins gratifiante à escalader – même si une superbe vue nous attend au sommet. Elle peut nous apparaître en songe pour nous dire que la compréhension de soi est une tâche possible et non accablante. Aux yeux de Freud, elle est liée au corps féminin.

Montagne

Selon Freud, la première caractéristique d'une montagne (et d'une colline) est sa forme évoquant celle d'une poitrine féminine. Un rêveur regardant d'en bas un sommet intimidant peut exprimer de l'angoisse face à sa sexualité. De la même manière, un rêveur trônant fièrement au sommet d'une montagne peut traduire un sentiment de bien-être sexuel ou un désir de domination. Pour sa part, Jung envisageait la montagne comme une représentation de soi. Le sommet peut nous offrir un sens de la perspective, alors que le contempler d'en bas suggère les défis qui nous attendent dans le processus d'accomplissement de soi. Il peut aussi y avoir des reflets de spiritualité et de transcendance, puisque la montagne nous rapproche du paradis.

Forêt et bois

Avec sa végétation dense et quasi impénétrable, la forêt peut être une métaphore des profondeurs de l'inconscient. Selon Jung, un songe où nous avons peur d'y entrer peut exprimer notre angoisse d'examiner l'inconscient de trop près. Freud voyait la forêt comme un symbole des poils pubiens et le fait d'en pénétrer les broussailles emmêlées comme une évocation de l'acte sexuel.

Olivier

C'est une image onirique optimiste qui représente généralement la paix, la prospérité et la victoire. Il peut suggérer la fin d'une dispute et de conflits familiaux ou un gain contre l'adversité. Il peut aussi annoncer le début d'une nouvelle période de créativité.

Vigne

Une vigne évoque l'exubérance, l'abandon et le plaisir que procurera le vin qui sera produit de ses raisins. Faire les vendanges peut être une image du karma – les conséquences de nos gestes et de nos pensées.

Verger

Un verger dont les arbres débordent de fruits est une image d'abondance et de fertilité. Il peut être un symbole de grossesse ou d'exceptionnelle créativité. Dans la sphère intellectuelle et spirituelle, lorsque tous les fruits sont encore verts, il peut jouer le rôle de rappel du long travail qu'il nous reste à accomplir avant d'atteindre notre but. Des fruits qui pourrissent en masse sur le sol peuvent signifier que le rêveur gâche ses chances de succès en ne les reconnaissant pas, ou en attendant trop longtemps pour mettre ses idées en pratique. Un verger contenant une grande variété d'arbres peut être le signe d'une vie intérieure riche ou d'une quantité déroutante de choix.

Jardin

Un jardin suggère une perte de contrôle lorsqu'il est envahi par les mauvaises herbes ; l'apprentissage, les fruits du labeur ou l'étude lorsqu'il est bien tenu. Un jardin muré peut représenter la virginité ou la naïveté. Un jardin dispose aussi d'une dimension spirituelle évoquée par l'idée de paradis. Pour toutes les grandes religions, les jardins représentent les bénédictions offertes par Dieu (le jardinier divin) et la capacité des humains de parvenir à un état d'harmonie ou de grâce.

Jungle

Bien plus sauvage et exotique que la forêt, la jungle suggère une angoisse bien plus profonde quant au contenu de notre inconscient. Les animaux sauvages tout comme les plantes grimpantes ou les créatures venimeuses grandes ou petites évoqueront de sombres pulsions tapies dans les recoins les plus profonds de notre esprit. La jungle peut aussi impliquer la découverte de trésors cachés : existe-t-il une cité perdue en son sein ?

Désert

L'état d'esprit du rêveur lui fera envisager le désert soit comme une image de désolation et de stérilité, soit comme une vaste étendue propice à la réflexion, à la purification et au ressourcement. Dans le premier cas, il est important d'examiner ce qui, chez nous, se montre stérile. Notre carrière ? Notre vie à la maison ? Notre créativité ? Notre spiritualité ? Il pourra s'avérer productif d'effectuer son analyse en réfléchissant à la terre désolée sur laquelle régnait le roi pêcheur dans la légende du roi Arthur. Les fleurs du désert pourraient incarner les cadeaux de la vie que nous tenons pour acquis dans une existence marquée du sceau de la routine.

Île

L'île peut aussi bien être un lieu de refuge sécuritaire qu'une prison à ciel ouvert. Elle incarne souvent la terre ferme de l'esprit conscient sur laquelle le rêveur préfère demeurer plutôt que de se risquer dans les eaux troubles de l'inconscient. Un songe durant lequel nous nageons dans une mer agitée en direction d'une île peut indiquer un désir de reprendre le contrôle de notre vie ou la peur de certaines pulsions cachées que nous souhaitons ne pas voir. Les îles des Bienheureux dans la mythologie gréco-romaine et Avalon dans la légende du roi Arthur comportent une dimension spirituelle, l'île devenant une récompense paradisiaque sur laquelle se réfugier en paix après la mort.

Berge de rivière

À l'instar de l'île, une berge peut incarner un lieu sécuritaire que nous cherchons à rejoindre après avoir nagé dans les eaux de l'inconscient. Nous pouvons aussi contempler les eaux de notre moi profond du bord de la rivière. Si elles sont agitées et heurtent la berge, alors peut-être craignons-nous d'être vaincu par nos désirs inconscients. Une digue artificielle peut être la représentation d'une vie émotionnelle trop placée sous l'emprise de la raison.

Plaines et prairies

Ces grandes étendues ouvertes évoquent la liberté et l'imagination, mais les traverser demande courage et détermination. Ces images oniriques peuvent résonner fortement chez les rêveurs qui entament un nouveau chapitre de leur vie ou qui s'engagent dans un nouveau projet intimidant.

Passage et portail

Ces éléments de transition peuvent souligner un état d'entre-deux, mélangeant deux mondes, ou alors suggérer des moyens de surmonter un obstacle. Les freudiens voient le passage surélevé comme un symbole sexuel, puisqu'il faut l'enjamber.

Fossé et tranchée

Pour plusieurs rêveurs, les tranchées sont associées aux pièges mortels de la Première Guerre mondiale, donc aux sentiments de siège et de retranchement. Le songe peut nous avertir que notre situation professionnelle, sociale ou financière n'est peut-être pas aussi sûre qu'on ne le pense, ou que notre conscience ou notre estime de soi sont en état de siège.

Marécage

Avec sa surface faussement stable et cette terre boueuse, il peut être une représentation onirique de la Grande Mère dans ses aspects les plus possessifs et contrôlants. Tenter de naviguer à travers la boue peut suggérer la difficulté à se débarrasser des énergies qui étouffent notre indépendance, ou des problèmes intraitables de différentes natures.

Mine et carrière

Tandis que les jungiens voient dans la mine un symbole de nos désirs inconscients, les freudiens seraient plus enclins à l'interpréter comme une angoisse face à la sexualité féminine.

Champ

Un champ en voie d'être moissonné évoque des idées et de l'inspiration prêtes à être mises en œuvre, ou encore les récompenses d'un dur labeur. Un champ labouré suggère que le rêveur a tiré tout ce qui lui était utile d'un moment de créativité, et qu'il est prêt pour autre chose. Être étendu dans un pré un jour de soleil peut traduire une envie de paix.

Vallée

C'est souvent une expression de sexualité féminine. Une gorge profonde ou un ravin avec des arbres sur ses flancs et des rapides bouillonnants au fond peuvent suggérer une expérience sexuelle dangereuse ou excitante. Autant pour les hommes que pour les femmes, une vallée peut représenter une nouvelle relation ou l'exploration de l'aspect féminin de leur sexualité. Une vallée luxuriante et abondante avec une large rivière et des flancs verdoyants unifie les éléments de la terre et de l'eau, et est un symbole de fertilité et de plénitude. Ces images apparaissent aux rêveurs sexuellement satisfaits.

Falaise

Une falaise abrupte peut représenter un problème qui semble insoluble. Le rêveur a peut-être atteint le bout de la route – une relation qui ne va plus ou un emploi dans lequel il ne peut plus progresser. Se tenir au sommet en regardant vers une gorge rocailleuse ou une mer en furie peut suggérer que nous sommes obligé de prendre une décision qui nous déplaît ; ou cela peut annoncer un changement positif. Si une falaise apparaît au-dessus de nous, serions-nous déjà tombé ? La seule voie est-elle vers le haut ?

Puits

Il peut représenter la source de notre créativité et nos talents les plus estimés. Rêver que nous tentons de tirer de l'eau d'un puits tari peut indiquer une crainte que nos ressources intérieures ne soient pas à la hauteur de ce qui nous est demandé. Le puits représente aussi notre inconscient. Y laisser tomber une pierre dans l'attente d'un écho révèle alors un désir de prendre contact avec nos instincts latents. Tirer de l'eau d'un puits peut également signifier un désir de porter à la conscience nos plus profondes émotions, au risque de tomber sur des vérités désagréables.

Lac

Un lac est une riche métaphore pour l'esprit inconscient ainsi qu'un lieu de renaissance et de ravissement (par le symbole féminin de l'eau). Selon que nous voyons l'inconscient comme l'entrepôt de l'intuition ou comme la cachette de nos plus inavouables instincts, notre regard sera différent lorsque nous le plongerons dans l'eau. Le lac peut être d'un bleu foncé et rempli de poissons, ou bien glauque et grouillant d'horreurs inconnues sous la surface. Il peut être un lieu de divertissement ou plutôt cacher un monstre.

Dolmen

Comme les autres vestiges préhistoriques, il réfère à un désir de nous rapprocher de nos racines ou aux instincts et intuitions universels. Il peut aussi être la marque d'une aspiration à un mode de vie dénué des luxes superficiels de la modernité.

Caverne

Elle peut être un archétype de l'inconscient ou une image de l'utérus qui traduirait un désir de nous retirer du brouhaha du monde. L'intérieur sombre suggérera les mystères de l'être ; la lumière extérieure, nos aspirations spirituelles. Traditionnellement, une caverne est l'endroit où sont concentrées les puissances de la Terre en gestation, où les oracles s'expriment et d'où les âmes montent vers la lumière céleste.

Source

L'eau claire et fraîche qui en sort peut représenter la maternité, la pureté et la source de vie. Les freudiens voient le jaillissement de l'eau comme une image de sexualité exubérante, alors que les jungiens l'associent à la source de notre être intérieur et de notre énergie spirituelle.

Cascade

La descente abrupte et les eaux bouillonnantes d'une cascade peuvent évoquer un changement significatif et parfois difficile. Nous pouvons avoir le sentiment d'y être poussé contre notre volonté ou anticiper avec excitation le moment où nous basculerons dans le vide. La chute soudaine et l'écume de l'eau peuvent renvoyer à l'orgasme (pour les hommes et les femmes) ou à toute décharge émotionnelle majeure.

Haie

La haie peut combiner le symbolisme sexuel féminin de la dense végétation avec l'image d'un mur ou d'une clôture comme barrière qui joue le rôle conjoint de protection et de contrainte. L'image d'une haie peut signifier que vous considérez un engagement sexuel ou romantique comme une restriction de liberté.

Plantes

Elles sont le poumon de la terre, elles transforment l'énergie du soleil et servent de nourriture aux animaux. En songe, les plantes sont liées à la croissance et à l'harmonie.

Arbre

S'élançant de la terre vers les cieux avec ses racines profondément ancrées dans le sol, il peut symboliser le cosmos dans son entièreté. Pour les chrétiens, il évoquera aussi la croix sur laquelle le Christ fut crucifié. De plus, un arbre peut représenter le développement personnel du rêveur – les racines indiqueraient l'inconscient ou notre sens de la stabilité ; le tronc, le monde matériel et notre force physique et nos talents ; les branches, nos plus hautes aspirations.

Conifère

Aujourd'hui, les pins sont souvent associés à la fête de Noël, et leur présence en songe peut révéler l'attitude du rêveur à l'égard de cette célébration ou des réunions familiales de cette période. Comme symbole de vie éternelle, les conifères peuvent représenter une foi profonde ou un amour durable. Les forêts de pins peuvent être remarquablement uniformes et déprimantes, et donc être vues comme un désert vert. En Orient, le pin est un symbole de longévité ou d'immortalité. L'if, commun dans les cimetières anglais, est associé à la mort.

Chêne

Il incarne souvent la majesté et la sagesse, offrant au rêveur des sentiments de protection physique ou spirituelle. Il peut également être associé à la sexualité masculine ou à une figure d'autorité masculine et imposante ; comme un père inflexible. Pour les Celtes, cet arbre était lié à la force et à la sagesse de l'homme. L'image onirique d'un gland peut symboliser que de grandes œuvres peuvent naître de toutes petites choses.

Platane

Souvent planté dans les villes, cet arbre peut constituer le seul élément naturel dans un univers de béton, de pierre, de brique, de vitre et d'acier. Sa présence onirique peut nous rappeler de demeurer en phase avec nos sentiments véritables et nos instincts les plus profonds, et nous mettre en garde contre l'artifice et la sophistication.

Noix

Ouvrir une noix pour en goûter la graine réfère souvent aux organes génitaux féminins. Une noix difficile à ouvrir peut correspondre à un problème complexe à résoudre.

Palmier

Il abonde en climat tropical avec ses racines près de l'eau (féminin) et son sommet sous le soleil (masculin), offrant ainsi une image vive d'union sexuelle ou psychique. Extraverti et exotique, le palmier peut apparaître en songe comme une représentation de la vie dans la chaleur et l'abondance, ou il peut être associé à l'opulence complaisante. Il existe aussi une dimension religieuse liée à l'entrée du Christ dans Jérusalem.

Floraison

Elle peut signifier le printemps mais aussi la virginité féminine, surtout lorsqu'elle est blanche ou rose. Elle peut également représenter le potentiel spirituel et intellectuel, ou encore la naïveté.

Fleurs

Les pétales, le pollen et le pistil en font un symbole approprié des organes génitaux féminins. Des fleurs sauvages peuvent suggérer un désir de liberté sexuelle. Elles ont aussi des connotations spirituelles (voir le symbolisme de certaines fleurs dans les pages suivantes).

Lotus

La fleur de lotus est un symbole bouddhique de l'éveil spirituel. Tout comme le lotus émerge des profondeurs boueuses d'un lac ou d'une rivière pour trouver la lumière, nous pouvons cultiver notre connaissance pour transcender le matériel et éclore sous le plein soleil de l'épanouissement. Cette fleur renvoie aussi à d'autres échelons de la croissance spirituelle – une ouverture de cœur, par exemple –, tout comme à la naissance et à la renaissance.

Chrysanthème

Orange et jaune, cette fleur automnale est pour les Japonais un symbole de bonheur, de longévité, de perfection et de soleil. Sa présence en rêve peut signifier l'une ou l'autre de ces idées se chevauchant.

Trèfle

Les trois feuilles du trèfle peuvent rappeler aux chrétiens la Sainte Trinité (le Père, le Fils et le Saint-Esprit). Pour des rêveurs d'autres confessions ou agnostiques, elles peuvent évoquer l'union du cerveau, du corps et de l'esprit. Trouver un trèfle à quatre feuilles serait un symbole de chance.

Orchidée

Elle représente la virilité et la fertilité – son nom provient du grec *orchis*, signifiant testicule. Sa beauté délicate et rare a beaucoup de valeur depuis des siècles et symbolise aujourd'hui le luxe et le faste.

Tournesol

Il évoque le bonheur, l'optimisme, l'ouverture et le soleil donneur de vie auquel il ressemble. Le tournesol se tournant vers le soleil peut cependant suggérer que le rêveur est trop manipulable ou facilement distrait. En songe, les tournesols peuvent également évoquer Van Gogh, qui les a si bien peints. Dans ce cas, l'association pourrait se faire avec la folie ou une créativité intense.

Gui

De nos jours, nous l'associons au baiser de la fête de Noël, mais pour les Celtes, c'était une plante guérisseuse dotée du pouvoir d'éloigner le diable. Bien qu'étant un parasite se nourrissant des branches sur lesquelles il vit, le gui conserve sa verdure à l'arbre en hiver et peut évoquer l'espoir qui subsiste en des temps difficiles.

Bleuet

Le bleu froid de ses pétales peut être lié à la spiritualité. Rêver de bleuets séchés peut signifier que notre foi s'étiole. Il peut aussi évoquer une force surprenante et la détermination ; la fleur est délicate, mais la tige est remarquablement forte.

Pâquerette

Nous l'associons souvent aux guirlandes que nous fabriquions lorsque nous étions enfant. Ses fleurs blanches et cette association nostalgique peuvent en faire un symbole onirique de l'innocence prépubère.

Iris

Il évoque l'ambivalence sexuelle. La tige verticale, phallique, ajoute une dimension masculine à cette fleur dont la forme suggère les organes génitaux féminins.

Glaïeul

Son nom provient du latin *gladius*, qui veut dire épée. Il représente traditionnellement l'intégrité morale et la force face à l'adversité.

Les propriétés et les mythes

Le concept jungien de l'inconscient collectif met un accent particulier sur les symboles oniriques archétypaux – ceux provenant du parc universel d'expériences qui se manifestent dans les mythes et les religions. Ces symboles apparaissent dans nos songes en nous laissant parfois croire qu'ils n'ont rien à voir avec notre propre existence. Même si nous ne sommes pas enclin à la spiritualité, il y a de fortes chances que nous pensions en fonction de valeurs, de responsabilités et – pour résumer – de bonheur. Nous cherchons tous un certain épanouissement, les archétypes pouvant agir – avec leur cargaison universelle de sens – comme d'utiles poteaux indicateurs guidant notre chemin.

Nombres et formes

L'interprétation onirique populaire accorde une signification particulière aux formes et aux nombres.

Jung a noté la prédominance de certaines formes archétypales comme les cercles, les triangles et les carrés dans les songes et les griffonnages de ses patients. Au fur et à mesure que ces derniers progressaient vers la santé psychologique, les formes géométriques prenaient de plus en plus de place dans leurs rêves avec, souvent, des cercles rayonnant à partir d'un point central. Jung a observé des similitudes frappantes entre ces motifs et les diagrammes religieux – ou mandalas – que les bouddhistes tibétains utilisent pour se concentrer dans la méditation.

Une fois que Jung a identifié cet archétype géométrique, il a trouvé ses équivalents dans tous les systèmes mythologiques et religieux du monde. À ses yeux, le mandala était la carte de l'esprit humain intégré, reflétant par sa beauté et sa complexité le développement de la psyché en route vers la globalité.

Les nombres représentent également des énergies archétypales de l'inconscient collectif et jouent un rôle majeur dans les traditions symboliques, mythologiques et occultes. Beaucoup de gens ont un chiffre chanceux – qui revient de manière significative durant leur vie. Plusieurs cultures voient le divin dans des chiffres comme 3 et 7, et leur présence en songe fut comprise comme une révélation venant d'une puissance supérieure. Pour Freud, les nombres sont des « allusions à des sujets qui ne peuvent être représentés autrement ».

En songe, les nombres apparaissent parfois indirectement. En se rappelant ses songes, un rêveur peut avoir conscience que des objets ou des personnages se sont manifestés selon un ordre déterminé, ou que les actions tendaient à être accomplies un certain nombre de fois. L'interprétation et l'amplification des rêves peuvent donc se concentrer sur ces nombres et identifier la signification dont ils sont porteurs pour chaque individu.

Un

C'est le point de départ de toute création physique, le principe simple qui a donné naissance à la diversité. En songe, il peut représenter la source de toute vie, le fondement de l'être, le centre immobile d'un univers circulaire. Le un peut incarner le moi ou le phallus en érection. Il suggère l'harmonie et l'unité d'une famille ou d'un groupe, mais peut aussi véhiculer des connotations de conformisme – le déni de la diversité. Il peut être associé au pouvoir totalitaire.

Deux

C'est le chiffre de la dualité, de la symétrie divine et de l'équilibre. Il représente la rencontre du masculin et du féminin, du père et de la mère, des opposés qui émergent du un et définissent le monde créé. Deux est un dialogue plutôt qu'un monologue ; il peut évoquer l'interaction entre la conscience et l'inconscient. Il peut aussi sous-entendre l'ambiguïté et le doute.

Trois

Pythagore l'appelait le chiffre parfait. C'est le chiffre de la synthèse et de la triple nature de l'être humain ; l'union du corps, du cerveau et de l'esprit. Pensons à l'expression « Jamais deux sans trois ». Il est également le symbole de la force créatrice en action qui se manifeste dans le père, la mère et l'enfant ainsi que dans la Sainte Trinité. Pour Freud, il représente les organes génitaux masculins. C'est aussi l'assurance de la complexité dans une relation.

Quatre

C'est le chiffre du carré, de l'harmonie et de la stabilité dont le monde dépend. Il rappelle les quatre saisons, les quatre points cardinaux,

les quatre éléments (terre, air, feu et eau) et les quatre fonctions mentales de Jung : la pensée, les émotions, les sentiments et l'intuition.

Cinq

C'est le chiffre du pentagramme, l'étoile à cinq branches qui représente l'humain, le lien entre la terre et les cieux : les pieds sur terre, les bras ouverts sur l'horizon et la tête dans le ciel (rappelant *L'Homme de Vitruve* de Léonard de Vinci).

Six

Il représente la perfection. C'est le chiffre de l'amour, qui exprime un mouvement vers une nouvelle compréhension et une harmonie intérieure. Il peut aussi incarner l'intuition, le « sixième sens », ou évoquer le symbole alchimique de la lutte entre le bien et le mal, soit deux triangles superposés, un pointant vers le haut (le paradis), l'autre vers le bas (l'enfer).

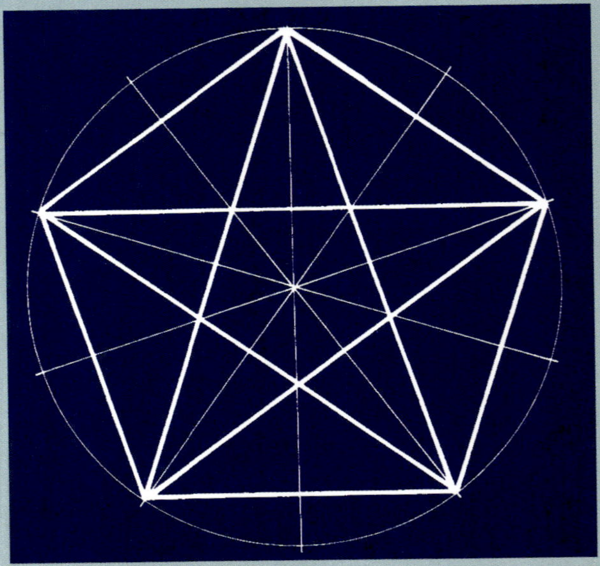

Sept

7 Dans le christianisme comme dans l'hindouisme, c'est le chiffre de Dieu, le chiffre mystique. En songe, c'est le chiffre du risque, des opportunités, du pouvoir de transformation. Il y a sept chakras et sept péchés mortels. Le chiffre renvoie au rythme de vie (les 7 corps célestes identifiés par les anciens astronomes, le cycle de la lune de 28 jours qui, divisé par 4, donne la semaine de 7 jours). De plus, on dit que la vie passe par des cycles de 7 ans. Aux États-Unis, le 21e anniversaire est très important ; par ailleurs, c'est à 14 ans que les garçons juifs endossent les responsabilités de l'âge adulte.

Huit

C'est le symbole des initiés, du noble chemin octuple des bouddhistes, de la régénération et des nouveaux départs. Ce chiffre symbolise l'éternité, puisque mis à part le zéro, c'est le seul chiffre arabe qui n'a ni début ni fin. Tourné sur le côté, il devient la lemniscate, le symbole mathématique de l'infini. 8

Neuf

C'est le chiffre de l'invincibilité et de l'éternité, de trois multiplié par lui-même. Il est remarquable que ses nombres multiples (jusqu'à un certain point), lorsqu'on additionne les chiffres qui les composent, font toujours neuf : 18 (9 fois 2), par exemple, par l'addition (1 plus 8) fait 9, tout comme 72 (9 fois 8), 81 (9 fois 9), etc. Il peut aussi symboliser la gestation (les neuf mois de la gestation humaine) et, par extension, la réalisation d'une tâche créative.

Dix

Pour les juifs et les chrétiens, ce nombre peut être associé aux dix commandements que Dieu donna à Moïse, et donc aux jugements moraux et à la loi. C'est aussi le nombre des incarnations de Vishnou, protecteur du bien et destructeur du mal. Dans un rêve, 10 peut être vu comme le score parfait.

Onze

C'est le début d'un périple rappelant au rêveur qu'un nouveau départ (1) ne devrait pas signifier l'abandon de ce qui a été acquis auparavant (10). Par l'addition de ses deux chiffres (1 plus 1), il peut aussi représenter deux.

Douze

C'est le nombre d'un ordre spirituel nouveau. Il y a douze apôtres, douze tribus d'Israël et autant de signes du zodiaque. En songe, il peut suggérer une vision de la vérité. Les douze mois constituent le cycle de la nature, indiquant peut-être au rêveur de se préparer pour l'avenir.

Treize

C'est traditionnellement un nombre malchanceux en Occident ; Judas Iscariote était le treizième convive de la Cène. Malgré cela, il peut être un signe d'optimisme, puisque le treizième mois est le premier d'un nouveau cycle de vie et qu'il correspond au nombre d'apôtres plus Paul.

Zéro

Il représente l'infini, le vide, le non-manifeste. Il peut rappeler au rêveur un mandala tibétain ou la globalité du cercle. Lorsque placé à la droite d'un nombre, il le multiplie par dix et a donc des connotations d'abondance et de fertilité. Il peut aussi être le signe du principe féminin et de l'entrée dans les mystères, et recéler un sens d'achèvement.

Mille

Ce nombre symbolise l'immensité et la grande expansion du temps et de l'univers. Il peut évoquer le millénaire et l'idée de complétude.

Cercle

Sans début ni fin, le cercle symbolise la perfection, la complétude et l'infini. Il peut nous protéger : on en fera une amulette sur un bracelet, une bague. À l'inverse, il peut nous emprisonner, nous cerner de ses murs. Selon Jung, le cercle est le symbole archétypal de la globalité de la psyché, alors que le carré représente le corps. Freud, de son côté, voit un lien avec le vagin. Selon cette interprétation, les phares sont aussi des symboles sexuels suggérant les testicules ou les seins.

Carré

Il symbolise le monde matériel, évoquant à la fois sa totalité et ses limites. À l'instar des quatre murs d'une maison ou d'un château, le carré évoque la stabilité, mais aussi la restriction, la stagnation et l'inhibition. Aux yeux de Jung, l'image symbolique d'un carré dans un cercle, ou l'inverse, suggère l'union de la matière et de l'esprit.

Triangle

C'est une représentation géométrique du chiffre trois, donc des trinités qui lui sont associées : celles du père, de la mère et de l'enfant; du cerveau, du corps et de l'esprit; du Père, du Fils et du Saint-Esprit. Un triangle pointant vers le haut représenterait le bien et l'inverse, le mal. Freud voit le premier comme le symbole des organes génitaux masculins, le second, comme la représentation de ceux de la femme.

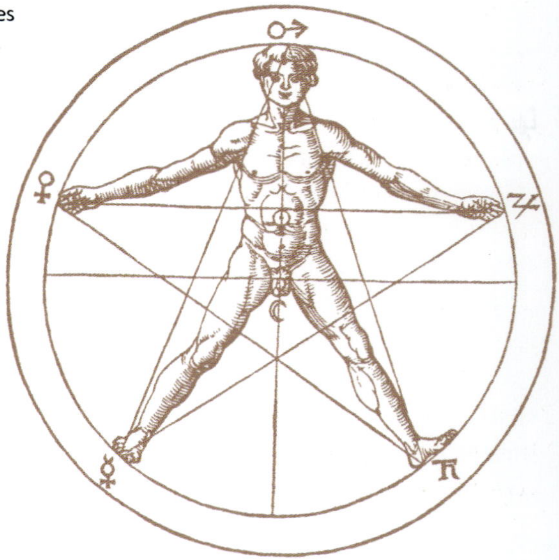

Rectangle

Dans un songe, il peut être une référence au nombre d'or, une figure géométrique symbolisant une relation harmonieuse entre la terre et les cieux. Plus modestement, dans un rêve de niveau 2, un rectangle peut suggérer un terrain de sport ou une piscine. Il peut aussi posséder certaines des propriétés du carré (voir page précédente).

Spirale

Symbole dynamique de la force vitale, elle suggère l'énergie, le mouvement et le pouvoir de la création. Nous pouvons l'imaginer comme un escalier, un serpent ou un tourbillon, ou encore comme un coquillage conique ou une galaxie. Elle peut cependant nous apparaître en tant que simple escroquerie, comme une coquille vide. Elle est un symbole de l'acte sexuel, mais elle représente également la progression spirituelle. Certains affirment qu'une spirale tournant dans le sens des aiguilles d'une montre évoque nos idéaux les plus élevés et nos aspirations spirituelles, alors qu'en sens inverse, elle représente une descente vers l'inconscient. Plus prosaïquement, elle peut renvoyer à une angoisse à propos d'une situation qui semble échapper à notre contrôle.

Croix

De nos jours, la croix est d'abord associée au christianisme. Le symbolisme de cette forme précède cependant le Christ. Les croix apparaissent dans les traditions religieuses du monde entier, de l'ankh de l'ancienne Égypte au swastika hindou. De façon universelle, elle incarne l'union de la Terre et du paradis, de l'humanité et du divin, du sol et du ciel. La croix peut aussi suggérer les quatre points cardinaux ou les phases de la Lune. Pour un chrétien, la présence d'une croix peut rappeler les sacrifices à faire au nom de la foi, à l'image de ceux du Christ pour le monde.

Cube

Il donne de la profondeur au symbole du carré en accentuant l'idée de stabilité et de complétude. En songe, si le cube semble particulièrement solide ou lourd, cela peut suggérer l'immobilité spirituelle ou intellectuelle. Sa forme peut aussi évoquer celle d'un dé – les forces arbitraires du hasard.

Étoile

Elle peut nous apparaître avec cinq ou six branches. Les deux triangles superposés de l'étoile de David sous-entendent la dualité du bien et du mal, du masculin et du féminin. À cinq branches – connue sous le nom de pentacle ou pentagramme –, elle peut représenter les cinq blessures du Christ ou les quatre éléments combinés à l'esprit. Certains croient qu'un pentagramme pointant vers le bas consacre la victoire du matériel sur le spirituel et l'associent donc à la magie noire. Les sorciers médiévaux reliaient le pentagramme aux pouvoirs supposés de Salomon sur la nature et le monde spirituel.

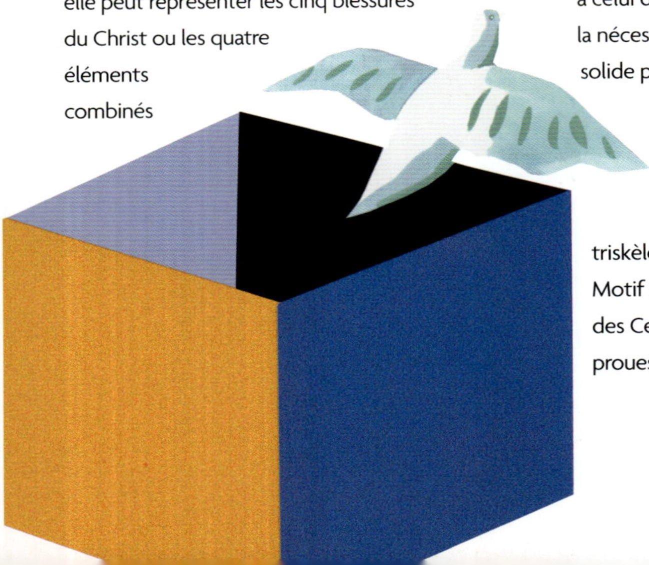

Pyramide

Symbole phallique aux yeux de Freud, elle peut bien sûr évoquer aussi les tombes érigées par les pharaons égyptiens. Elles étaient conçues comme des rampes vers l'éternité, un portail à travers lequel l'âme du roi décédé pouvait voyager et rejoindre les dieux aux cieux. La pyramide peut aussi faire allusion à des aspirations surnaturelles. En associant le symbolisme d'une base carrée à celui d'un sommet pointu, elle peut suggérer la nécessité d'une assise spirituelle ou physique solide pour nos aspirations spirituelles.

Triskèle

Les trois branches recourbées d'une triskèle symbolisent l'énergie dynamique. Motif courant sur les boucliers des Grecs et des Celtes, elle peut aussi représenter les prouesses militaires.

Couleurs

Les sujets que l'on réveille en plein sommeil paradoxal affirment presque tous rêver en couleur; et les couleurs constituent souvent l'un des aspects les plus révélateurs de l'imagerie onirique, de la même façon qu'elles sont un élément clé de tous les importants systèmes symboliques du monde.

Comme pour tous les autres symboles, la signification d'une couleur en particulier varie d'un individu à l'autre, selon les associations spécifiques de l'inconscient. Par contre, les significations universelles jouent également un rôle. Les couleurs primaires sont en général les plus chargées de sens. Le violet, combinaison des couleurs primaires bleu et rouge, possède une propriété mystique et énigmatique exceptionnelle, suggérant à la fois l'union et la tension entre les deux forces créatrices de l'univers.

L'or et l'argent représentent traditionnellement le Soleil et la Lune, le masculin et le féminin, le jour et la nuit. Selon Jung, ces teintes correspondent aux couches consciente et inconsciente de l'esprit, et leur juxtaposition suggère le chemin vers la globalité psychique.

Rouge

C'est la couleur de la vitalité, de la passion, de la colère et de l'excitation sexuelle. Le vin rouge est souvent lié aux excès et à la sensualité, mais à un niveau plus profond, le rouge peut renvoyer aux états modifiés de la conscience associés à Dionysos, le dieu grec de l'extase. C'est aussi la couleur traditionnelle des démons représentant les désirs primaires tapis dans l'inconscient. L'énergie turbulente du rouge n'est pas toujours négative; le feu et le sang sont des symboles de vie.

Jaune

Dans les systèmes symboliques chinois, le jaune était sacré pour l'empereur. En songe, cette couleur peut représenter l'utilisation sage de l'autorité et du pouvoir. Inversement, elle peut symboliser l'humilité et l'importance de l'acte de servir, comme dans les toges safran des moines bouddhistes. Le jaune peut aussi être associé au soleil, à l'enthousiasme et à la joie; plus pâle, il suggérera la maladie et la déchéance. En Occident, le jaune est également associé à la couardise et à la tromperie : pensez au « foie jaune » et aux représentations de Judas vêtu d'une toge jaune.

Marron

Il représente le sol, la terre et la fertilité, mais il peut aussi évoquer la mélancolie automnale et la chute des feuilles. Aux yeux des freudiens, c'est la couleur des excréments. Il suggère donc une fixation anale et un attachement obsessif à l'ordre.

Vert

C'est la couleur de la nature, des éléments et des forces du rajeunissement faisant naître la vie de la mort. Les feuilles, l'herbe et les pousses vertes du printemps symbolisent l'espoir et un nouveau départ. Cela dit, lorsque nous affirmons que quelqu'un est « vert », c'est qu'il est naïf ou immature, et un songe où le vert prédomine peut trahir des angoisses devant de nouvelles responsabilités. Cette couleur est aussi associée à la jalousie : nous devenons « vert de jalousie » lorsque cette émotion destructrice nous assaille. Le vert peut par ailleurs évoquer la maladie, la déchéance et la peur de vieillir ou de mourir.

Orange

Union du jaune de l'esprit et du rouge de la libido, il peut représenter la fertilité, l'espoir, un nouveau départ et la naissance de la spiritualité. C'est une teinte qui peut stimuler l'action et même l'appétit. C'est aussi la couleur des feuilles d'automne ; elle peut donc incarner la transition ou le besoin de changement.

Bleu

En songe, c'est souvent une couleur spirituelle suggérant l'infini du ciel et de l'espace, et la robe de la reine des cieux, l'image symbolique de la Vierge Marie. Le Christ fut aussi représenté vêtu de bleu, qui est également la couleur de la peau de Krishna. D'un autre côté, un bleu froid et céleste peut symboliser l'intellect et une rationalité ouverte. Un bleu plus intense est susceptible d'évoquer les profondeurs infinies de l'inconscient. Cette couleur peut aussi suggérer une humeur mélancolique, le blues. Tout comme le vert, cette couleur est ambivalente et l'interprétation dépendra beaucoup du contexte. Tenter de trouver un sens uniquement à partir de la teinte de bleu n'est pas un processus fiable.

Noir et blanc

Le noir, c'est le vide dont l'univers fut tiré. Il peut représenter un potentiel infini. Bien que lié à la mort, au chagrin, à la nuit et au mal, il peut aussi suggérer le prestige et le mystère. Teinte des toges cléricales, il a des connotations de renonciation. En tant qu'absence de couleur, le blanc peut incarner la désolation ou la stérilité. En Orient – spécialement en Chine –, c'est la teinte la plus associée au chagrin. Cependant, le blanc est lié à la pureté et à la virginité en Occident.

Pourpre

Couleur de la royauté et de la puissance impériale, il véhicule la magnificence et la majesté. En songe, il suggérerait un désir d'opulence et de luxe – ou un désir de contrôler autrui.

Rose

Il est lié à la féminité, à l'enfance et à la chair humaine. Être enveloppé de rose clair peut suggérer la nostalgie du confort et de la sécurité de l'enfance.

Sons

Ils ne devraient pas être négligés lors de l'interprétation, surtout la musique, qui est porteuse de sens. Il se peut qu'une mélodie ait un sens personnel, ou bien ce seront le titre ou les paroles d'une chanson qui auront une signification particulière. Si l'air est inconnu ou que nous l'avons oublié au réveil, il se peut que la musique véhicule un message plus général. Elle peut être la marque d'un danger séduisant, à l'instar du jeu de flûte de Pan, le dieu grec de la nature, qui tirait les mortels du monde de la raison pour les emmener dans le monde primitif de la nature. Des voix étranges ou presque inaudibles peuvent suggérer l'émergence d'une sagesse intérieure.

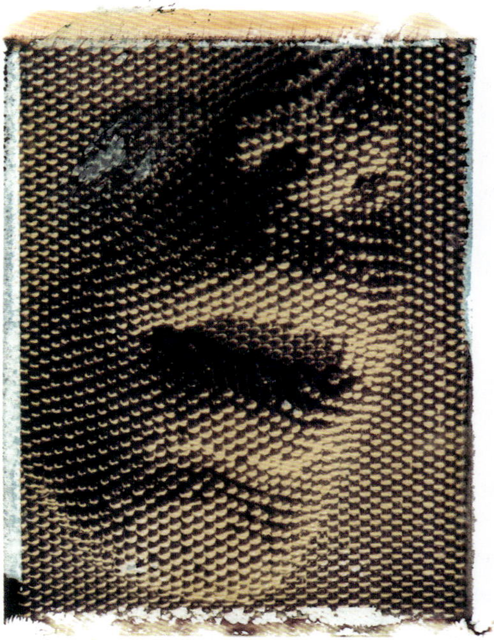

Babillage

Un babillage inintelligible et empreint de colère peut apparaître en temps de grand stress. Peut-être êtes-vous frustré de ne pas trouver les mots justes, ce qui teinte le songe d'une humeur colérique. Réfléchissez à la cause de ce problème et voyez si vous pouvez y remédier.

Entendre votre nom

Cela peut suggérer que vous serez bientôt sous les feux de la rampe – en faisant un discours à une conférence importante ou au mariage d'un proche. Cela peut aussi indiquer que vous devez donner votre voix à une cause que vous soutenez.

Réveille-matin

C'est parfois la sonnerie de votre propre réveille-matin qui s'introduit dans votre songe. Elle peut aussi être imaginaire, suggérant des préoccupations face à des dates de rendu de projets. Nous pouvons avoir l'impression de manquer de temps pour accomplir une tâche qui nous a été confiée, ou pour la réalisation d'un objectif personnel ; cela peut se traduire par de l'angoisse ou du stress.

Fanfare

Entendre le son d'une fanfare venant de loin peut traduire un sentiment d'isolement ; peut-être êtes-vous exclu d'une communauté ? Le son des tambours et de la cornemuse peut aussi évoquer les fanfares de recrutement militaire et représenter l'appel du devoir, ou encore un conflit imminent ou devenu redondant.

Rire

Il peut représenter une foule d'émotions dont le bien-être, le dédain, le soulagement ou l'embarras. Si vous riez jaune ou par peur, le songe peut révéler une conscience coupable. Entouré de personnes qui rient de vous, peut-être souffrez-vous d'un sentiment de persécution.

Voix

Des voix désincarnées peuvent évoquer le moi qui crie pour obtenir notre attention. Peut-être sommes-nous trop pris par les exigences du quotidien pour prêter attention à ces messages d'origine profonde. Cependant, il faut le faire pour préserver notre santé. Des voix provenant d'anges ou d'êtres divins peuvent suggérer un appel spirituel, alors que celles d'amis ou de proches évoqueront une conscience coupable ; peut-être n'avons-nous pas pris ces personnes au sérieux ?

Mélodie

La musique est un symbole commun de la créativité personnelle. Une mélodie qui hante nos songes – même si nous n'arrivons pas à nous en souvenir – peut nous enjoindre à développer notre potentiel créatif.

Coups de feu

Ils peuvent représenter l'exécution, la violence, la guerre ou la criminalité. Nous pouvons aussi en entendre un seul marquant le départ d'une course, ce qui signifie que nous vivons une situation stressante comme l'approche d'une date importante. Ils peuvent aussi révéler le désir du rêveur d'éliminer un rival : sommes-nous en compétition avec quelqu'un pour obtenir l'affection d'un partenaire ou une promotion ?

Jurons

Les gros mots sont en général l'expression d'une colère, d'une peur ou d'une frustration. Notre esprit tente peut-être d'attirer notre attention sur des sentiments inexplorés. Si nous ne jurons pas dans le quotidien, le songe nous enjoint sûrement de nous exprimer plus ouvertement.

Chant du coq

Il peut être un appel au réveil – réel ou métaphorique – pour saisir les opportunités de la vie. Il peut suggérer un éveil spirituel ou alors constituer une remontrance venant de notre inconscient, afin que nous abandonnions nos lubies oisives pour nous remettre au travail. Les chrétiens peuvent l'associer au reniement du Christ par Pierre, nous rappelant que les personnes de confiance peuvent faiblir.

Chuchotement

Souvent, il représente notre voix intérieure : le songe peut être le reflet de doutes récurrents à propos d'un problème ou d'une action planifiée, ou nous pousser à agir selon nos instincts.

Sirène d'alerte aérienne

Pour les rêveurs qui ont connu la guerre, ce son strident peut soit véhiculer des souvenirs d'une époque révolue ou constituer une autoroute vers le cauchemar. Même pour les générations qui n'ont jamais vécu de conflit armé, les films et la télévision ont enraciné cette sonorité dans les consciences comme un présage de mort et de destruction. Le songe peut nous avertir d'un orage émotionnel imminent.

Pleurs de bébé

Un enfant en pleurs peut symboliser la partie qui a été négligée en nous. Peut-être avons-nous mis nos talents créatifs ou d'autres ambitions sur la touche afin de poursuivre une carrière plus lucrative... Pour une rêveuse, ce son peut être un message direct révélant les instincts maternels, parfois mêlés de culpabilité.

Sifflement de bouilloire

Il nous prévient que l'eau est parvenue à ébullition. En songe, il peut nous annoncer qu'une situation commence à « chauffer » et qu'il est temps de prendre les mesures qui s'imposent.

Cri

Crier peut exprimer un avertissement ou un appel à l'action, ou simplement nous alerter de la présence de quelqu'un – par exemple, lorsqu'un ami crie pour attirer notre attention dans une foule. Il n'existe aucun symbolisme évident dans ce type de rêves, mais peut-être ne donnez-vous pas à une personne l'attention qu'elle mérite, ou qu'il vous faut arrêter séance tenante ce que vous êtes en train de faire.

Esprits malins et êtres surnaturels

Les sorcières, vampires, loups-garous et fantômes des songes d'enfants symbolisent souvent les aspects d'eux-mêmes qu'ils sont incapables de comprendre ou d'intégrer à leur vision du monde.

Si ces rêves persistent à l'âge adulte, cela peut signifier que le travail de compréhension et d'intégration n'est pas complété. Un rêveur encore effrayé par des forces inatteignables par la conscience cherche peut-être à réduire la réalité à des dimensions sécuritaires et prévisibles.

Comme tous les cauchemars, ces songes servent à prévenir le rêveur qu'il lui faut affronter ces forces sombres et se rendre compte que seule la peur les rend monstrueuses. En reconnaissant et en acceptant les nombreuses énergies qui fondent notre psyché, nous pouvons à terme nous rapprocher de notre inconscient, là où se nichent la plupart des mystères de la vie.

Les Tibétains associent souvent les images oniriques monstrueuses aux démons colériques et aux anges gardiens – les puissances en nous qui, bien utilisées, peuvent empêcher, voire détruire l'ignorance, l'illusion et les fausses motivations. Un texte d'interprétation des songes du XIXe siècle suggérait même que rêver de fantômes et de spectres était de bon augure et annonçait de bonnes nouvelles en provenance du lointain. Tenter d'envisager un monstre comme étant potentiellement bénéfique peut aider lorsque les interprétations plus évidentes échouent.

Monstre

Il représente souvent des pulsions cachées qui nous dégoûtent. En les projetant sous la forme d'une créature étrange et terrifiante, nous en nions la responsabilité et les séparons de notre personne.

Diable

Il incarne souvent le sombre inconscient – nos désirs primaires troublants. Des songes à propos du diable comportent souvent des

propriétés archétypales et tendent à être vifs et dramatiques. Nous pouvons nous retrouver prisonnier d'une lutte désespérée entre le bien et le mal, manquer de temps et de ressources pour sauver le monde ou nos proches de la domination des forces des ténèbres. Dans l'interprétation jungienne, le diable est en général une manifestation de l'archétype de l'ombre. Il est important d'intégrer plutôt que de rejeter ces aspects que nous jugeons mauvais, car ce que nous continuons à combattre persiste.

Fée

Dans le folklore traditionnel, elle peut être des deux sexes ; par contre, dans les songes, elle est en général féminine. Pour les hommes, elle peut incarner l'anima ou des désirs homosexuels refoulés.

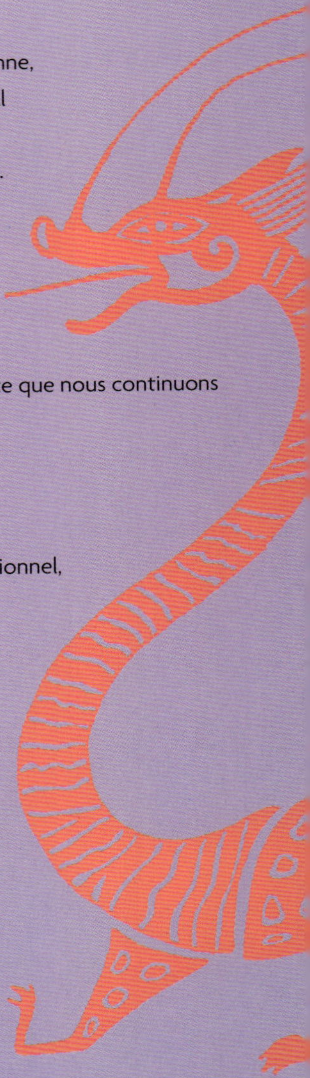

Vampire

Son image sous-tend que quelqu'un ou quelque chose draine notre énergie. Nous pouvons avoir l'impression que nos responsabilités professionnelles nuisent à notre qualité de vie ou que nous sommes prisonnier d'une relation émotionnellement épuisante. Les freudiens interpréteraient les canines perçant la peau comme un symbole de l'acte sexuel.

Démon

Les lutins, esprits et démons peuvent incarner nos démons intérieurs : les désirs sombres ou les conflits irrésolus dans l'inconscient qui mènent à la colère, à la dépendance ou qui causent la dépression. Ces démons peuvent aussi représenter une voix intérieure subversive nous encourageant à transgresser les conventions ; une voix qui a peut-être aussi la raison de son côté.

Zombie

Un songe au cours duquel nous tentons désespérément d'échapper à des zombies ou de les affronter peut faire référence à toute situation du quotidien que nous cherchons à fuir ou que nous devons combattre. Il peut même s'agir d'une situation banale, puisque l'esprit rêveur exagère souvent.

Métamorphoses

Nous habitons un monde où la transformation est la norme, même si son rythme est si graduel que nous ne nous en rendons pas compte. L'alternance incessante des saisons, les cycles de la Terre et du Soleil, le jeune devenant vieux, le présent qui se fond en passé sont la trame de l'existence humaine.

Nos perceptions de cet univers sans cesse changeant sont aussi instables que lui. Selon l'angle de vue, notre humeur, notre degré d'attention et les jeux de lumière, les objets nous semblent légèrement différents chaque fois que nous les regardons. Les mêmes schèmes de changement affectent nos perceptions de nous-même et des autres, surtout celles du caractère et des valeurs d'autrui.

Sachant cela, il n'est guère surprenant que les transformations jouent un rôle important dans nos songes. Souvent, elles servent de résumé, de passage entre un sujet et un autre, liant les images comme un fondu enchaîné au cinéma. Elles peuvent être significatives en elles-mêmes, attirant notre attention sur les relations entre divers aspects de notre existence, entre les différentes préoccupations de l'inconscient.

Parfois, une scène complète va se transformer en une autre, comme une vision créée par un enchanteur.

Il est également courant pour un rêveur de se transformer, par exemple, de jeune à vieux ou de vainqueur à victime. Les décors peuvent aussi être instables : un lieu sûr peut soudainement devenir menaçant, une tornade se transformer en salle de séjour.

Mots transformés en images

Freud interpréta un jour le mot « éléphant » comme un calembour pour le mot « tromper ». Ce type de jeu de mots peut permettre à l'esprit du rêveur de donner des impressions visuelles à des propriétés et préoccupations humaines.

Un objet en devient un autre

Les transformations peuvent indiquer un désir de changement personnel et offrir des indices sur ce que nous désirons modifier. Une planche à roulettes qui devient une maison, par exemple, peut exprimer un besoin de stabilité.

Le rêveur devient plante

Devenir une plante (ou un arbre, comme Daphné dans le mythe grec) est habituellement une image de nourriture et d'intégration, bien que la perte de mobilité puisse gêner certains rêveurs : sommes-nous trop ancré dans nos idées, notre routine ? Inversement, passer de l'état de plante à celui d'être mobile peut signifier un moment d'éveil : il faut mettre fin à l'inertie et passer à l'action.

Maison devenant voiture

Nous l'avons vu, la maison est le parfait symbole du moi. Ainsi, une maison qui se transforme en autre chose constitue assurément un commentaire sur la psyché du rêveur. Lorsqu'elle se transforme en voiture, l'idée de mouvement, de changement et de progrès n'est pas loin, mais cela suggère aussi l'absence de fondations. Le songe peut plutôt annoncer que le rêveur perd son sens de l'humanité, qu'il devient mécanique, dominateur et impitoyable dans la poursuite de ses objectifs personnels ou professionnels.

Animal devenant humain

Cette image peut représenter la victoire de l'être sur ses instincts primaires. L'inverse, l'humain devenant animal, peut incarner une descente vers des instincts bestiaux de la psyché ou la redécouverte d'émotions naturelles et spontanées. Un hybride, mi-humain, mi-animal, indique l'impossibilité de se débarrasser de ces instincts animaux ou de ces besoins primaires. Le songe nous encourage sûrement à ne plus nier ces aspects et, au contraire, à travailler à les accepter comme partie intégrante de nous-même.

Agents de transformation

Ces agents, comme le sorcier, le magicien ou le chaman, peuvent être des personnages dans nos songes. Ils se tiennent à l'extérieur du monde social et rationnel, mais ils peuvent le changer. Une telle image peut être la manifestation de l'escroc (voir page 104) qui apparaît souvent lorsque le moi est en danger à cause d'un mauvais jugement ou d'un écart de conduite. Un magicien peut aussi incarner les moyens d'effectuer le changement, même si nous devrions nous méfier des autres. Peut-être devrions-nous faire les choses à notre façon.

Changements de saison

Un changement dans les saisons, le jour devenant nuit ou la nuit devenant jour constituent souvent un message quant au temps et à nos capacités. L'hiver se muant en printemps amène de nouvelles idées et fait naître des espoirs après une expérience émotionnelle difficile, une dépression ou une fin de relation. Lorsque le printemps devient été, l'esprit se libère et nous enjoint à vivre le moment présent. L'arrivée de l'hiver peut indiquer qu'il est temps de conserver nos énergies.

Mythes

En grec ancien, *mythos* (dont dérive le terme mythe) signifia d'abord « mot », « dicton » ou « histoire », pour ensuite devenir « fiction » et même « mensonge » pour se distinguer de *logos*, « parole de vérité », le langage des historiens. Nous croyons cependant aujourd'hui que les mythes contiennent leurs propres vérités et que plusieurs de ces vérités transcendent le temps et les lieux, car elles possèdent un sens profond qui résonne avec force dans notre psyché. Si les songes et les mythes ont les mêmes racines dans l'inconscient collectif – comme le croyait Jung –, il n'est pas étonnant que des éléments mythologiques se retrouvent dans les rêves, même chez ceux dont le dernier contact avec la mythologie remonte à de lointains souvenirs scolaires.

Jung recommanda l'utilisation des mythes comme un répertoire parallèle permettant au rêveur de provoquer l'émergence d'un sens dans un songe, soit le processus d'amplification (voir page 108). Avec les rêves de niveau 3, l'amplification est facilitée par le fait que les matériaux du songe contiennent souvent des éléments mythologiques explicites : ils représentent les énergies archétypales de l'inconscient collectif dans une forme personnalisée, et peuvent refléter la relation entretenue par ces énergies avec la vie du rêveur.

Les figures universelles présentes dans les songes des Occidentaux réfèrent souvent aux mythologies grecque, égyptienne et chrétienne, qui nous sont les plus familières. Le dieu ressuscité, le héros, le sauveur, l'escroc, le Vieux Sage et la jeune fille sont des thèmes récurrents. Parfois, le contenu mythique apparaît clairement : une princesse dans une tour, par exemple, est sans aucun doute un personnage de légende. Par ailleurs, des références plus indirectes peuvent exister, comme celle du héros prenant la forme d'une vedette de cinéma, ou quelqu'un venant à notre rescousse dans un contexte plus moderne (peut-être la réparation d'une voiture ou d'un appareil ménager).

Sirène

Combinant le symbolisme de la femme et du poisson, elle est une image puissante de l'altérité qui hante et fascine la psyché masculine. En songe, elle incarne en général l'anima – révélatrice d'une sagesse secrète – et, dans le même temps, une séductrice tentatrice attirant les énergies masculines manifestes et actives de la conscience vers les profondeurs inexplorées de l'inconscient.

Zeus ou Jupiter

Père des dieux et des hommes, il était le chef suprême des dieux dans le panthéon gréco-romain. Il peut s'avérer une représentation intransigeante de notre père et évoquer l'angoisse ressentie par le rêveur en présence d'une autre puissante figure d'autorité. Enragé et lançant des éclairs, il incarne des sentiments de colère refoulés ou la rigidité d'un parent. Célèbre pour ses exploits sexuels, Zeus, lorsqu'il nous apparaît en songe, peut traduire un désir d'activités sexuelles aventureuses, peut-être avec un nouveau partenaire.

Odin

À l'instar de Zeus, il était chez les Scandinaves le maître des dieux et peut représenter l'autorité parentale. C'est une figure mythologique ambivalente, un poète, un nomade, le dieu de la guerre et de la chasse. Une histoire célèbre le dépeint sacrifiant son œil droit pour boire à la fontaine de la sagesse. Il évoquerait le prix à payer par le rêveur pour se développer intellectuellement ou spirituellement.

Achille

Comme Lancelot, ce héros a des défauts. Il éprouve sans honte la rage, la jalousie et des sentiments de vengeance et pourtant, il est mi-homme, mi-dieu. Ses tares personnelles ont leur pendant physique : son talon vulnérable, la partie de son corps qui ne fut pas trempée dans le Styx lorsqu'il était enfant. Cette faiblesse causera sa perte durant la guerre de Troie. En songe, le talon d'Achille peut renvoyer à notre défaut majeur et nous prévenir contre la complaisance.

Dionysos

Connu sous le nom de Bacchus chez les Romains, il était associé à la nature, au vin, à la fertilité et à l'extase divine. Ses disciples, une horde de femmes appelées ménades ou bacchantes, dansaient avec frénésie et déchiquetaient des animaux pour en manger la chair crue. En songe, Dionysos peut représenter des états élevés de conscience ou la reconnaissance de nos profondes énergies animales. Il exprime la nécessité d'oser prendre des risques si nous voulons découvrir notre plein potentiel. Pan, mi-homme, mi-chèvre, véhicule la même idée : symbole de l'instinct, il nous rappelle la beauté naturelle ainsi que les forces de la puissance masculine et de la croissance.

Hercule

Autre héros gréco-romain, il représente la puissance et les faiblesses de la force brute. Selon le contexte du rêve, il peut nous suggérer d'agir avec plus ou moins d'agressivité. Il est bien sûr célèbre pour les travaux qu'il eut à accomplir. Le songe peut exprimer une frustration en ce qui concerne des problèmes apparemment sans fin.

Minotaure

Mi-homme, mi-taureau, c'était un hybride monstrueux qui habitait un labyrinthe sur l'île de Crète jusqu'à ce que le héros Thésée ne le tue. Il peut représenter les désirs sombres de notre inconscient.

Poséidon ou Neptune

C'était le dieu de la mer chez les Grecs et les Romains. La présence en songe de cet être orageux portant un trident peut évoquer des troubles dans les eaux profondes de l'inconscient. Sa nature tumultueuse peut refléter une tendance aux sautes d'humeur ou annoncer un éclair d'inspiration créative.

Artémis ou Diane

Déesse grecque et romaine de la chasse, elle véhicule une image de fierté et de confiance en soi et, si elle est vindicative, de féminité. Chez les rêveuses, elle peut évoquer un désir de contrôler et de secouer les conceptions traditionnelles de la féminité. Chez les hommes, elle peut représenter une mère dominatrice.

Méduse

Une des trois sœurs gorgones; ses cheveux étaient faits de serpents et son visage était si terrifiant que se changeait en pierre quiconque le regardait. Elle peut incarner une mauvaise image de soi et le danger de laisser libre cours à des désirs destructeurs sans les avoir compris au préalable.

Aphrodite ou Vénus

Déesse de l'amour et de la beauté, elle symbolise la passion et la luxure et peut enjoindre une rêveuse à plus de confiance dans sa sexualité et son corps. Les hommes peuvent la trouver désirable mais aussi menaçante.

Éros ou Cupidon

Fils d'Aphrodite, c'était le dieu du désir sexuel évoquant la concupiscence heureuse, mais aussi, par sa flèche, la souffrance que peut causer l'amour.

Jason et les Argonautes

Sa quête de la toison d'or prête le flanc à une interprétation jungienne. Héros archétypal, Jason doit abattre le dragon éveillé de ses pulsions inconscientes s'il veut atteindre l'épanouissement spirituel et la pureté représentés par la toison d'or. Il échoue cependant à vaincre le dragon, l'endormant simplement avec une potion magique, compromettant ainsi sa quête en laissant ses pulsions endormies. Le rêve nous rappelle que l'épanouissement spirituel nécessite un engagement total.

Narcisse

Selon le mythe grec, il était un homme séduisant qui tomba amoureux de son propre reflet dans l'eau d'une source où il se mira jusqu'à la mort. L'histoire nous avertit des dangers de la vanité et pousse parfois le rêveur à s'éloigner des apparences.

Roi Midas

Dionysos lui accorda un souhait : il décida que tout ce qu'il toucherait se transformerait en or. Le vœu devint malédiction lorsqu'il se rendit compte que cela valait aussi pour la nourriture ; il mourut presque de faim. Le songe peut être un avertissement face aux dangers de l'avidité et de l'idéalisation des choses matérielles.

Licorne

Elle était d'un blanc pur avec une corne sur le front, et on croyait que seule une vierge pouvait en dompter une. Au Moyen Âge, elle représentait la chasteté et la fidélité en mariage. Elle est aussi un symbole chrétien de la Vierge Marie imprégnée du Saint-Esprit, ainsi qu'un motif courant de l'art religieux.

Dragon

C'est un symbole archétypal de la puissance, de la domination et de la créativité. En Orient, il est une créature formidable et aimable représentant l'empereur et les forces du paradis, en même temps que l'énergie primaire et la chance.

Graal

Le Saint-Graal est la coupe dans laquelle but le Christ lors de la Cène. Cette coupe fut ensuite utilisée pour récupérer son sang lors de sa crucifixion. En songe, il évoque l'aspiration du rêveur à la perfection spirituelle, mais il peut aussi représenter la grande importance que nous accordons aux quêtes que nous décidons d'entreprendre.

Excalibur

L'épée mythique d'Arthur ne pouvait être retirée de la pierre dans laquelle elle était incrustée que par le futur roi des Britanniques, qui n'avait pas encore été choisi. En songe, elle peut symboliser le fait que le monde devrait reconnaître notre valeur ou que nous sommes digne de grandes responsabilités.

Superman

Héros archétypal, il est l'alter ego du journaliste Clark Kent. Incarnant sa mission de défendre le monde contre le mal, Superman demeure chaste, repoussant les avances de Lois Lane bien qu'il soit amoureux d'elle. Clark Kent – des parallèles peuvent être tracés avec Lancelot – peut incarner notre culpabilité de nous laisser distraire par des broutilles au fil de notre route vers l'épanouissement personnel. Le double personnage Superman-Clark Kent exprime alors cette dualité que nous ressentons : l'image que nous projetons ne correspond pas toujours à notre identité réelle.

Jeune fille en détresse

Un symbole courant dans les mythes et les contes est celui de la jeune fille sauvée par un héros. Prince ou guerrier, il représente la face noble et inflexible de l'inconscient – qui n'est pas attachée à la sagesse conventionnelle et qui ose se lancer à la recherche de la vérité. La jeune fille est souvent faite prisonnière d'un château par un père dominateur ou un prétendant éconduit. Son incarcération renvoie au refoulement de la sagesse de l'inconscient par la rationalité de la conscience.

Cerbère

Le chien à trois têtes, gardien des Enfers dans la mythologie, peut représenter les instincts troublants qui se cachent dans l'inconscient et qui nous dissuadent d'explorer les parties inconnues de notre personne.

Chimère

Sœur du Cerbère, la Chimère était une bête monstrueuse, composite de plusieurs animaux. Ses trois têtes – celles d'un lion, d'une chèvre et d'un serpent – peuvent représenter des défauts comme la vanité, la luxure et la sournoiserie que le rêveur perçoit en lui. Il peut aussi être un jeu de mots sur le terme moderne de « chimère » et suggérer une illusion ou un fantasme ridicule.

Lutin

Cet elfe irlandais et espiègle peut être une incarnation de l'archétype de l'escroc défini par Jung. Les tentatives d'en attraper un ou de lui voler son pot d'or sont rarement réussies : le rêve nous avertit peut-être de ne pas emprunter de raccourci dans notre processus de développement personnel.

Étoiles et planètes

À travers l'histoire et les cultures, les humains ont tenté de prévoir leur destin dans le ciel étoilé. Fascinée par les mouvements des corps célestes, chaque grande civilisation a développé sa manière de les associer aux puissances mystiques qui déterminent notre avenir.

Les songes de niveau 3 à propos des cieux véhiculent souvent un sens profondément réaliste de la nature immuable. Nous pouvons nous sentir faisant corps avec les étoiles, notre identité comme absorbée par les hautes sphères de l'univers.

Même dans les rêves des niveaux 1 et 2, les étoiles sont rarement connotées négativement, et ce, bien que certains rêveurs voient en elles la preuve de l'insignifiance de la vie humaine par rapport aux forces immenses et impersonnelles de l'univers.

Les corps célestes apparaissent généralement seuls, mais s'il y en a plus d'un, c'est peut-être leur juxtaposition qui est importante. Le Soleil et la Lune ensemble peuvent refléter les relations entre la conscience et l'inconscient, le rationnel et l'irrationnel, alors que Saturne et Vénus peuvent incarner la relation entre le masculin et le féminin.

Les songes sont criblés de paradoxes; regarder vers l'extérieur, c'est aussi le faire vers l'intérieur. Ainsi, fixer le ciel étoilé peut signifier l'examen de l'inconscient, là où les possibilités infinies de l'imaginaire font paraître bien petits et insignifiants les problèmes du quotidien.

Étoiles

Elles représentent le destin et les puissances célestes, mais aussi les états les plus élevés de la conscience. Une étoile qui brille davantage que les autres peut être le signe d'un succès dans une compétition avec autrui, tout autant qu'un rappel de la responsabilité du rêveur à l'endroit des moins bien dotés. L'étoile brillante est parfois celle qui est la plus proche de sa fin. Toujours présente dans le ciel de l'hémisphère Nord, l'étoile Polaire aide les navigateurs et peut agir comme un guide symbolique pour ceux qui explorent les profondeurs personnelles ou universelles.

Lune

En tant que reine de la nuit, elle incarne souvent l'aspect féminin et le mystère des choses cachées et secrètes. Elle est aussi associée à l'eau (pour son rôle sur les marées), à l'imagination et au temps qui passe. Elle peut évoquer l'évolution naturelle. Une pleine lune peut être la marque de la sérénité et du calme représentant le potentiel du rêveur pour la contemplation gratifiante ou symboliser la complétude émotionnelle et spirituelle. La pleine lune est le symbole évident d'un nouveau départ.

Soleil

Il a de fortes connotations masculines, renvoyant au monde des choses évidentes de la conscience, de l'intellect et du père. En songe, un soleil brûlant peut représenter le pouvoir de l'intellect de faire de la vie émotionnelle du rêveur un désert. Inversement, un soleil caché par les nuages peut suggérer des émotions prenant le pas sur la rationalité. Une éclipse peut signifier que des émotions ou des événements troublants viennent perturber la créativité ou le développement spirituel.

Terre

Un rêve où nous quittons la Terre peut signifier une peur de la mort ou de la séparation d'avec nos proches. Vue de l'espace, elle peut exprimer un sentiment d'isolement ou de solitude.

Mars

Associée au dieu romain de la guerre, la planète rouge véhicule des idées de colère, de passion et d'agressivité. En tant que planète la plus proche de la Terre et sur laquelle beaucoup de scientifiques espèrent trouver de la vie, elle peut aussi traduire un désir d'amitié ou des préoccupations relatives à celle-ci.

Vénus

Comme la déesse romaine de l'amour du même nom, cette planète présente des connotations érotiques. Plus généralement, son éclat, qui en fait l'étoile du soir ou du matin, au crépuscule ou à l'aube, est de bon augure. Elle peut être la marque de nos plus hautes aspirations ou de nos ambitions les plus nobles, sans pour autant valider leur réalisme.

Comète

Les comètes furent longtemps interprétées comme annonciatrices de désastres, mais aujourd'hui, elles constituent souvent un avertissement prévenant le rêveur d'un succès grisant et éphémère suivi d'une chute rapide et d'une éventuelle destruction. Elle peut aussi représenter des idées et des perceptions de l'inconscient brillant avec éclat, ou un sentiment que notre vie pourrait prendre un virage dramatique.

Bibliographie

Livres en français

Campbell, J. (1949) *Le Héros aux mille et un visages.* Paris : Éditions Oxus.

Castaneda, C. (1973) *Histoires de pouvoir.* Paris : Folio.

Castaneda, C. (1993) *L'Art de rêver.* Paris : Pocket.

Fontana, D. (1997) *Le livre de la méditation.* Paris : Pocket.

Fontana, D. (2010) *Le nouveau langage secret des symboles.* Paris : Solar.

Fontana, D. (2012) *À la source du mandala.* Paris : Le Courrier du livre.

Freud, S. (2012) *L'interprétation du rêve.* Paris : Presses Universitaires de France.

Garfield, P. (1994) *Guérir par les rêves.* Paris : J'ai lu.

Garfield, P. (1999) *La créativité onirique.* Paris : Albin Michel.

Jung, C.G. (1986) *Dialectique du Moi et de l'inconscient.* Paris : Folio.

Jung, C.G. (1991) *« Ma vie » Souvenirs, rêves et pensées.* Paris : Folio.

Jung, C.G. (1995) *Les Racines de la conscience.* Paris : Le Livre de Poche.

Jung, C.G. (1996) *Métamorphose de l'âme et ses symboles.* Paris : Le Livre de Poche.

Jung, C.G. (1996) *Psychologie de l'inconscient.* Paris : Le Livre de Poche.

Jung, C.G. (2000) *Sur l'interprétation des rêves.* Paris : Le Livre de Poche.

Livres en anglais

Ball, P. (2006) *The Power of Creative Dreaming.* Londres : Quantum; New York : Foulsham.

Boss, M. (1997) *A New Approach to the Revelations of Dreaming and its Uses in Psychotherapy.* New York : Gardener.

Faraday, A. (1972) *Dream Power : The Use of Dreams in Everyday Life.* Londres : Pan Books.

Fenwick, P., et **Fenwick, E.** (1997) *The Hidden Door : Understanding and Controlling Dreams.* Londres : Hodder Headline.

Goodwin, R. (2004) *Dreamlife : How Dreams Happen.* Great Barrington MA : Lindisfarne Books.

Halifax, J. (1979) *Shamanic Voices.* New York : E.P. Dutton.

Hall, C.S., et **Nordby, V.J.** (1972) *The Individual and His Dreams.* New York : New American Library.

Hearne, K. (1989) *Visions of the Future.* Wellingborough : Aquarian Press.

Hearne, K. (1990) *The Dream Machine.* Wellingborough : Aquarian Press.

Hillman, J. (1989) *The Essential James Hillman – A Blue Fire.* Londres et New York : Routledge.

Holbeche, S. (1991) *The Power of Your Dreams.* Londres : Piatkus.

Inglis, B. (1988) *The Power of Dreams.* Londres : Paladin

Jones, R.M. (1978) *The New Psychology of Dreaming.* Harmondsworth et New York : Penguin.

Kleitman, N. (1939) *Sleep and Wakefulness.* Chicago : University of Chicago Press.

Linn, D. (2009) *The Hidden Power of Dreams : The Mysterious World of Dreams Revealed.* New York : Hay House.

Mattoon, M.A. (1978) *Applied Dream Analysis : A Jungian Approach.* Londres et New York : John Wiley & Sons.

Mavromatis, A. (1987) *Hypnagogia : The Unique State of Consciousness Between Wakefulness and Sleep.* Londres et New York : Routledge.

Mindell, A. (2000) *Dreaming While Awake : Techniques for 24-Hour Lucid Dreaming.* Charlottesville, VA : Hampton Roads.

Reading, M. (2007) *The Watkins Dictionary of Dreams.* Londres : Watkins.

Ullman, M., et **Limmer, C.** (éds.) (1987) *The Variety of Dream Experience.* Londres : Crucible ; et New York : Continuum.

Ullman, M., et **Zimmerman, N.** (1987) *Working with Dreams.* Londres : Aquarian Press ; New York : Eleanor Friede Books.

Index des rêves et des symboles

Cet index fait référence aux symboles, images, actions et ce qui s'y rapporte afin de faciliter l'interprétation de vos songes. La pagination en **gras** renvoie aux titres de chapitres ou de sections.

Index thématique

Les numéros de pages en caractères **gras** font référence aux entrées principales de l'index.

Remerciements (photos et illustrations)

L'éditeur tient à remercier les personnes, musées et photothèques suivants pour leur permission de reproduire leur matériel. Toutes les précautions ont été prises pour obtenir les droits de reproduction de la part des détenteurs. Si nous avions cependant omis de mentionner qui que ce soit, nous nous en excusons et apporterons les corrections nécessaires dans toute édition future.

Code de positionnement
g = à gauche, **d** = à droite, **h** = en haut, **b** = en bas

Jamie Bennett : 90, 98, 110, 116, 117, 120, 125 (en médaillon), 131, 213, 431.
Nick Dewar : 16, 39, 50, 58, 66, 97, 128, 187, 212, 235, 242 (en médaillon), 243, 245, 249, 298, 302, 306, 360, 368, 434.
Hugh Dixon : 48, 74, 137 232, 271, 277, 294, 324, 333, 348, 350, 351 (h), 354, 356, 378.
Grizelda Holderness : 1, 11, 30, 33, 37, 38, 46, 59, 68, 78, 86–87, 93, 100, 141, 146, 148, 172, 176, 182, 185, 189, 195, 206 (en médaillon), 209, 214, 219, 221, 229, 241, 270, 284, 292, 315, 316, 338, 339, 340, 343, 359, 373, 379, 382 (en médaillon), 386, 389, 398, 436, 438.
Alison Jay : 2–3, 25, 32, 47, 55, 60-61, 64, 81 (en médaillon), 82, 104, 126, 127, 134, 135, 144, 149, 152, 156, 159 (en médaillon), 160 (en médaillon), 161, 162-163, 165, 168, 193, 196, 226, 237, 146 (d), 247, 253, 268, 279, 280, 282, 299, 301, 304 (h), 342 (en médaillon), 369, 380–381, 388, 412.
Marie LaFrance : 5, 77, 423, 445.
Gabriella Le Grazie : 112.
Peter Malone : 10, 40, 42, 70–71, 75, 80, 91, 124, 151, 158, 164, 166–167, 177, 179, 198–199, 223, 225 (b), 238–239, 272–273, 309, 318, 321, 335, 345, 352, 366–367, 370–371, 372, 429, 441.
Fabian Negrin : 6–7, 51, 69, 107, 111, 119, 121, 143, 153, 295, 308, 417, 448–449.
Jules Selmes : 62, 72, 95, 105, 170, 178, 186–187, 188, 215, 224 (h), 234, 251, 252, 256, 257, 260–261, 265, 274; 281, 291, 311, 323, 326–327, 328, 330, 331, 341, 351 (b), 363, 364, 428, 430.
Sandie Turchyn : 35, 76, 173, 174, 182, 264 (en médaillon), 329, 332, 355, 394, 419.
Leigh Wells : 44, 65, 102, 122, 139, 296.
Heidi Younger : 56, 85, 145, 162, 180, 184, 190, 192, 207, 210, 211, 230, 233, 267, 286, 288, 314 (en médaillon), 319, 322, 336, 424, 426, 433.
Images d'Eyewire : 115, 125, 382, 416.
Photos.com : 112, 159, 191, 242, 314, 342, 411.
Image Dictionary : 11, 81, 160, 206, 216, 283, 290, 404, 407.
iStock : 14 (Rzymu), 83 (Martin McCarthy), 205 (Quid-nunc), 262 (Michelle Preast), 357 (Aimin Tang), 384 (Pawel Aniszewski), 402–403 (AVTG), 409 (Olmarmar).
Shutterstock : 96 (BasPhoto).
Mary Evans Picture Library : 21, 26 (Droits pour Sigmund Freud).
©BNN, Inc. "20's Kimono" : 52, 53, 183, 222, 246 (g), 307, 325, 376, 396, 397, 399, 414–415.